U0660467

世界各国

商标保护制度及申请实务
2018

Trademark Applications
and Protection in Different Countries

超凡知识产权　编著

中国工商出版社

责任编辑：徐乃莹　张亚丹
封面设计：王宇祥

图书在版编目（CIP）数据

世界各国商标保护制度及申请实务.2018 / 超凡知识产权编著.— 北京：中国工商出版社，2018.7
ISBN 978-7-5209-0010-2

Ⅰ．①世…　Ⅱ．①超…　Ⅲ．①商标管理－制度－研究－世界　Ⅳ．① F760.5

中国版本图书馆 CIP 数据核字（2018）第 067312 号

书名 / 世界各国商标保护制度及申请实务 2018
编著 / 超凡知识产权

出版·发行 / 中国工商出版社
经销 / 新华书店
印刷 / 北京领先印刷有限公司
开本 / 880 毫米 ×1230 毫米　1/16　印张 / 30.5　字数 / 500 千字
版本 / 2018 年 7 月第 1 版　2018 年 7 月第 1 次印刷

社址 / 北京市丰台区丰台东路 58 号人才大厦 7 层 （100071）
电话 / （010）63730074　传真 / （010）83619386
电子邮箱 / fx63730074@163.com　微信号 / zggscbs
出版声明 / 版权所有，侵权必究

书号：ISBN 978-7-5209-0010-2
定价：88.00 元

（如有缺页或倒装，本社负责退换）

编委会名单

主　编　周　洪　王合锋

编　委　鲍荷花　卞　莉　文　媚　王合锋　薛友飞　冯浩雨　刘小明

　　　　何　婷　胡　瑶　杨　蒙　刘思吟　徐红星　刘　航　罗　岚

前　言

中国已是世界商标大国，连续多年商标申请量在全球遥遥领先，随着国内企业全球化保护步伐的加快，商标的国际保护越来越重要，但在实践中，国内却没有一套完整的、专业的、及时更新的工具书来为企业提供世界各国商标注册保护的信息和参考。为了给国内企业海外商标注册提供一套可以参考的专业、实务的资料，作为中国知识产权全产业链整体解决方案提供商，超凡知识产权国际商标事业部就全球 209 个国家/地区/组织主体，总结了从业 16 年来积累的实务经验，以飨读者，希望能为国内企业品牌的国际化发展出一份力、尽一份责。

在本书编写过程中，超凡的代理人花了大量时间翻阅各国最新的商标法律，同时，对法律中未能明确的问题向各国合作的知识产权律师进行确认，在此对全体参与编写此书的代理人和各国给予我们支持的同行予以感谢！

在 2015 版本的基础上，超凡国际商标团队精益求精，根据近三年来各国立法和实践的动态变化予以了更新、补充，今后每隔两三年仍会继续予以修订再版，力争为广大读者提供及时、专业和贴近实践的世界各国商标保护信息与经验。

考虑到世界各国商标立法和实践的差异性、多变性，虽然我们已尽力保证所给出信息的准确性，但时间和精力有限，难免有疏漏之处，若读者在使用的过程中发现不妥之处，欢迎随时沟通、反馈。

本书编委会

2018 年 6 月

目　录

（209 个国家 / 地区 / 组织主体）

第一部分　亚洲

第二部分　中东

第三部分　欧洲

第四部分　美洲

第五部分　非洲

第六部分　大洋洲

第七部分　马德里国际注册

第八部分　附录

第一部分
亚洲

阿富汗

(*Afghanistan*)

一、概述

阿富汗现行商标法规主要基于 2009 年 9 月 1 日生效实施的《商标法》。阿富汗商标局统一负责管理商标事务,官方语言为普什图语。商标专用权需要通过注册取得。商标注册不是强制性的,但为了保护商标或进行续展,就必须依法登记注册。阿富汗商标注册采用"申请在先"原则,但某些情况下,也可以按"在先使用"主张商标权。

阿富汗是《巴黎公约》《TRIPS 协定》《WIPO 公约》等国际知识产权条约的缔约国;暂未加入《马德里协定》或《马德里议定书》,故商标注册只能通过"单国注册"的方式办理。

二、商标申请

目前,阿富汗商标注册局采用尼斯分类的商品和服务描述,不接受第 33 类商品、第 32 类中与酒精有关的商品,2016 年 3 月 11 号之后仅接受一表一类申请。阿富汗可注册为商标的要素有:文字、名称、图形、广告、三维标识、包装等。

若申请人非阿富汗居住的,须委托本国专门的代理人办理。商标申请所需的基本材料为:

1. 商标图样;

2. 具体商品 / 服务项目;

3. 申请人名义及地址;

4. 公证认证的委托书;

5. 若声明优先权的,需提供优先权证明文件及对应的翻译件。

申请注册阿富汗商标的主要流程为:申请—审查—公告—核准—发证。申请递交后 1 周左右受理,阿富汗商标局会进行形式审查和实质审查,审查不通过则会下发驳回通知书并要求申请人在驳回通知载明的时限内予以答复;审查通过的即安排公告,公告日起 30 天内可对公告的商标提出异议。异议通知会在 15 天内送达商标申请人,

如果申请人在收到异议通知后 30 天内未主动撤回商标申请，异议人需在 60 天内将此异议交到商事法院，在此期间商标审查暂停；否则，被异议商标将被核准注册。

顺利的情况下，阿富汗商标注册目前需要一年半左右；如中途遇到异议或驳回，时间将会有所延长。

三、商标维护

阿富汗商标注册后 10 年有效，有效期自申请日开始起算；2017 年 12 月底开始已取消宽展期，故建议至少在到期日前 1 个月将续展申请提交至官方；续展有效期为 10 年。

商标注册后的无效或撤销申请，一般可根据下述理由提出：

1. 违反《商标法》规定的；

2. 商标注册后连续 3 年未在当国实际使用的，任何人可申请撤销，不可抗力除外。

商标撤销或无效申请需向法院提出，在现行审查条件下，一般需耗时 2—3 年。被申请人一般可提供如下证据材料应对他人以"未使用"为由提出的撤销申请：

- 发票
- 包装、装潢
- 广告
- 产品目录
- 标签
- 书面声明
- 营业额证据
- 报价单
- 市场调查结果

四、其他

需要注意的是，阿富汗商标注册日起 1 年内第三方仍可向官方对该注册商标提出反对意见。同时，办理转让还需要对转让协议及受让人委托书进行公证认证。

巴基斯坦
(Pakistan)

一、概述

巴基斯坦现行商标法规主要基于 2001 年 4 月 12 日颁布的《商标条例》。巴基斯坦知识产权组织注册处统一负责管理商标事务,官方语言为乌尔都语、英语。商标专用权需要通过注册取得。商标注册不是强制性的,但为了保护商标或进行续展,就必须依法登记注册。巴基斯坦商标注册采用"申请在先"原则,但某些情况下,也可以按"在先使用"主张商标权。

巴基斯坦是《TRIPS 协定》《巴黎公约》《WIPO 公约》等国际知识产权条约的缔约国,暂未加入《马德里协定》或《马德里议定书》,故商标注册只能通过"单国注册"的方式办理。

二、商标申请

目前,巴基斯坦官方采用尼斯分类第 11 版的商品和服务描述,不接受一表多类申请。巴基斯坦可注册为商标的要素有:文字、名称、图形、数字、颜色组合等。

若申请人非居住于巴基斯坦,须委托本国专门的代理人办理。商标申请所需的基本材料为:

1. 商标图样;

2. 具体商品项目;

3. 申请人名义及地址;

4. 委托书,需公证;

5. 如需声明优先权的,则提供优先权证明文件及对应的翻译件。

申请注册巴基斯坦商标的主要流程为:申请—受理—审查—公告—核准—发证。申请递交后官方先进行形式审查,即审查申请要求和分类信息是否符合规定,一般 2 周左右完成受理。受理后将对商标进行实质审查,包括对商标显著性、是否违反禁注禁用条款和是否与在先商标形成冲突的审查,审查通过则予以公告;审查不能通过的

则会下发驳回通知书并要求申请人在驳回通知载明的时限内予以答复。

公告日起 2 个月内为异议期，异议期可延期两次，每次 1 个月，任何利益相关人或在先权利人均可提出异议，提异议的理由主要有：

1. 与在先商标冲突，如拥有在先的注册商标；

2. 商标缺乏显著性；

3. 商标具有不良影响；

4. 恶意注册；

5. 与在先其他权利冲突，如商号权、外观设计、版权、人名等。

公告期内无人异议或者异议不成立的，异议期结束后即可获准注册并颁发注册证。顺利的情况下，巴基斯坦商标注册目前需要 2—3 年；如中途遇到驳回或异议，时间将会大大延长。

三、商标维护

巴基斯坦商标注册后 10 年有效，有效期自申请日开始起算；到期日前 6 个月内可以办理续展（根据 2004 年商标实施细则 50 条，最好不要晚于到日期前 1 个月），宽展期为 6 个月；续展有效期为 10 年。

商标注册后的无效或撤销申请，一般可根据巴基斯坦《商标法》（1980 年第 22362 号法令）下述两个条款提出：

1.《商标法》第 24 条：（1）违反本法规定的；（2）申请商标时已知或应知有他人权利在先的，可申请无效。

2.《商标法》第 26 条：商标注册后连续 5 年未在当国实际使用的，任何人可申请撤销，不可抗力除外。

商标注册后连续 5 年不使用的，任何利益相关人可以申请撤销该注册商标。被申请人一般可提供如下证据材料应对他人以"未使用"为由提出的撤销申请：

· 发票 　　　　　· 包装、装潢 　　　　　· 报价单

· 产品目录 　　　· 广告 　　　　　　　· 标签

· 营业额证据 　　· 书面声明

四、其他

2004 年 4 月 12 日前在巴基斯坦注册的商标有效期为 7 年，续展有效期为 15 年；在此时间之后注册的商标，注册有效期和续展有效期则均为 10 年。

不丹
(Bhutan)

一、概述

不丹现行商标法规主要基于 2001 年 7 月 13 日颁布的《不丹王国工业产权法》。不丹知识产权注册处负责管理商标事务，官方语言为英语。商标专用权需要通过注册取得。商标注册是强制性的。不丹商标注册采用"申请在先"原则。

不丹是《巴黎公约》《WIPO 公约》等国际知识产权条约的缔约国；是《马德里协定》《马德里议定书》成员国，故商标注册可通过"单国注册"或"马德里国际注册"的方式办理。

二、商标申请

目前，不丹采用尼斯分类商品和服务描述，接受一表多类申请。不丹可注册为商标的要素有：文字、图形、颜色、字母、数字等。

若申请人非不丹居住的，须委托本国专门的代理人办理。商标申请所需的基本材料为：

1. 商标图样；

2. 具体类别及商品 / 服务项目；

3. 申请人名义及地址；

4. 委托书；

5. 若声明优先权的，需提供优先权证明文件。

申请注册不丹商标的主要流程为：申请—受理—审查—公告—核准—发证。申请递交后 1—2 周受理。审查员将对申请进行形式审查和实质审查。形式审查主要审查申请要求和分类信息是否符合规定；实质审查包括对商标显著性、是否违反禁注禁用条款和是否与在先商标形成冲突的审查。审查不能通过的将会下发驳回通知书并要求申请人在驳回通知载明的时限内予以答复，实质审查通过的，则将会被安排公告。

公告日起 3 个月为异议期，任何利益相关人或在先权利人均可提出异议，提异

议的理由主要有：

1. 与在先商标冲突，如拥有在先的注册商标；

2. 商标缺乏显著性；

3. 商标具有不良影响；

4. 恶意注册；

5. 与在先其他权利冲突，如商号权、外观设计、版权、人名等。

公告期内无人异议或者异议不成立的，可获准注册并颁发注册证。顺利的情况下，不丹商标注册目前需要 1 年左右；如中途遇到异议或驳回，时间将会大大延长。

三、商标维护

不丹商标注册后 10 年有效，有效期自申请日起算；到期日前 6 个月内可以办理续展，宽展期为 6 个月；续展有效期为 10 年。

商标注册后的无效或撤销申请，一般可根据不丹《商标法》下述条款提出：

1. 违反《商标法》规定的；

2. 恶意抢注；

3. 商标注册后连续 3 年未在当国实际使用的，任何人可申请撤销，不可抗力除外。

商标无效或撤销申请可向不丹法院或商标注册处提出，在现行审查条件下，一般需耗时 1—2 年。被申请人一般可提供如下证据材料应对他人以"未使用"为由提出的撤销申请：

- 发票
- 包装、装潢
- 广告
- 产品目录
- 标签
- 书面声明
- 营业额证据
- 报价单
- 市场调查结果

朝鲜

(*Democratic People's Republic of Korea*)

一、概述

朝鲜现行商标法规主要基于 2011 年 12 月 21 日修订的《商标法》。朝鲜商标、工业设计和地理标志办公室统一负责管理商标事务，官方语言为朝鲜语。商标专用权需要通过注册取得。商标注册不是强制性的，但为了保护商标或进行续展，就必须依法登记注册。朝鲜商标注册采用"申请在先"原则。

朝鲜是《巴黎公约》《里斯本条约》《WIPO 公约》《尼斯条约》等国际知识产权条约的缔约国；是《马德里协定》《马德里议定书》成员国，故商标注册既可以通过"单国注册"方式办理，也可以通过"马德里国际注册"的方式办理。

二、商标申请

目前，朝鲜采用尼斯分类第 9 版的商品和服务描述，接受一表多类申请。朝鲜可注册为商标的要素有：文字、名称、图形、颜色组合、标语。非传统商标，比如声音、气味等暂时不能申请注册。

若申请人非朝鲜居住的，须委托本国专门的代理人办理。商标申请所需的基本材料为：

1. 商标图样；

2. 具体类别及商品 / 服务项目；

3. 申请人名义及地址；

4. 委托书；

5. 营业执照，需公证；个人名义申请的，需护照或户口本公证；

6. 若声明优先权的，需提供优先权证明文件及对应的朝鲜语翻译件。

申请注册朝鲜商标的主要流程为：申请—受理—审查—核准—发证—公告。申请递交后 1 个月左右受理。审查员将对申请进行形式审查和实质审查。形式审查主要审查申请要求和分类信息是否符合规定；实质审查包括对商标显著性、是否违反禁注禁

用条款和是否与在先商标形成冲突的审查。审查不能通过的将会下发驳回通知书并要求申请人在驳回通知载明的时限内予以答复，实质审查通过的，即可获准注册并颁发注册证。获证后，将安排公告，公告日起 6 个月为异议期，任何利益相关人或在先权利人均可提出异议，提异议的理由主要有：

1. 与在先商标冲突，如拥有在先的注册商标；

2. 商标缺乏显著性；

3. 商标具有不良影响；

4. 恶意注册；

5. 与在先其他权利冲突，如商号权、外观设计、版权、人名等。

公告期内无人异议或者异议不成立的，商标将正式注册成功。顺利的情况下，朝鲜商标注册目前需要 1 年半至 2 年；如中途遇到异议或驳回,时间可能会延长至 2—3 年。

三、商标维护

朝鲜商标注册后 10 年有效，有效期自申请日起算；到期日前 6 个月内可以办理续展，宽展期为 6 个月；续展有效期为 10 年。

商标注册后连续 5 年不使用的，任何利益相关人可以申请撤销该注册商标；由于贸易限制、贸易壁垒等不可能抗力造成权利人无法正常使用的除外。被申请人一般可提供如下证据材料应对他人以"未使用"为由提出的撤销申请：

· 发票	· 包装、装潢	· 广告
· 产品目录	· 标签	· 书面声明
· 营业额证据	· 报价单	· 市场调查结果

四、其他

商标许可在该国强制备案。

东帝汶
（East Timor）

一、概述

东帝汶目前尚无相关商标法律，也无商标主管机关，因此无法进行商标查询和注册等事宜，并且这种状况可能在未来很长一段时间内持续下去。在东帝汶保护商标的通常做法是在当地大型报纸上刊登警示性公告，宣称商标权利，这也是目前在东帝汶保护商标最有效的方法。

二、商标维权

在遭遇侵权的情况下，虽然可以通过商标的在先使用、他国驰名商标等方式进行保护，但警示性公告无疑是最直接也是最常用的维权工具。警示性公告的作用除了宣称自身拥有商标权利外，还在于警告他人，未经授权不得擅自使用商标，否则将被提起侵权诉讼。商标所有人需定期刊登警示性公告，一般每2年一次，维持商标效力，同时也可以作为日后维权的依据。

菲律宾
(Philippines)

一、概述

菲律宾现行商标法规主要基于 1998 年 1 月 1 日生效的《菲律宾知识产权法典》。由菲律宾知识产权局负责管理商标事务，官方语言为菲律宾语。商标专用权需要通过注册取得。商标注册不是强制性的，但为了保护商标或进行续展，就必须依法登记注册。菲律宾商标注册采用"申请在先"原则。

菲律宾是《巴黎公约》等国际知识产权条约的缔约国；是《马德里议定书》成员国，故商标注册可通过"单国注册"或"马德里国际注册"的方式办理。

二、商标申请

目前，菲律宾采用尼斯分类第 11 版的商品和服务描述，接受一表多类申请。菲律宾可注册为商标的要素有：文字、名称、图形、颜色、字母、数字等。

若申请人非菲律宾居住的，须委托本国专门的代理人办理。商标申请所需的基本材料为：

1. 商标图样；

2. 具体类别及商品 / 服务项目；

3. 申请人名义及地址；

4. 若声明优先权的，需提供优先权证明文件及对应的菲律宾语翻译件，翻译件还须经该国有翻译资质的专业译员签字确认。

申请注册菲律宾商标的主要流程为：申请—受理—审查—公告—核准—发证。申请递交后 1—2 周受理。审查员将对申请进行形式审查和实质审查。形式审查主要审查申请要求和分类信息是否符合规定；实质审查包括对商标显著性、是否违反禁注禁用条款和是否与在先商标形成冲突的审查。审查不能通过的将会下发驳回通知书并要求申请人在驳回通知载明的时限内予以答复，实质审查通过的，则将会被安排公告。公告日起 30 天为异议期，任何利益相关人或在先权利人均可提出异议，提异议的理由主要有：

1. 与在先商标冲突，如拥有在先的注册商标；

2.商标缺乏显著性；

3.商标具有不良影响；

4.恶意注册；

5.与在先其他权利冲突，如商号权、外观设计、版权、人名等。

公告期内无人异议或者异议不成立的，可获准注册并颁发注册证。顺利的情况下，菲律宾商标注册目前需要 1 年左右；如中途遇到异议或驳回，时间将会大大延长。

三、商标维护

菲律宾商标注册后 10 年有效，有效期自注册日起算；到期日前 6 个月内可以办理续展，宽展期为 6 个月；续展有效期为 10 年。

商标注册后的无效或撤销申请，一般可根据菲律宾《商标法》下述条款提出：

1.违反《商标法》规定的；

2.恶意抢注；

3.商标注册后连续 3 年未在当国实际使用的，任何人可申请撤销，不可抗力除外。

商标无效或撤销申请可向菲律宾知识产权局法律事务处提出，在现行审查条件下，一般需耗时 1—2 年。被申请人一般可提供如下证据材料应对他人以"未使用"为由提出的撤销申请：

- 发票
- 包装、装潢
- 广告
- 产品目录
- 标签
- 书面声明
- 营业额证据
- 报价单
- 市场调查结果

四、其他

在菲律宾商标注册需提交 2 次使用宣誓，第一次是在商标申请后 3 年内（自申请日开始计算）提交 3 年使用声明，第二次是在注册后（自注册日开始计算）提交 5—6 年使用声明。两次提交使用宣誓都需要申请人提供 3—5 张商标在指定商品 / 服务上在菲律宾实际使用的图片，同时提供商品 / 服务在菲律宾使用的相关信息。使用宣誓书需要在国内办理公证，否则菲律宾官方不予认可。对于一表多类的申请，使用宣誓可以通过一份文件办理，但使用证据需要每个类别分别体现，至少每个类别体现一种注册商品 / 服务的使用。

同时，在菲律宾于 2012 年加入马德里体系后，针对马德里申请指定菲律宾的商标使用证据提交也作了新的补充规定，即需要在国际注册日起的 3 年内提交使用声明，以及在核准注册后的 5—6 年提交使用声明。

哈萨克斯坦
(Kazakhstan)

一、概述

哈萨克斯坦现行商标法规主要基于 1999 年 9 月 4 日实施的《商标法》及 2015 年 4 月 7 日作出的修订。由哈萨克斯坦商标局统一负责管理商标事务，官方语言为哈萨克语。商标专用权需要通过注册取得。商标注册不是强制性的，但为了保护商标或进行续展，就必须依法登记注册。哈萨克斯坦商标注册采用"申请在先"原则，但某些情况下，也可以按"在先使用"主张商标权。

哈萨克斯坦是《TRIPS 协定》《商标法条约》《巴黎公约》《尼斯协定》《WIPO 公约》《新加坡条约》《内罗毕条约》等国际知识产权条约的缔约国；哈萨克斯坦已加入《马德里协定》《马德里议定书》，故商标注册也可通过"马德里国际注册"的方式办理。

二、商标申请

目前，哈萨克斯坦商标局采用尼斯分类第 11 版的商品和服务描述，接受一表多类申请。哈萨克斯坦可注册为商标的要素有：文字、名称、图形、三维标识、颜色组合、标语、声音、外观等，其中，颜色组合在申请注册时需要满足特定的要求。

若申请人非哈萨克斯坦居住的，须委托本国专门的代理人办理。商标申请所需的基本材料为：

1. 商标图样；

2. 具体商品 / 服务项目；

3. 申请人名义及地址；

4. 委托书；

5. 若声明优先权的，需提供优先权证明文件。

申请注册哈萨克斯坦商标的主要流程为：申请—审查—核准—发证—公告。申请递交后 1 周左右受理，哈萨克斯坦商标局会进行形式审查和实质审查，审查通过后即获准注册并颁发注册证；审查不能通过的则会下发驳回通知书并要求申请人在驳回通知载明的时限内予以答复。顺利的情况下，哈萨克斯坦商标注册目前需要1年左右。

哈萨克斯坦目前并无异议程序，任何人认为某一注册商标损害了自己的权利，可通过对该注册商标提无效或撤销申请以维护自己的商标权利。

三、商标维护

哈萨克斯坦商标注册后10年有效，有效期自申请日开始起算；到期日前12个月内可以办理续展，宽展期为6个月；续展有效期为10年。

商标注册后的无效或撤销申请，一般可根据下述理由提出：

1. 与在先商标冲突，如拥有在先的注册商标；

2. 恶意注册；

3. 驰名商标；

4. 与在先其他权利冲突，如商号权、外观设计、版权、人名等；

5. 商标缺乏显著性；

6. 商标具有描述性；

7. 行业内的通用名称或词汇；

8. 商标具有不良影响；

9. 地理标识。

标注册后连续3年未在当国实际使用的，任何人可申请撤销，不可抗力除外。被申请人一般可提供如下证据材料应对他人以"未使用"为由提出的撤销申请：

·发票	·包装、装潢	·书面声明
·产品目录	·标签	·市场调查结果
·营业额证据	·广告	·报价单

基于"相对理由"提出的撤销，需在商标注册后5年内提出；基于"绝对理由"提出的则无时间限制。

四、其他

哈萨克斯坦目前无异议制度，这与国内差别较大，这就需要申请人主动监测、及时维权，才能防止被抢注；在办理转让时，还需要对转让协议进行公证。

韩国
(South Korea)

一、概述

韩国现行商标法规主要基于 1949 年颁布、2016 年 2 月 29 日修订的《商标法》。由韩国知识产权局统一负责管理商标事务，官方语言为韩语。商标专用权需要通过注册取得。商标注册不是强制性的，但为了保护商标或进行续展，就必须依法登记注册。韩国商标注册采用"申请在先"原则，但若是该国的驰名商标，即使未注册也能受到保护。

韩国是《巴黎公约》《商标法条约》《WIPO 公约》等国际知识产权条约的缔约国；是《马德里议定书》成员国，故商标注册既可以通过"单国注册"方式办理，也可以通过"马德里国际注册"的方式办理。

二、商标申请

目前，韩国采用尼斯分类第 11 版的商品和服务描述，接受一表多类申请。韩国可注册为商标的要素有：文字、名称、图形、颜色组合、标语、声音、气味等。

若申请人非韩国居住的，须委托本国专门的代理人办理。商标申请所需的基本材料为：

1. 商标图样；

2. 具体类别及商品 / 服务项目；

3. 申请人名义及地址；

4. 委托书；

5. 若声明优先权的，需提供优先权证明文件及对应的韩语翻译件。

申请注册韩国商标的主要流程为：申请—受理—审查—公告—核准—发证。申请递交后 1 周左右受理。审查员将对申请进行形式审查和实质审查。形式审查主要审查申请要求和分类信息是否符合规定；实质审查包括对商标显著性、是否违反禁注禁用条款和是否与在先商标形成冲突的审查。审查不能通过的将会下发驳回通知书并要求申请人在驳回通知载明的时限内予以答复，实质审查通过的，则将会被安排公告。

公告日起 2 个月为异议期，任何利益相关人或在先权利人均可提出异议，提异议的理由主要有：

1. 与在先商标冲突，如拥有在先的注册商标；

2. 商标缺乏显著性；

3. 商标具有不良影响；

4. 恶意注册；

5. 商标为地理名称；

6. 与在先其他权利冲突，如商号权、外观设计、版权、人名等。

公告期内无人异议或者异议不成立的，可获准注册并颁发注册证。顺利的情况下，韩国商标注册目前需要 10—12 个月；如中途遇到异议或驳回，时间将会延长，可能会耗时 2 年以上。

三、商标维护

韩国商标注册后 10 年有效，有效期自注册日起算；到期日前 12 个月内可以办理续展，宽展期为 6 个月；续展有效期为 10 年。

商标注册后的无效或撤销申请，一般可根据韩国《商标法》下述条款提出：

1.《商标法》第 119 条第 1 款第 3 项：商标注册后连续 3 年未在当国实际使用的，任何人可申请撤销，不可抗力除外。

2.《商标法》第 122 条第 1 款，以下列理由提出无效宣告的，需在商标注册之日起 5 年之内提出：

（1）包含著名人士的姓名、名称、商号、肖像、签名、印章、雅号、艺名、笔名或简称的商标；

（2）与在先申请注册商标相同或近似的商标；

（3）在相同或类似商品服务上，与消费者明显已知的他人商标相同或近似的商标；

（4）与世贸组织成员国内的葡萄酒和烈酒产地的地理标志相同或近似的商标，或者将含有地址标志的商标使用在葡萄酒和烈酒商品上。

3. 以下列理由提出撤销申请的，可自商标注册后任意时间提出：

（1）《商标法》第 119 条第 1 款第 1 项：商标权利人的不当使用；

（2）《商标法》第 34 条第 1 款第 21 项：商标权利人的商标被其经销商或代理人

恶意抢注。

商标无效 / 撤销申请可向韩国特许审判法院提出，在现行审查条件下，一般需耗时 1—2 年。被申请人一般可提供如下证据材料应对他人以"未使用"为由提出的撤销申请：

- 发票
- 产品目录
- 营业额证据

- 包装、装潢
- 标签
- 报价单

- 广告
- 书面声明
- 市场调查结果

四、其他

1. 异议前置程序

在审查员对商标申请审查结束之前，任何人可向审查员提交第三方审查意见，类似于异议申请，主要用于阻止该商标注册。如果审查员认可第三方提交的信息，将对申请商标下发驳回通知，申请人需针对该驳回理由进行答复。但是该第三方审查意见只是参考信息，审查员没有义务考虑该信息。然而，这是在商标公告之前阻止它注册的有效方法。提交该审查意见不影响公告后的异议程序。

2. 修订后的韩国《商标法》删除了如下规定：注册商标被撤销、被宣告无效或者期满不再续展的，自撤销、宣告无效或者期满之日起 1 年内，对他人提交的与该商标相同或者近似的商标注册申请，不予核准。

吉尔吉斯斯坦
（*Kyrgyzstan*）

一、概述

吉尔吉斯斯坦现行商标法规主要基于 1998 年 1 月 14 日颁布的《吉尔吉斯斯坦共和国法律》中有关"商标及原产地标识的规定"。由吉尔吉斯斯坦商标局统一负责管理商标事务，官方语言为吉尔吉斯语。商标专用权需要通过注册取得。商标注册不是强制性的，但为了保护商标或进行续展，就必须依法登记注册。吉尔吉斯斯坦商标注册采用"申请在先"原则，但某些情况下，也可以按"在先使用"主张商标权。

吉尔吉斯斯坦是《TRIPS 协定》《商标法条约》《巴黎公约》《尼斯协定》《WIPO 公约》《新加坡条约》《维也纳条约》《内罗毕条约》等国际知识产权条约的缔约国；吉尔吉斯斯坦已加入《马德里协定》《马德里议定书》，故商标注册也可通过"马德里国际注册"的方式办理。

二、商标申请

目前，吉尔吉斯斯坦商标局采用尼斯分类第 11 版的商品和服务描述，接受一表多类申请。吉尔吉斯斯坦可注册为商标的要素有：文字、名称、图形、三维标识、颜色组合、标语、动态图等，其中，三维标识和颜色组合在申请注册时需要满足特定的要求。

若申请人非吉尔吉斯斯坦居住的，须委托本国专门的代理人办理。商标申请所需的基本材料为：

1. 商标图样；

2. 具体商品 / 服务项目；

3. 申请人名义及地址；

4. 委托书；

5. 若声明优先权的，需提供优先权证明文件。

申请注册吉尔吉斯斯坦商标的主要流程为：申请—审查—核准—发证—公告。申请递交后 1 周左右受理，吉尔吉斯斯坦商标局会进行形式审查和实质审查，审查通过后即获准注册并颁发注册证；审查不能通过的则会下发驳回通知书并要求申请人在驳回通知载明的时限内予以答复。顺利的情况下，吉尔吉斯斯坦商标注册目前需要 1 年左右。

吉尔吉斯斯坦目前并无异议程序，任何人认为某一注册商标损害了自己的权利，可通过对该注册商标提无效或撤销申请以维护自己的商标权利。

三、商标维护

吉尔吉斯斯坦商标注册后 10 年有效，有效期自申请日开始起算；到期日前 12 个月内可以办理续展，宽展期为 6 个月；续展有效期为 10 年。

商标注册后的无效或撤销申请，一般可根据下述理由提出：

1. 与在先商标冲突，如拥有在先的注册商标；

2. 恶意注册；

3. 驰名商标；

4. 与在先其他权利冲突，如商号权、外观设计、版权、人名等；

5. 商标缺乏显著性；

6. 商标具有描述性；

7. 行业内的通用名称或词汇；

8. 商标具有不良影响；

9. 地理标识。

商标注册后连续 3 年未在当国实际使用的，任何人可申请撤销，不可抗力除外。被申请人一般可提供如下证据材料应对他人以"未使用"为由提出的撤销申请：

· 发票	· 包装、装潢	· 书面声明
· 产品目录	· 标签	· 市场调查结果
· 营业额证据	· 广告	· 报价单

基于"相对理由"提出的撤销，需在商标公告后 5 年内提出；基于"绝对理由"提出的则无时间限制。

四、其他

吉尔吉斯斯坦目前无异议制度，这与国内差别较大，这就需要申请人主动监测、及时维权，才能防止被抢注。

柬埔寨

(*Cambodia*)

一、概述

柬埔寨现行商标法规主要基于 2002 年 2 月 7 日颁布的《柬埔寨王国商业标记、商标名称和不公平竞争行为法》。由知识产权部统一负责管理商标事务，官方语言为高棉语、英语。商标专用权需要通过注册取得。商标注册不是强制性的，但为了保护商标或进行续展，就必须依法登记注册。柬埔寨商标注册采用"申请在先"原则，但某些情况下，也可以按"在先使用"主张商标权。

柬埔寨是《巴黎公约》等国际知识产权条约的缔约国；2015 年 6 月 5 日正式成为《马德里议定书》成员国，故商标注册可通过"单国注册"或"马德里国际注册"的方式办理。

二、商标申请

目前，柬埔寨采用尼斯分类第 11 版的商品和服务描述，不接受一表多类申请。柬埔寨可注册为商标的要素有：文字、图形、字母、数字、颜色等。

若申请人非柬埔寨居住的，须委托本国专门的代理人办理。商标申请所需的基本材料为：

1. 商标图样；

2. 具体商品项目；

3. 申请人名义及地址；

4. 若声明优先权的，需提供优先权证明文件；

5. 委托书，需公证。

申请注册柬埔寨商标的主要流程为：申请—受理—审查—核准—发证—公告。申请递交后官方先进行形式审查，即审查申请要求和分类信息是否符合规定，受理时间约为 2 周左右。受理后审查员将对商标进行实质审查，包括对商标显著性、是否违反禁注禁用条款和是否与在先商标形成冲突的审查，审查通过后即可获准注册并颁发注

册证；审查不能通过的则会下发驳回通知书并要求申请人在驳回通知载明的时限内予以答复。获证后，将安排公告，公告日起 90 天为异议期，任何利益相关人均可提出异议，提异议的理由主要有：

1. 与在先商标冲突，如拥有在先的注册商标；

2. 商标缺乏显著性；

3. 商标具有不良影响；

4. 恶意注册；

5. 与在先其他权利冲突，如商号权、外观设计、版权、人名等。

公告期内无人异议或者异议不成立的，商标将正式注册成功。顺利的情况下，柬埔寨商标注册目前需要 8—12 个月；如中途遇到异议或驳回，时间将会延长，往往可能会耗时 1—2 年。

三、商标维护

柬埔寨商标注册后 10 年有效，有效期自申请日开始起算；到期日前 6 个月内可以办理续展，宽展期为 6 个月；续展有效期为 10 年。

商标注册后的无效或撤销申请，一般可根据柬埔寨《商标法》下述条款提出：

1.《商标法》第 13 条、第 14 条：违反《商标法》规定的；

2.《商标法》第 15 条：商标注册后连续 5 年未在当国实际使用的，任何人可申请撤销，不可抗力除外。

商标无效或撤销申请可向知识产权部提出，在现行审查条件下，一般需耗时 1—2 年。被申请人一般可提供如下证据材料应对他人以"未使用"为由提出的撤销申请：

· 发票	· 包装、装潢	· 书面声明
· 产品目录	· 标签	· 市场调查结果
· 营业额证据	· 广告	· 报价单

四、其他

柬埔寨要求申请人在注册后第 5—6 年主动提交使用 / 未使用声明；该国采用先核准注册发证再公告异议的流程，与国内区别较大，在拿到注册证后还要密切关注商标在异议期的动向；若在公告期内被异议掉，即使已拿到注册证书，商标也不能生效。

老挝

（Laos）

一、概述

老挝现行商标法规主要基于 2012 年 1 月 16 日生效的《知识产权法》。由科技部知识产权局负责管理商标事务，官方语言为老挝语、英语。商标专用权需要通过注册取得。商标注册不是强制性的，但为了保护商标或进行续展，就必须依法登记注册。老挝商标注册采用"申请在先"原则。

老挝是《巴黎公约》《WIPO 公约》等国际知识产权条约的缔约国；老挝是《马德里议定书》成员国，故商标注册可通过"单国注册"或"马德里国际注册"的方式办理。

二、商标申请

目前，老挝采用尼斯分类第 11 版的商品和服务描述，2016 年 2 月 1 日开始接受一表多类申请。老挝可注册为商标的要素有：文字、图形、字母、数字等。

若申请人非老挝居住的，须委托本国专门的代理人办理。商标申请所需的基本材料为：

1. 商标图样；

2. 具体类别及商品 / 服务项目；

3. 申请人名义及地址；

4. 若声明优先权的，需提供优先权证明文件；

5. 委托书，需公证。

申请注册老挝商标的主要流程为：申请—受理—审查—核准—发证—公告。申请递交后 1—2 周受理。审查员将对申请进行形式审查和实质审查。形式审查主要审查申请要求和分类信息是否符合规定；实质审查包括对商标显著性、是否违反禁注禁用条款和是否与在先商标形成冲突的审查。审查不能通过的将会下发驳回通知书并要求申请人在驳回通知载明的时限内予以答复，实质审查通过后，则会颁发注册证，同时

会安排公告。老挝知识产权法中没有异议程序的规定，但在实践中任何利益相关人或在先权利人均可在实质审查阶段提出"第三方观察意见"，提出的理由主要有：

1. 与在先商标冲突，如拥有在先的注册商标；

2. 商标缺乏显著性；

3. 商标具有不良影响；

4. 恶意注册；

5. 与在先其他权利冲突，如商号权、外观设计、版权、人名等。

顺利的情况下，老挝商标注册目前需要 1 年左右；如中途遇到驳回，时间将会大大延长。

三、商标维护

老挝商标注册后 10 年有效，有效期自注册日起算；到期日前 12 个月内可以办理续展，宽展期为 6 个月；续展有效期为 10 年。

商标注册后的无效或撤销申请，一般可根据老挝《商标法》下述条款提出：

1. 违反《商标法》规定的；

2. 恶意抢注；

3. 商标注册后连续 5 年未在当国实际使用的，任何人可申请撤销，不可抗力除外。

商标无效或撤销申请可向知识产权部提出，在现行审查条件下，一般需耗时 1—2 年。被申请人一般可提供如下证据材料应对他人以"未使用"为由提出的撤销申请：

- 发票
- 包装、装潢
- 广告
- 产品目录
- 标签
- 书面声明
- 营业额证据
- 报价单
- 市场调查结果

四、其他

老挝采用先核准注册发证再公告的流程，与国内区别较大，在拿到注册证后还要密切关注商标的动向；在注册公告日起的 5 年内，第三方可以提出驳回申请或撤销申请。

马尔代夫
(Maldives)

一、概述

马尔代夫目前尚无相关商标法律也无商标主管机关，因此无法进行商标查询和注册等事宜，并且这种状况可能在未来很长一段时间内持续下去。在马尔代夫，保护商标的通常做法是在当地大型报纸上刊登警示性公告，宣称商标权利，这也是目前在马尔代夫保护商标最有效的方法。

二、商标维护

在遭遇侵权的情况下，虽然可以通过商标的在先使用、他国驰名商标等方式进行保护，但警示性公告无疑是最直接也最常用的维权工具。警示性公告的作用除了宣称自身拥有商标权利外，还在于警告他人，未经授权不得擅自使用商标，否则将被提起侵权诉讼。商标所有人需定期刊登警示性公告，一般每1—2年一次，维持商标效力，同时也可以作为日后维权的依据。

马来西亚

(*Malaysia*)

一、概述

马来西亚现行商标法规主要基于 2002 年 1 月 14 日通过的《商标法》。由商标注册处负责管理商标事务，官方语言为马来语。商标专用权需要通过注册取得。商标注册不是强制性的，但为了保护商标或进行续展，就必须依法登记注册。马来西亚商标注册采用"使用在先"原则。

马来西亚是《巴黎公约》《尼斯条约》等国际知识产权条约的缔约国；暂未加入《马德里协定》或《马德里议定书》，故商标注册只能通过"单国注册"的方式办理。

二、商标申请

目前，马来西亚采用尼斯分类第 11 版的商品和服务描述，不接受一表多类申请。马来西亚可注册为商标的要素有：文字、名称、图形、颜色、字母、数字等。非传统商标，比如声音、三维标志等暂时不能申请注册。

若申请人非马来西亚居住的，须委托本国专门的代理人办理。商标申请所需的基本材料为：

1. 商标图样；

2. 具体类别及商品 / 服务项目；

3. 申请人名义及地址；

4. 法定声明；

5. 若声明优先权的，需提供优先权证明文件及对应的马来语翻译件，翻译件还需经该国有翻译资质的专业译员签字确认。

申请注册马来西亚商标的主要流程为：申请—受理—审查—公告—核准—发证。申请递交后 1—2 周受理。审查员将对申请进行形式审查和实质审查。形式审查主要审查申请要求和分类信息是否符合规定；实质审查包括对商标显著性、是否违反禁注禁用条款和是否与在先商标形成冲突的审查。审查不能通过的将会下发驳回通知书并要求申请人在驳回通知载明的时限内予以答复,实质审查通过的,则将会被安排公告。公告日起 2 个月为异议期,任何利益相关人或在先权利人均可提出异议,提异议的理由主要有:

1. 与在先商标冲突,如拥有在先的注册商标;

2. 商标缺乏显著性;

3. 商标具有不良影响;

4. 恶意注册;

5. 与在先其他权利冲突,如商号权、外观设计、版权、人名等。

公告期内无人异议或者异议不成立的,可获准注册并颁发注册证。顺利的情况下,马来西亚商标注册目前需要 1 年半左右;如中途遇到异议或驳回,时间将会大大延长。

三、商标维护

马来西亚商标注册后 10 年有效,有效期自申请日起算;《商标法》规定到期日前 3 个月内可以办理续展,但实践中可提前 12 个月办理,宽展期为 1 个月,否则商标将被移除,但有 1 年的恢复期;续展有效期为 10 年。

商标注册后的无效或撤销申请,一般可根据马来西亚《商标法》下述条款提出:

1. 违反《商标法》规定的;

2. 恶意抢注;

3. 商标注册后连续 3 年未在当国实际使用的,任何人可申请撤销,不可抗力除外。

商标无效或撤销申请可向马来西亚高等法院提出,在现行审查条件下,一般需耗时 2—3 年。被申请人一般可提供如下证据材料应对他人以"未使用"为由提出的撤销申请:

· 发票	· 包装、装潢	· 广告
· 产品目录	· 标签	· 书面声明
· 营业额证据	· 报价单	· 市场调查结果

四、其他

马来西亚申请中的商标不能进行转让。

蒙古国

(*Mongolia*)

一、概述

蒙古国现行商标法规主要基于 2010 年 6 月 10 日修订的《蒙古国商标和地理标志法》。由蒙古国知识产权局统一负责管理商标事务，官方语言为蒙古语。商标专用权需要通过注册取得。商标注册不是强制性的，但为了保护商标或进行续展，就必须依法登记注册。蒙古国商标注册采用"申请在先"原则。

蒙古国是《巴黎公约》《尼斯协定》《内罗毕条约》《商标法新加坡条约》等国际知识产权条约的缔约国；是《马德里议定书》《马德里协定》成员国，故商标注册既可以通过"单国注册"方式办理，也可以通过"马德里国际注册"的方式办理。

二、商标申请

目前，蒙古国采用尼斯分类第 11 版的商品和服务描述，接受一表多类申请。蒙古国可注册为商标的要素有：文字、名称、图形、三维标识、颜色组合等。

若申请人非蒙古国居住的，须委托本国专门的代理人办理。商标申请所需的基本材料为：

1. 商标图样；

2. 具体类别及商品／服务项目；

3. 申请人名义及地址；

4. 委托书；

5. 若声明优先权的，需提供优先权证明文件及对应的翻译件。

申请注册蒙古国商标的主要流程为：申请—受理—审查—核准—发证—公告。申请递交后 1—2 周受理。审查员将对申请进行形式审查和实质审查。形式审查主要审查申请要求和分类信息是否符合规定；实质审查包括对商标显著性、是否违反禁注禁用条款和是否与在先商标形成冲突的审查。审查不能通过的将会下发驳回通知书并要求申请人在驳回通知载明的时限内予以答复，实质审查通过的，即可获准注册并颁发注册证。获证后，将安排注册公告，公告日起 1 年内任何利益相关人或在先权利人均可提出异议，提异议的理由主要有：

1. 与在先商标冲突，如拥有在先的注册商标；

2. 商标缺乏显著性；

3. 商标具有不良影响；

4. 恶意注册。

顺利的情况下，蒙古国商标注册目前需要 8—12 个月；如中途遇到异议或驳回，时间将会延长，可能会耗时 2 年以上。

三、商标维护

蒙古国商标注册后 10 年有效，有效期自申请日起算；到期日前 6 个月内可以办理续展，宽展期为 6 个月；续展有效期为 10 年。

与大多数国家不同，蒙古国并未对商标注册成功后的实际使用作出要求，因此，无法以"不使用"为由提出撤销。若遇侵权，权利人可通过"恶意抢注"或《巴黎公约》第 6 条关于驰名商标的规定提出撤销申请。

四、其他

自 2014 年 7 月 1 日起，蒙古国可以认定驰名商标。办理续展时需要提供注册证原件。

孟加拉国
(Bangladesh)

一、概述

孟加拉国现行商标法规主要基于 2009 年 3 月 24 日颁布的《商标法》。由孟加拉国国家专利设计商标部统一负责管理商标事务，官方语言为英语、孟加拉语。商标专用权需要通过注册取得。商标注册不是强制性的，但为了保护商标或进行续展，就必须依法登记注册。孟加拉国商标注册采用"申请在先"原则，但某些情况下，也可以按"在先使用"主张商标权。

孟加拉国是《TRIPS 协定》《巴黎公约》《WIPO 公约》等国际知识产权条约的缔约国；暂未加入《马德里协定》或《马德里议定书》,故商标注册只能通过"单国注册"的方式办理。

二、商标申请

目前，孟加拉采用尼斯分类第 11 版的商品和服务描述，不接受一表多类申请。孟加拉国可注册为商标的要素有：文字、图形、字母、数字。

若申请人非孟加拉国居住的，须委托本国专门的代理人办理。商标申请所需的基本材料为：

1. 商标图样；

2. 具体商品项目；

3. 申请人中英文名义及地址；

4. 委托书；

5. 若声明优先权的，需提供优先权证明文件。

申请注册孟加拉国商标的主要流程为：申请—受理—审查—公告—核准—发证。申请递交后商标注册处先进行形式审查，即审查申请要求和分类信息是否符合规定，受理时间需要 2 周左右。受理后，商标注册处将对商标进行实质审查，包括对商标显著性、是否违反禁注禁用条款和是否与在先商标形成冲突的审查，审查不能通过的则会下发驳回通知书并要求申请人在驳回通知载明的时限内予以答复。实质审查通过的，将会被安排公告，公告日起 60 天为异议期，任何利益相关人或在先权利人均可提出异议，提异议的理由主要有：

1. 与在先商标冲突，如拥有在先的注册商标；

2. 商标缺乏显著性；

3. 商标具有不良影响；

4. 恶意注册；

5. 与在先其他权利冲突，如商号权、外观设计、版权等。

公告期内无人异议或者异议不成立的，可获准注册并颁发注册证。顺利的情况下，孟加拉国商标注册目前需要 3—5 年；如中途遇到异议或驳回，时间将会大大延长。

三、商标维护

孟加拉国商标注册后 7 年有效，有效期自申请日开始起算；到期日前 6 个月内可以办理续展，宽展期为 6 个月；续展有效期为 10 年。

商标注册后的无效或撤销申请，一般可根据孟加拉国《商标法》下述条款提出：

1. 违反《商标法》规定的；

2. 商标注册后连续 5 年未在当国实际使用的，任何人可申请撤销，不可抗力除外。

商标无效或撤销申请可向商标注册处或法院提出，在现行审查条件下，一般需耗时 4—5 年。被申请人一般可提供如下证据材料应对他人以"未使用"为由提出的撤销申请：

- 发票
- 包装、装潢
- 书面声明
- 产品目录
- 标签
- 市场调查结果
- 营业额证据
- 广告
- 报价单

四、其他

孟加拉国商标初次注册后的商标有效期和续展后的商标有效期不同；该国相对落后，申请注册周期很长，建议权利人有市场布局考虑时提前准备。

缅甸

(*Myanmar*)

一、概述

缅甸目前没有成文的商标法律体系，商标保护途径主要是通过在登记处备案和在当地报纸、杂志上进行警示性公告。

二、商标登记

商标所有人需将商标及权利人信息以《所有权宣誓书》的形式，提交至官方登记处。官方收到宣誓书后，将商标信息登记在案并分配相应的注册日及注册号，随后将经登记的《所有权宣誓书》返还至权利人。至此，商标登记完成。《所有权宣誓书》登记完成通常需 1 个月左右。所需具体材料为：

1. 申请人信息以及详细地址；

2. 商标图样；

3. 商品 / 服务；

4. 经公证认证的委托书；

5. 签字盖章的宣誓书。

三、商标公告

登记完成后，商标权利人可选择是否在当地的报纸或杂志上对商标的信息，包括商标图样、权利人信息、商品或服务及登记的注册号进行公告。

在当地报纸或杂志上进行公告并不是强制性要求，然而由于目前官方登记簿的数据不对外公开，也没有官方的公告，公众无法知晓某商标的实际权利人和最新的状态。为防止他人侵权，当国通常的做法是建议权利人完成官方登记程序后在当地报纸或杂志上对商标的详细信息进行公告。公告可对相关公众起到警示作用，也公开声明该商标归申请人所有，他人不可随意模仿或复制，否则需承担侵权责任。同时，在当国报纸或杂志上公告还可以起到广告宣传的作用，增加商标在该国的知名度。

此外，虽然缅甸采用的是"使用在先"的确权原则，但在法院审理商标侵权纠纷程序中，通过出具每 3 年在官方登记簿上的登记证明以及在当地报纸或杂志上的公告，可作为商标权利归属、商标知名度的一种初步证据，其中公告可间接证明侵权人应当知晓该商标属于他人所有，更容易证明存在侵权行为。

四、商标续展

在缅甸，由于没有商标法律法规，所以对商标的有效期限和商标续展期限没有明确的规定。但是实际操作中，一般将续展时限定为每3年一次，提前6个月续展。而续展的方式也有如下三种：

1. 每3年在官方登记簿上进行续展登记；

2. 每3年在当地报纸上进行公告；

3. 每3年在官方登记簿上进行续展登记，同时在当地报纸上进行公告。

通常情况下，在官方登记簿上进行登记是为了向官方表明权利人一直在持续使用该商标以及对缅甸市场的重视，每3年登记一次可使商标效力更牢固。每次续展完成后商标都将被分配新的注册号、注册日，登记后，权利人仍然可选择是否在当地报刊上进行公告。

五、其他

相比其他国家完整健全的商标体系，缅甸目前采用的商标登记制度仍有许多不足之处。根据缅甸官方发布的最新动态，缅甸政府已于2013年起草了《商标法》。在新《商标法》中，商标确权方式仍将为"使用在先"。在现行体制下进行的商标登记将可被视作一种在先的使用证明，商标审查程序亦将同大多数国家一样，在顺利通过形式审查、实质审查、公告程序后，方能核准注册，商标有效期也将变为10年，但新法何时可以实施，仍遥遥无期。

尼泊尔
（*Nepal*）

一、概述

尼泊尔现行商标法规主要基于 1965 年 8 月 30 日颁布的《专利、工业品外观设计和商标法》。由尼泊尔工业部负责管理商标事务，官方语言为尼泊尔语。商标专用权需要通过注册取得。商标注册不是强制性的，但为了保护商标或进行续展，就必须依法登记注册。尼泊尔商标注册采用"申请在先"原则。

尼泊尔是《巴黎公约》《WIPO 公约》等国际知识产权条约的缔约国；暂未加入《马德里协定》或《马德里议定书》，故商标注册只能通过"单国注册"的方式办理。

二、商标申请

目前，尼泊尔采用尼斯分类第 11 版的商品和服务描述，不接受一表多类申请。尼泊尔可注册为商标的要素有：文字、图形、字母等。

若申请人非尼泊尔居住的，须委托本国专门的代理人办理。商标申请所需的基本材料为：

1. 商标图样；

2. 具体类别及商品 / 服务项目；

3. 申请人名义及地址；

4. 若声明优先权的，需提供优先权证明文件及对应的尼泊尔语翻译件，翻译件还须经该国有翻译资质的专业译员签字确认；

5. 注册基础证明。

申请注册尼泊尔商标的主要流程为：申请—受理—审查—公告—核准—发证。申请递交后 1—2 周受理。审查员将对申请进行形式审查和实质审查。形式审查主要审查申请要求和分类信息是否符合规定；实质审查包括对商标显著性、是否违反禁注禁用条款和是否与在先商标形成冲突的审查。审查不能通过的将会下发驳回通知书并要求申请人在驳回通知载明的时限内予以答复，实质审查通过的，则将会被安排公告。

公告日起 90 天为异议期，任何利益相关人或在先权利人均可提出异议，提异议的理由主要有：

1. 与在先商标冲突，如拥有在先的注册商标；

2. 商标缺乏显著性；

3. 商标具有不良影响；

4. 恶意注册；

5. 与在先其他权利冲突，如商号权、外观设计、版权等。

公告期内无人异议或者异议不成立的，可获准注册并颁发注册证。顺利的情况下，尼泊尔商标注册目前需要 1 年左右；如中途遇到异议或驳回，时间将会大大延长。

三、商标维护

尼泊尔商标注册后 7 年有效，有效期自注册日起算；到期日前 6 个月内可以办理续展，宽展期为 6 个月；续展有效期为 7 年。

商标注册后的无效或撤销申请，一般可根据尼泊尔《商标法》下述条款提出：

1. 违反《商标法》规定的；

2. 恶意抢注；

3. 商标注册后连续 1 年未在当国实际使用的，任何人可申请撤销，不可抗力除外。

商标无效或撤销申请可向尼泊尔工业部提出，在现行审查条件下，一般需耗时 1—2 年。被申请人一般可提供如下证据材料应对他人以"未使用"为由提出的撤销申请：

・发票	・包装、装潢	・广告
・产品目录	・标签	・书面声明
・营业额证据	・报价单	・市场调查结果

四、其他

对于尼泊尔以外的申请人，需要提交商标在原属国或其他国家已经申请注册的证明。

日本
(*Japan*)

一、概述

日本现行商标法规主要基于 1959 年 4 月 13 日颁布、2015 年 4 月 1 日修订的《商标法》。由日本特许厅统一负责管理商标事务，官方语言为日语。商标专用权需要通过注册取得。商标注册不是强制性的，但为了保护商标或进行续展，就必须依法登记注册。日本商标注册采用"申请在先"原则，但若是该国的驰名商标，也可以按"在先使用"主张商标权。

日本是《里斯本条约》《巴黎公约》《尼斯协定》《WIPO 公约》《商标法条约》等国际知识产权条约的缔约国；是《马德里议定书》成员国，故商标注册既可以通过"单国注册"方式办理，也可以通过"马德里国际注册"的方式办理。

二、商标申请

目前，日本采用尼斯分类第 11 版的商品和服务描述，接受一表多类申请。日本可注册为商标的要素有：文字、名称、图形、三维标识、颜色组合、标语、声音、全息图、动态图。

若申请人非日本居住的，可直接通过日本特许厅网站申请，但必须提供一个当国通信地址。商标申请所需的基本材料为：

1. 商标图样；

2. 具体类别及商品 / 服务项目（一个类的商品 / 服务在当国所占群组不能等于或超过 8 个，否则需提供实际使用证据或意向使用说明书）；

3. 申请人名义及地址；

4. 若声明优先权的，需提供优先权证明文件及对应的日语翻译件。

申请注册日本商标的主要流程为：申请—受理—审查—核准—发证—公告。申请递交后 3 天左右受理。审查员将对申请进行形式审查和实质审查。形式审查主要审查申请要求和分类信息是否符合规定；实质审查包括对商标显著性、是否违反禁注禁用条款和是否与在先商标形成冲突的审查。审查通过后即可获准注册并颁发注册证；审查不能通过的则会下发驳回通知书并要求申请人在驳回通知载明的时限内予以答复。获证后，将安排公告，公告日起2个月为异议期，任何利益相关人或在先权利人均可提出异议，提异议的理由主要有：

1. 与在先商标冲突，如拥有在先的注册商标；

2. 商标缺乏显著性；

3. 商标具有不良影响；

4. 恶意注册；

5. 与在先其他权利冲突，如商号权、外观设计、版权、人名等。

公告期内无人异议或者异议不成立的，商标将正式注册成功。顺利的情况下，日本商标注册目前需要6—8个月；如中途遇到异议或驳回，时间将会延长，可能会耗时1—2年。

三、商标维护

日本商标注册后10年有效，有效期自注册日起算；到期日前6个月内可以办理续展，宽展期为6个月；续展有效期为10年。

商标注册后的无效或撤销申请，一般可根据日本《商标法》下述两个条款提出：

1.《商标法》第46条：（1）违反本法规定的；（2）申请商标时已知或应知有他人权利在先的，可申请无效。

2.《商标法》第50条：商标注册后连续3年未在当国实际使用的，任何人可申请撤销，不可抗力除外。

商标无效或撤销申请可向特许厅提出，在现行审查条件下，一般需耗时1—2年。被申请人一般可提供如下证据材料应对他人以"未使用"为由提出的撤销申请：

· 发票　　　　　· 标签　　　　　　· 市场调查结果

· 产品目录　　　· 报价单　　　　　· 基于互联网的使用

· 营业额证据　　· 广告　　　　　　· 持续维护的网站

· 包装、装潢　　· 书面声明

四、其他

日本采用先核准注册发证再公告异议的流程，与国内区别较大，在拿到注册证后还要密切关注商标在异议期的动向；若在公告期内被异议掉，即使已拿到注册证书商标也不能生效。

斯里兰卡
(Sri Lanka)

一、概述

斯里兰卡现行商标法规主要基于 2003 年 11 月 12 日颁布的《知识产权法》。由斯里兰卡国家知识产权局负责管理商标事务，官方语言为僧伽罗语、泰米尔语。商标专用权需要通过注册取得。商标注册不是强制性的，但为了保护商标或进行续展，就必须依法登记注册。斯里兰卡商标注册采用"申请在先"原则。

斯里兰卡是《巴黎公约》《WIPO 公约》等国际知识产权条约的缔约国；暂未加入《马德里协定》或《马德里议定书》，故商标注册只能通过"单国注册"的方式办理。

二、商标申请

目前，斯里兰卡采用尼斯分类第 11 版的商品和服务描述，不接受一表多类申请。斯里兰卡可注册为商标的要素有：文字、名称、图形、颜色、字母、数字等。

若申请人非斯里兰卡居住的，须委托本国专门的代理人办理。商标申请所需的基本材料为：

1. 商标图样；

2. 具体类别及商品 / 服务项目；

3. 申请人名义及地址；

4. 若声明优先权的，需提供优先权证明文件及对应的英语翻译件。

申请注册斯里兰卡商标的主要流程为：申请—受理—审查—公告—核准—发证。申请递交后 1—2 周受理。审查员将对申请进行形式审查和实质审查。形式审查主要审查申请要求和分类信息是否符合规定；实质审查包括对商标显著性、是否违反禁注禁用条款和是否与在先商标形成冲突的审查。审查不能通过的将会下发驳回通知书并要求申请人在驳回通知载明的时限内予以答复，实质审查通过的，则将会被安排公告。公告日起 3 个月为异议期，任何利益相关人或在先权利人均可提出异议，提异议的理由主要有：

1. 与在先商标冲突, 如拥有在先的注册商标;

2. 商标缺乏显著性;

3. 商标具有不良影响;

4. 恶意注册;

5. 与在先其他权利冲突, 如商号权、外观设计、版权、人名等。

公告期内无人异议或者异议不成立的, 可获准注册并颁发注册证。顺利的情况下, 斯里兰卡商标注册目前需要4—5年; 如中途遇到异议或驳回, 时间将会大大延长。

三、商标维护

斯里兰卡商标注册后10年有效, 有效期自申请日起算; 到期日前1年内可以办理续展, 宽展期为6个月; 续展有效期为10年。

商标注册后的无效或撤销申请, 一般可根据斯里兰卡《商标法》下述条款提出:

1. 违反《商标法》规定的;

2. 恶意抢注;

3. 商标注册后连续5年未在当国实际使用的, 任何人可申请撤销, 不可抗力除外。

商标无效或撤销申请可向斯里兰卡法院提出, 在现行审查条件下, 一般需耗时5—6年。被申请人一般可提供如下证据材料应对他人以"未使用"为由提出的撤销申请:

- 发票
- 包装、装潢
- 广告
- 产品目录
- 标签
- 书面声明
- 营业额证据
- 报价单
- 市场调查结果

四、其他

该国申请注册周期很长, 建议权利人有市场布局考虑时提前准备。

塔吉克斯坦
(*Tajikistan*)

一、概述

塔吉克斯坦现行商标法规主要基于 2007 年 3 月 5 日实施的《商标法》。由塔吉克斯坦商标局统一负责管理商标事务，官方语言为塔吉克语。商标专用权需要通过注册取得。商标注册不是强制性的，但为了保护商标或进行续展，就必须依法登记注册。塔吉克斯坦商标注册采用"申请在先"原则，但某些情况下，也可以按"在先使用"主张商标权。

塔吉克斯坦是《TRIPS 协定》《巴黎公约》《尼斯协定》《WIPO 公约》《新加坡条约》《内罗毕条约》等国际知识产权条约的缔约国；塔吉克斯坦已加入《马德里协定》《马德里议定书》，故商标注册也可通过"马德里国际注册"的方式办理。

二、商标申请

目前，塔吉克斯坦商标局采用尼斯分类第 11 版的商品和服务描述，接受一表多类申请。塔吉克斯坦可注册为商标的要素有：文字、名称、图形、三维标识、颜色组合、标语、声音、外观等，其中，颜色组合在申请注册时需要满足特定的要求。

若申请人非塔吉克斯坦居住的，须委托本国专门的代理人办理。商标申请所需的基本材料为：

1. 商标图样；

2. 具体商品 / 服务项目；

3. 申请人名义及地址；

4. 委托书；

5. 若声明优先权的，需提供优先权证明文件。

申请注册塔吉克斯坦商标的主要流程为：申请—审查—核准—发证—公告。申请递交后 1 周左右受理，塔吉克斯坦商标局会进行形式审查和实质审查，审查通过后即获准注册并颁发注册证；审查不能通过的则会下发驳回通知书并要求申请人在驳回通知载明的时限内予以答复。顺利的情况下，塔吉克斯坦商标注册目前需要 1 年左右。

塔吉克斯坦目前并无异议程序，任何人认为某一注册商标损害了自己的权利，可通过对该注册商标提无效或撤销申请以维护自己的商标权利。

三、商标维护

塔吉克斯坦商标注册后 10 年有效，有效期自申请日开始起算；到期日前 12 个月内可以办理续展，宽展期为 6 个月；续展有效期为 10 年。

商标注册后的无效或撤销申请，一般可根据下述理由提出：

1. 与在先商标冲突，如拥有在先的注册商标；

2. 恶意注册；

3. 驰名商标；

4. 与在先其他权利冲突，如商号权、外观设计、版权、人名等；

5. 商标缺乏显著性；

6. 商标具有描述性；

7. 行业内的通用名称或词汇；

8. 商标具有不良影响；

9. 地理标识；

10. 商标使用具有欺骗性。

商标注册后连续 3 年未在当国实际使用的，任何人可申请撤销，不可抗力除外。被申请人一般可提供如下证据材料应对他人以"未使用"为由提出的撤销申请：

·发票	·包装、装潢	·书面声明
·产品目录	·标签	·市场调查结果
·营业额证据	·广告	·报价单

基于"相对理由"提出的撤销，需在商标注册后 5 年内提出；基于"绝对理由"提出的则无时间限制。

四、其他

塔吉克斯坦目前无异议制度，这与国内差别较大，这需要权利人主动关注、监测该国商标注册情况，以防被抢注。

泰国
(*Thailand*)

一、概述

泰国现行商标法规主要基于 2016 年 7 月 28 日生效实施的《商标法》。由泰国商标局统一负责管理知识产权事务，官方语言为泰语。商标专用权需要通过注册取得。商标注册不是强制性的，但为了保护商标或进行续展，就必须依法登记注册。泰国商标注册采用"申请在先"原则，但某些情况下，也可以按"在先使用"主张商标权。

泰国是《TRIPS 协定》《WIPO 公约》《巴黎公约》等国际知识产权条约的缔约国；泰国于 2017 年加入《马德里议定书》，故商标注册既可以通过"单国注册"方式办理，也可以通过"马德里国际注册"的方式办理。

二、商标申请

目前，泰国商标局采用尼斯分类第 11 版的商品和服务描述，接受一表多类申请。泰国可注册为商标的要素有：文字、名称、图形、三维标识、颜色组合、标语、声音等，其中，颜色组合在申请注册时需要满足特定的要求。

若申请人非泰国居住的，须委托本国专门的代理人办理。商标申请所需的基本材料为：

1. 商标图样；

2. 具体商品 / 服务项目；

3. 申请人名义及地址；

4. 公证的委托书；

5. 若声明优先权的，需提供优先权证明文件及对应的泰语翻译件。

申请注册泰国商标的主要流程为：申请—审查—公告—核准—发证。申请递交后 1 周左右受理，泰国商标局会进行形式审查和实质审查，审查不能通过的则会下发驳回通知书并要求申请人在驳回通知载明的时限内予以答复；审查通过的即安排公告，公告日起 60 天为异议期，任何利益相关人或在先权利人均可提出异议，提异议的理

由主要有：

1. 与在先商标冲突，如拥有在先的注册商标；

2. 商标具有描述性；

3. 商标缺乏显著性；

4. 商标具有不良影响；

5. 驰名商标；

6. 恶意注册；

7. 与在先其他权利冲突，如商号权、外观设计、版权、人名等；

8. 通用名称；

9. 地理标识；

10. 未经授权使用的标志、徽章。

公告期内无人异议或者异议不成立的，商标将会被核准注册。顺利的情况下，泰国商标注册目前需要 2 年左右。如中途遇到异议或驳回，时间将会有所延长。

三、商标维护

泰国商标注册后 10 年有效，有效期自申请日开始起算；到期日前 90 天内可以办理续展，根据新《商标法》宽展期为 6 个月；续展有效期为 10 年。

商标注册后的无效或撤销申请，一般可根据下述理由提出：

1. 违反《商标法》规定的；

2. 商标注册后连续 3 年未在当国实际使用的，任何人可申请撤销，不可抗力除外。

商标无效或撤销申请需向商标委员会提出，在现行审查条件下，一般需耗时 2—3 年。被申请人一般可提供如下证据材料应对他人以"未使用"为由提出的撤销申请：

· 发票	· 标签	· 市场调查结果
· 产品目录	· 报价单	· 基于互联网的使用
· 营业额证据	· 广告	· 持续维护的网站
· 包装、装潢	· 书面声明	

四、其他

在办理转让时，要对转让协议进行公证；新修订的《商标法》废除了以前要求申请人办理"关联商标"的做法。

土库曼斯坦

(*Turkmenistan*)

一、概述

土库曼斯坦现行商标法规主要基于 2008 年 11 月 15 日实施的《商标法》。由土库曼斯坦商标局统一负责管理商标事务,官方语言为土库曼语。商标专用权需要通过注册取得。商标注册不是强制性的,但为了保护商标或进行续展,就必须依法登记注册。土库曼斯坦商标注册采用"申请在先"原则,但某些情况下,也可以以"在先使用"主张商标权。

土库曼斯坦是《TRIPS 协定》《巴黎公约》《尼斯协定》《WIPO 公约》等国际知识产权条约的缔约国;土库曼斯坦已加入《马德里议定书》,故商标注册也可通过"马德里国际注册"的方式办理。

二、商标申请

目前,土库曼斯坦商标局采用尼斯分类第 11 版的商品和服务描述,接受一表多类申请。土库曼斯坦可注册为商标的要素有:文字、名称、图形、三维标识、颜色组合、标语、声音、外观等,其中,颜色组合在申请注册时需要满足特定的要求。

若申请人非土库曼斯坦居住的,须委托本国专门的代理人办理。商标申请所需的基本材料为:

1. 商标图样;

2. 具体商品 / 服务项目;

3. 申请人名义及地址;

4. 委托书;

5. 若声明优先权的,需提供优先权证明文件。

申请注册土库曼斯坦商标的主要流程为:申请—审查—核准—发证—公告。申请递交后 1 周左右受理,土库曼斯坦商标局会进行形式审查和实质审查,审查通过后即获准注册并颁发注册证;审查不能通过的则会下发驳回通知书并要求申请人在驳回通知载明的时限内予以答复。顺利的情况下,土库曼斯坦商标注册目前需要 1 年左右。

土库曼斯坦目前并无异议程序，但在商标审查过程中，任何人可对商标注册提出反对意见，任何人认为某一注册商标损害了自己的权利，可通过对该注册商标提无效或撤销申请以维护自己的商标权利。

三、商标维护

土库曼斯坦商标注册后 10 年有效，在 2008 年 11 月 15 日前申请的商标，有效期自注册日开始起算；在 2008 年 11 月 15 日后申请的商标，10 年有效期自申请日起算；到期日前 12 个月内可以办理续展，宽展期为 6 个月；续展有效期为 10 年。

商标注册后的无效或撤销申请，一般可根据下述理由提出：

1. 与在先商标冲突，如拥有在先的注册商标；

2. 恶意注册；

3. 驰名商标；

4. 与在先其他权利冲突，如商号权、外观设计、版权、人名等；

5. 商标缺乏显著性；

6. 商标具有描述性；

7. 行业内的通用名称或词汇；

8. 商标具有不良影响；

9. 地理标识；

10. 商标使用具有欺骗性。

商标注册后连续 3 年未在当国实际使用的，任何人可申请撤销，不可抗力除外。被申请人一般可提供如下证据材料应对他人以"未使用"为由提出的撤销申请：

·发票	·包装、装潢	·书面声明
·产品目录	·标签	·市场调查结果
·营业额证据	·广告	·报价单

基于"相对理由"提出的撤销，需在商标注册后 5 年内提出；基于"绝对理由"提出的则无时间限制。

四、其他

土库曼斯坦采用先核准注册发证再公告的流程，与国内区别较大，在拿到注册证后还要密切关注商标在公告期的动向；若在公告期内被申请撤销，即使已拿到注册证书商标也不能生效。

文莱
(Brunei)

一、概述

文莱现行商标法规主要基于 2000 年 6 月 1 日实施的《商标法》。由文莱商标局统一负责管理商标事务，官方语言为马来语。商标注册不是强制性的，但为了保护商标或进行续展，就必须依法登记注册。文莱商标注册采用"使用在先"原则。

文莱是《TRIPS 协定》《巴黎公约》《WIPO 公约》等国际知识产权条约的缔约国；文莱 2016 年加入《马德里议定书》，故商标注册既可以通过"单国注册"方式办理，也可以通过"马德里国际注册"的方式办理。

二、商标申请

目前，文莱商标局采用尼斯分类第 7 版的商品和服务描述，接受一表多类申请。文莱可注册为商标的要素有：文字、名称、图形、三维标识、颜色组合、标语、外观、动态图等。

若申请人非文莱居住的，须委托本国专门的代理人办理。商标申请所需的基本材料为：

1. 商标图样；

2. 具体商品／服务项目；

3. 申请人名义及地址；

4. 若声明优先权的，需提供优先权证明文件。

申请注册文莱商标的主要流程为：申请—审查—公告—核准—发证。申请递交后 1 周左右受理，文莱商标局会进行形式审查和实质审查，审查不能通过的则会下发驳回通知书并要求申请人在驳回通知载明的时限内予以答复；审查通过的即安排公告，公告日起 3 个月为异议期，任何利益相关人或在先权利人均可提出异议，提异议的理由主要有：

1. 与在先商标冲突，如拥有在先的注册商标；

2. 商标具有描述性；

3. 商标缺乏显著性；

4. 商标具有不良影响；

5. 驰名商标；

6. 恶意注册；

7. 与在先其他权利冲突，如商号权、外观设计、版权、人名等。

公告期内无人异议或者异议不成立的，商标将会被核准注册。顺利的情况下，文莱商标注册目前需要 2 年左右。如中途遇到异议或驳回，时间将会有所延长。

三、商标维护

文莱商标注册后 10 年有效，有效期自申请日开始起算；到期日前 6 个月内可以办理续展，宽展期为 6 个月；续展有效期为 10 年。

商标注册后的无效或撤销申请，一般可根据下述理由提出：

1. 违反《商标法》规定的；

2. 商标注册后连续 5 年未在当国实际使用的，任何人可申请撤销，不可抗力除外。

商标无效或撤销申请需向商标局提出，在现行审查条件下，一般需耗时 2—3 年。被申请人一般可提供如下证据材料应对他人以“未使用”为由提出的撤销申请：

·发票	·包装、装潢	·书面声明
·产品目录	·标签	·市场调查结果
·营业额证据	·广告	·报价单

乌兹别克斯坦

(Uzbekistan)

一、概述

乌兹别克斯坦现行商标法规主要基于 2001 年 8 月 30 日颁布的《乌兹别克斯坦共和国商标、服务标记和原产地标记法》。知识产权部统一负责管理商标事务，官方语言为乌兹别克语。商标专用权需要通过注册取得。商标注册不是强制性的，但为了保护商标或进行续展，就必须依法登记注册。乌兹别克斯坦商标注册采用"申请在先"原则，未注册商标不易得到保护。

乌兹别克斯坦是《TRIPS 协定》《巴黎公约》《WIPO 公约》《尼斯协定》《新加坡条约》《马德里议定书》等国际知识产权条约的缔约国，故商标保护既能通过"单国注册"的方式办理，又能通过"马德里国际注册"的方式办理。

二、商标申请

目前，乌兹别克斯坦官方采用尼斯分类第 11 版的商品和服务描述，接受一表多类申请。乌兹别克斯坦可注册为商标的要素有：文字、名称、图形、数字、颜色组合、三维标识等。

若申请人非乌兹别克斯坦居住的，须委托本国专门的代理人办理。商标申请所需的基本材料为：

1. 商标图样；

2. 具体商品项目；

3. 申请人名义及地址；

4. 委托书原件，需签字、盖公章；

5. 若声明优先权的，需提供优先权证明文件及对应的翻译件。

申请注册乌兹别克斯坦商标的主要流程为：申请—受理—审查—核准—发证—公告。申请递交后官方先进行形式审查，即审查申请要求和分类信息是否符合规定，一般 1 个月左右完成受理。受理后将对商标进行实质审查，包括对商标显著性、是否违反禁注禁用条款和是否与在先商标形成冲突的审查，审查通过则予以核准保护并颁发注册证；审查不能通过的则会下发驳回通知书并要求申请人在驳回通知载明的时限内予以答复，答复时限一般为 3 个月，可申请延期，但不超过 6 个月。

乌兹别克斯坦无商标异议程序；顺利的情况下，商标注册目前需要 2 年左右；如中途遇到驳回，时间将会延长。

三、商标维护

乌兹别克斯坦商标注册后 10 年有效，有效期自申请日开始起算；到期日前 12 个月内可以办理续展，宽展期为 6 个月；续展有效期为 10 年。

由于该国无异议程序，故商标注册后只能申请无效或撤销，一般可根据《乌兹别克斯坦共和国商标、服务标记和原产地标记法》（2001 年 8 月 30 日颁布）第 24 条提出：

1. 违反第 10 条，即禁注条款、缺乏显著性以及与在先权利冲突的；

2. 违反第 25 条，即商标注册后连续 5 年未在当国实际使用的。

违反第 10 条相对理由的规定，任何利益相关人可以在商标注册公告后 5 年内提出；违反第 25 条规定的，任何利益相关人可以申请撤销该注册商标，但因不可抗力导致无法使用的除外。被申请人一般可提供如下证据材料应对他人以"未使用"为由提出的撤销申请：

- 发票
- 包装、装潢
- 报价单
- 产品目录
- 广告
- 标签
- 营业额证据
- 书面声明

四、其他

由于该国无商标异议程序，所以后期维权时对撤销时机的把握就显得非常关键了，总的来说：

1. 根据相对理由的撤销，需在公告日后 5 年内向上诉委员会提出；

2. 根据绝对理由的撤销，可在注册后任何时间向上诉委员会提出；

3. 根据超过 5 年连续不使用为由的撤销，需自注册日起超过 5 年后向法院提出。

新加坡

(Singapore)

一、概述

新加坡现行商标法规主要基于 1999 年 1 月 15 日生效的《商标法》。由新加坡知识产权局负责管理商标事务，官方语言为英语。商标专用权需要通过注册取得。商标注册不是强制性的，但为了保护商标或进行续展，就必须依法登记注册。新加坡商标注册采用"使用在先"原则。

新加坡是《巴黎公约》《尼斯条约》等国际知识产权条约的缔约国；为《马德里议定书》成员国，故商标注册可通过"单国注册"或"马德里国际注册"的方式办理。

二、商标申请

目前，新加坡采用尼斯分类第 11 版的商品和服务描述，接受一表多类申请。新加坡可注册为商标的要素有：文字、名称、图形、颜色、字母、数字、声音、三维标志等。

若申请人非新加坡居住的，须委托本国专门的代理人办理。商标申请所需的基本材料为：

1. 商标图样；

2. 具体类别及商品 / 服务项目；

3. 申请人名义及地址；

4. 若声明优先权的，需提供优先权证明文件及对应的英语翻译件。

申请注册新加坡商标的主要流程为：申请—受理—审查—公告—核准—发证。申请递交后 2—4 周受理。审查员将对申请进行形式审查和实质审查。形式审查主要审查申请要求和分类信息是否符合规定；实质审查包括对商标显著性、是否违反禁注禁用条款和是否与在先商标形成冲突的审查。审查不能通过的将会下发驳回通知书并要求申请人在驳回通知载明的时限内予以答复，实质审查通过的，则将会被安排公告。公告日起 2 个月为异议期，任何利益相关人或在先权利人均可提出异议，提异议的理

由主要有：

1. 与在先商标冲突，如拥有在先的注册商标；

2. 商标缺乏显著性；

3. 商标具有不良影响；

4. 恶意注册；

5. 与在先其他权利冲突，如商号权、外观设计、版权、人名等。

公告期内无人异议或者异议不成立的，可获准注册并颁发注册证。顺利的情况下，新加坡商标注册目前需要半年左右；如中途遇到异议或驳回，时间将会大大延长。

三、商标维护

新加坡商标注册后 10 年有效，有效期自申请日起算；到期日前 1 年内可以办理续展，宽展期为 6 个月；续展有效期为 10 年。

商标注册后的无效或撤销申请，一般可根据新加坡《商标法》下述条款提出：

1. 违反《商标法》规定的；

2. 恶意抢注；

3. 商标注册后连续 5 年未在当国实际使用的，任何人可申请撤销，不可抗力除外。

商标无效或撤销申请可向新加坡商标注册处或高等法院提出，在现行审查条件下，一般需耗时 2—3 年。被申请人一般可提供如下证据材料应对他人以"未使用"为由提出的撤销申请：

- 发票
- 包装、装潢
- 广告
- 产品目录
- 标签
- 书面声明
- 营业额证据
- 报价单
- 市场调查结果

印度

（*India*）

一、概述

印度现行商标法规主要基于 2003 年 9 月 15 日施行的《商标法》，2017 年 3 月 6 日修订。由印度商标局统一负责管理商标事务，官方语言为印地语、英语。商标注册不是强制性的，但为了保护商标或进行续展，就必须依法登记注册。印度商标注册采用"使用在先"原则。

印度是《TRIPS 协定》《WIPO 公约》《内罗毕公约》《巴黎公约》等国际知识产权条约的缔约国；已加入《马德里议定书》，故商标注册既可以通过"马德里国际注册"方式办理，也可通过"单国注册"的方式办理。

二、商标申请

目前，印度商标局采用尼斯分类第 11 版的商品和服务描述，接受一表多类申请。印度可注册为商标的要素有：文字、名称、图形、三维标识、颜色组合、标语、声音、外观等，其中对三维标识、颜色标识、声音等有特殊要求。

若申请人非印度居住的，须委托本国专门的代理人办理。商标申请所需的基本材料为：

1. 商标图样；

2. 具体商品 / 服务项目；

3. 申请人名义及地址；

4. 委托书；

5. 若声明优先权的，需提供优先权证明文件及对应的翻译件。

申请注册印度商标的主要流程为：申请—审查—公告—核准—发证。申请递交后 1 周左右受理，印度商标局会进行形式审查和实质审查，审查不能通过的则会下发驳回通知书并要求申请人在驳回通知载明的时限内予以答复；审查通过的即安排公告，公告日起 4 个月为异议期，任何利益相关人或在先权利人均可提出异议，提异议的理由主要有：

1. 与在先商标冲突，如拥有在先的注册商标和在先使用的未注册商标；

2. 商标具有描述性；

3. 商标缺乏显著性；

4. 商标具有不良影响；

5. 驰名商标；

6. 恶意注册；

7. 与在先其他权利冲突，如商号权、外观设计、版权、人名等；

8. 通用名称；

9. 未经授权使用的标志；

10. 有违公序良俗。

公告期内无人异议或者异议不成立的，商标将会被核准注册。顺利的情况下，印度商标注册目前需要 1 年左右。如中途遇到异议或驳回，时间将会有所延长。

三、商标维护

印度商标注册后 10 年有效，有效期自申请日开始起算；到期日前 12 个月内可以办理续展，宽展期为 6 个月，恢复期为 6 个月；续展有效期为 10 年。

商标注册后的无效或撤销申请，一般可根据下述理由提出：

1. 违反《商标法》规定的；

2. 商标注册后连续 5 年未在当国实际使用的，任何人可申请撤销，不可抗力除外。

商标撤销或无效申请需向商标局或知识产权上诉委员会提出，在现行审查条件下，一般需耗时 2—3 年。被申请人一般可提供如下证据材料应对他人以"未使用"为由提出的撤销申请：

- 发票
- 标签
- 市场调查结果
- 产品目录
- 报价单
- 基于互联网的使用
- 营业额证据
- 广告
- 持续维护的网站
- 包装、装潢
- 书面声明

四、其他

在办理转让时，还需要对转让协议及受让人宣誓书、转让人宣誓书进行公证。此外，印度商标申请基础也分意向使用和实际使用，以实际使用提交的商标注册申请，在申请时需要提供在印度的首次使用时间、经公证的使用宣誓书以及使用证据。

印度尼西亚
(*Indonesia*)

一、概述

印度尼西亚现行商标法规主要基于 2016 年 11 月 28 日修订的《商标法》。由印度尼西亚法律和人权部知识产权司统一负责管理商标事务,官方语言为印度尼西亚语。商标专用权需要通过注册取得。商标注册不是强制性的,但为了保护商标或进行续展,就必须依法登记注册。印度尼西亚商标注册采用"申请在先"原则。

印度尼西亚是《巴黎公约》《商标法条约》《WIPO 公约》《内罗毕条约》等国际知识产权条约的缔约国;是《马德里议定书》成员国,故商标注册既可以通过"单国注册"方式办理,也可以通过"马德里国际注册"的方式办理。

二、商标申请

目前,印度尼西亚采用尼斯分类第 11 版的商品和服务描述,接受一表多类申请。印度尼西亚可注册为商标的要素有:文字、名称、图形、颜色组合、标语、全息图、声音、立体商标。

若申请人非印度尼西亚居住的,须委托本国专门的代理人办理。商标申请所需的基本材料为:

1. 商标图样;

2. 具体类别及商品 / 服务项目;

3. 申请人名义及地址;

4. 委托书、使用宣誓书;

5. 若声明优先权的,需提供优先权证明文件及对应的印度尼西亚语翻译件。

2016 年 11 月 28 日之前申请注册印度尼西亚商标的主要流程为:申请—受理—审查—公告—核准—发证。审查员将对申请进行形式审查和实质审查。形式审查主要审查申请要求和分类信息是否符合规定;实质审查包括对商标显著性、是否违反禁注禁用条款和是否与在先商标形成冲突的审查。审查不能通过的将会下发驳回通知书并要求申请人在驳回通知载明的时限内予以答复，实质审查通过的，则将会被安排公告。公告日起 3 个月为异议期，任何利益相关人或在先权利人均可提出异议，提异议的理由主要有：

1. 与在先商标冲突，如拥有在先的注册商标；

2. 商标缺乏显著性；

3. 商标具有不良影响；

4. 恶意注册；

5. 与在先其他权利冲突，如商号权、外观设计、版权、人名等。

公告期内无人异议或者异议不成立的，可获准注册并颁发注册证。

2016 年 11 月 28 日之后申请注册印度尼西亚商标的主要流程为：申请—受理—公告—审查—核准—发证。审查员先进行形式审查，审查完毕后会对商标申请予以公告（通常为申请日起 30 天内进行公告），自商标公告之日起 2 个月为异议期，异议期内任何人可对该申请提出异议，提异议的理由主要有：

1. 与在先商标冲突，如拥有在先的注册商标；

2. 商标缺乏显著性；

3. 商标具有不良影响；

4. 恶意注册；

5. 与在先其他权利冲突，如商号权、外观设计、版权、人名等。

公告期内无人异议或者异议不成立的，将对商标进行实质审查，包括对商标显著性、是否违反禁注禁用条款和是否与在先商标形成冲突的审查，审查通过后，即可获准注册并颁发注册证；审查不能通过的则会下发驳回通知书并要求申请人在驳回通知载明的时限内予以答复。

顺利的情况下，印度尼西亚商标注册目前需要 1 年半到 2 年；如中途遇到异议或驳回，时间将会大大延长，可能会耗时 3—5 年。

三、商标维护

印度尼西亚商标注册后 10 年有效，有效期自申请日起算；到期日前 6 个月内可以办理续展，宽展期为 6 个月；续展有效期为 10 年。

商标注册后的无效或撤销申请，一般可根据印度尼西亚《商标法》提出：

1. 违反《商标法》规定的；恶意抢注；与他人在先申请注册的商标相同或近似的。

无效需在商标注册后 5 年内提出。

2. 商标注册后连续 3 年未在当国实际使用的，任何人可申请撤销，不可抗力除外。

商标无效或撤销申请可向印度尼西亚商事法院提出，在现行审查条件下，一般需耗时 3—5 年。被申请人一般可提供如下证据材料应对他人以"未使用"为由提出的撤销申请：

- 发票
- 包装、装潢
- 广告
- 产品目录
- 标签
- 书面声明
- 营业额证据
- 报价单
- 市场调查结果

四、其他

2016 年 11 月 28 日之前申请的商标，适用旧《商标法》，还未注册的商标不能进行变更、许可或转让。

2016 年 11 月 28 日之后申请的商标，适用新《商标法》，即使未注册，也可以进行变更、许可或转让。

越南

(*Vietnam*)

一、概述

越南现行商标法规主要基于 2006 年 7 月 1 日生效的《知识产权法》。由国家工业产权局负责管理商标事务，官方语言为越南语。商标专用权需要通过注册取得。商标注册不是强制性的，但为了保护商标或进行续展，就必须依法登记注册。越南商标注册采用"申请在先"原则。

越南是《巴黎公约》《WIPO 公约》等国际知识产权条约的缔约方；是《马德里议定书》成员国，故商标注册可通过"单国注册"或"马德里国际注册"的方式办理。

二、商标申请

目前，越南采用尼斯分类第 11 版的商品和服务描述，接受一表多类申请。越南可注册为商标的要素有：文字、名称、图形、颜色、字母、数字、三维标志等。

若申请人非越南居住的，须委托本国专门的代理人办理。商标申请所需的基本材料为：

1. 商标图样；

2. 具体类别及商品 / 服务项目；

3. 申请人名义及地址；

4. 若声明优先权的，需提供优先权证明文件及对应的翻译件。

申请注册越南商标的主要流程为：申请—受理—形式审查—公告—实质审查—核准—发证。申请递交后 1—2 周受理。审查员将对申请进行形式审查和实质审查。形式审查主要审查申请要求和分类信息是否符合规定；实质审查包括对商标显著性、是否违反禁注禁用条款和是否与在先商标形成冲突的审查。审查不能通过的将会下发驳回通知书并要求申请人在驳回通知载明的时限内予以答复，实质审查通过的，则将会被予以核准注册。商标公告后到核准注册前为异议期，任何利益相关人或在先权利人均可提出异议，提异议的理由主要有：

1. 与在先商标冲突，如拥有在先的注册商标；

2. 商标缺乏显著性；

3. 商标具有不良影响；

4. 恶意注册；

5. 与在先其他权利冲突，如商号权、外观设计、版权、人名等。

公告期内无人异议或者异议不成立的，可获准注册并颁发注册证。顺利的情况下，越南商标注册目前需要 1 年半左右；如中途遇到异议或驳回，时间将会大大延长。

三、商标维护

越南商标注册后 10 年有效，有效期自申请日起算；到期日前 12 个月内可以办理续展，宽展期为 6 个月；续展有效期为 10 年。

商标注册后的无效或撤销申请，一般可根据越南《商标法》下述条款提出：

1. 违反《商标法》规定的；

2. 恶意抢注；

3. 商标注册后连续 5 年未在当国实际使用的，任何人可申请撤销，不可抗力除外。

商标无效或撤销申请可向越南国家工业产权局提出，在现行审查条件下，一般需耗时 2—3 年。被申请人一般可提供如下证据材料应对他人以"未使用"为由提出的撤销申请：

- 发票
- 包装、装潢
- 广告
- 产品目录
- 标签
- 书面声明
- 营业额证据
- 报价单
- 市场调查结果

四、其他

中文商标在越南缺乏显著性；另外，越南商标异议期比较特殊，可在商标公告后到核准注册前任意时间提交异议申请。

中国

（China）

一、概述

中国现行商标法规主要基于 1983 年开始实施的《中华人民共和国商标法》，该法最近一次修订是在 2013 年 8 月 30 日，并于 2014 年 5 月 1 日开始施行。由国家工商行政管理总局商标局承担中国大陆范围内的商标注册与管理等行政职能，具体负责全国商标注册和管理工作，官方语言为中文。商标专用权需要通过注册取得。商标注册不是强制性的（烟草除外），但为便于保护商标或进行续展，就必须依法登记注册。中国商标注册采用"申请在先"原则。

中国是《巴黎公约》《尼斯条约》《WIPO 公约》《新加坡条约》《TRIPS 协定》《马德里协定》《马德里议定书》等国际知识产权条约的缔约国。这些国际条约为中国籍申请人的国际商标保护提供了便利，但在国内需要商标保护时只能向中国商标局申请注册。

二、商标申请

目前，中国采用尼斯分类第 11 版的商品和服务描述，接受一表多类申请。中国可注册为商标的要素有：文字、图形、字母、数字、颜色组合、三维标志、声音及上述要素的组合。新《商标法》（2014 年 5 月 1 日开始实施，下同）实施后，声音也可以申请注册为商标。

中国籍申请人在办理国内商标申请时，既可以直接到商标局申请，也可以委托有资质的国内代理机构办理。商标申请所需的基本材料为：

1. 商标图样；

2. 具体类别及商品 / 服务项目；

3. 申请人名义及地址；

4. 资质证明复印件（如营业执照、个体工商户执照）。

申请注册中国商标的主要流程为：申请—受理—审查—公告—核准—发证。申请

递交后官方对申请进行形式审查，1 周左右完成受理、下发受理通知书；之后将进行实质审查。形式审查主要审查申请要求和分类信息是否符合规定等；实质审查包括对商标显著性、是否违反禁注禁用条款和是否与在先商标形成冲突的审查。审查不能通过的将会下发驳回通知书，申请人有权在驳回通知载明的时限内向商标评审委员会申请复审，实质审查通过的，则将会被安排公告。

公告日起 3 个月为异议期，针对缺乏显著性和违反禁用条款的商标，任何人均可提出异议；针对侵犯在先权利的商标，相关在先权利人或者利害关系人可以提出异议，因此异议的理由主要包括：

1. 商标缺乏显著性；

2. 商标违反禁用条款，如商标具有不良影响；

3. 与在先商标冲突，如拥有在先的注册商标或者拥有在先申请权的商标；

4. 抢注在先使用并具有一定影响力的商标；

5. 侵犯其他在先权利，如商号权、外观设计、版权、人名等。

公告期内无人异议或者异议不成立的，可获准注册并颁发注册证。顺利的情况下，中国商标注册目前需要 1 年半左右；如中途遇到异议或驳回，时间将会大大延长。

三、商标维护

中国商标注册后 10 年有效，有效期自注册日起算；到期日前 12 个月内可以办理续展，宽展期为 6 个月；续展有效期为 10 年。

商标注册后的无效或撤销申请，一般可根据《商标法》下述理由提出：

1. 违反《商标法》规定的，如违反绝对理由或丧失显著性的；

2. 恶意抢注；

3. 商标注册后连续 3 年未实际使用的，任何人可申请撤销，不可抗力除外。

商标无效或撤销申请可向商标局提出，在现行审查条件下，一般需耗时 2—3 年。被申请人一般可提供如下证据材料应对他人以"未使用"为由提出的撤销申请：

- 发票
- 包装、装潢
- 市场调查结果
- 产品目录
- 报价单
- 标签
- 营业额证据
- 广告

四、其他

新《商标法》实施后，由于形式审查程序提前，同时，就商标申请注册、维护，还有以下几点主要变化：

1. 新增"一标多类"商标申请流程，但分割制度还不完善，实践中给申请人还会带来不必要的麻烦。

2. 明确了商标审查的几个时限，如商标注册审理期限9个月，商标驳回复审审理期限9个月，商标异议、不予注册复审或无效宣告案件审理期限12个月、撤三案件或撤三复审案件审理期限9个月，当然这些都是常规审限，如有特殊情况的还可以延长。

3. 商标侵权赔偿额度由50万元提升到300万元，并确定了恶意处罚性赔偿制度。

4. 确定了工商、法院认定驰名商标多轨制，但禁止将驰名商标用于商业活动，并明确了将驰名商标用于商业宣传的罚款额度为10万元人民币。

5. 明确了"商标的使用"的概念，即"本法所称商标的使用，是指将商标用于商品、商品包装或者容器以及商品交易文书上，或者将商标用于广告宣传、展览以及其他商业活动中，用于识别商品来源的行为"。

6. 将商标用作企业字号，误导公众，构成不正当竞争，即"将他人注册商标、未注册的驰名商标作为企业名称中的字号使用，误导公众，构成不正当竞争行为的，依照《中华人民共和国反不正当竞争法》处理"。

7. 明确商标侵权工商处罚额度，即工商行政管理部门处理时，认定侵权行为成立的，责令立即停止侵权行为，没收、销毁侵权商品和主要用于制造侵权商品、伪造注册商标标识的工具，违法经营额5万元以上的，可以处违法经营额五倍以下的罚款；没有违法经营额或者违法经营额不足5万元的，可以处25万元以下的罚款。对五年内实施两次以上商标侵权行为或者有其他严重情节的，应当从重处罚。销售不知道是侵犯注册商标专用权的商品，能证明该商品是自己合法取得并说明提供者的，由工商行政管理部门责令停止销售。

8. 明确了免责条款"主张权利商标3年未使用""提供销售合法来源"，即"注册商标专用权人请求赔偿，被控侵权人以注册商标专用权人未使用注册商标提出抗辩的，人民法院可以要求注册商标专用权人提供此前3年内实际使用该注册商标的证据。注册商标专用权人不能证明此前3年内实际使用过该注册商标，也不能证明因侵权行为受到其他损失的，被控侵权人不承担赔偿责任。""销售不知道是侵犯注册商标专用权的商品，能证明该商品是自己合法取得并说明提供者的，不承担赔偿责任。"

中国澳门
(Macau)

一、概述

中国澳门现行商标法规主要基于 1999 年 12 月 13 日公布的第 97/99/M 号法令核准的《工业产权法律制度》，并根据 2001 年 8 月 6 日关于设立中华人民共和国澳门特别行政区海关之第 11/2001 号法律修订。由中国澳门经济局统一负责管理商标事务，官方语言为中文和葡萄牙语。商标专用权需要通过注册取得。商标注册不是强制性的，但为了保护商标或进行续展，就必须依法登记注册。中国澳门商标注册采用"申请在先"原则，但某些情况下，也可以按"在先使用"主张商标权。

中国澳门是《TRIPS 协定》等国际知识产权条约的缔约方；但中国澳门暂未加入《马德里协定》或《马德里议定书》，商标注册只能单独申请。

二、商标申请

目前，中国澳门经济局采用尼斯分类第 9 版的商品和服务描述，仅接受一表一类申请。中国澳门可注册为商标的要素有：文字、图形、记号、颜色组合、立体形状、声音等。

若申请人非中国澳门居住的，须委托本地区专门的代理人办理。商标申请所需的基本材料为：

1. 商标图样；

2. 类别及具体商品项目；

3. 申请人名义及地址；

4. 委托书，需公证；

5. 若声明优先权的，需提供优先权证明文件。

申请注册中国澳门商标的主要流程为：申请—形式审查—初审公告—实质审查（显著性、近似等）—注册公告—核准发证。申请递交后 2 天左右受理。经济局先进行形式审查，即审查申请要求和分类信息是否符合规定，若不符合规定，将发出补正通知书;若符合规定,会安排公告。

初审公告日起 2 个月为异议期,任何利益相关人或在先权利人均可提出异议,提异议的理由主要有:

1.与在先商标冲突,如拥有在先的注册商标;

2.商标缺乏显著性;

3.商标具有不良影响;

4.恶意注册;

5.与在先其他权利冲突,如商号权、外观设计、版权、人名等。

公告期内无人异议或者异议不成立的,审查员将对商标进行实质审查,包括对商标显著性、是否违反禁注禁用条款和是否与在先商标形成冲突的审查。审查不能通过的则会下发驳回通知书并要求申请人在驳回通知载明的时限内予以答复;实质审查通过后则会安排注册公告并颁发注册证。

顺利的情况下,中国澳门商标注册目前需要 12 个月左右;如中途遇到驳回或异议,时间将会延长,往往可能会耗时 2—3 年。

三、商标维护

中国澳门商标注册后 7 年有效,有效期自注册日开始起算;到期日前 6 个月内可以办理续展,宽展期为 6 个月;续展有效期为 7 年。

商标注册后的无效或撤销申请,一般可根据中国澳门《工业产权法律制度》(第 97/99/M 号法令)下述两个条款提出:

1.第 231 条:(1)违反本法规定的;(2)驰名商标所有人对已注册的商标提撤销。

2.第 231 条:(1)商标注册后连续 3 年未在当地区实际使用的,任何人可申请无效,但有合理理由者除外;(2)成为通用名称等。

商标无效 / 撤销申请可向普通管辖法院提出,在现行审查条件下,一般需耗时 2—3 年。被申请人一般可提供如下证据材料应对他人以"未使用"为由提出的撤销申请:

- 发票
- 标签
- 市场调查结果
- 产品目录
- 报价单
- 基于互联网的使用
- 营业额证据
- 广告
- 持续维护的网站
- 包装、装潢
- 书面声明

四、其他

中国澳门采用公告前置程序，即先公告供第三方异议，再进行实质审查，所以即使顺利通过异议程序也不代表商标一定能够注册成功，这与国内大陆区别较大。另外，澳门仅接受一表一类申请，提交申请时，需要已公证的委托书，即使同一申请人想在多个类别注册相同商标，要申请几个类别就需要几份公证的委托书，同一申请人仅需提供一份经公证的委托书原件即可。

中国台湾
(Taiwan)

一、概述

中国台湾现行商标相关规定主要基于 2016 年 11 月 30 日修订、2016 年 12 月 15 日生效的"商标法"。由中国台湾行政院经济部智慧财产局统一负责管理商标事务，官方语言为中文。商标专用权需要通过注册取得。商标注册不是强制性的，但为了保护商标或进行续展，就必须依法登记注册。中国台湾地区商标注册采用"申请在先"原则，但某些情况下，也可以按"在先使用"主张商标权。对中国大陆申请人来说，中国台湾地区商标注册需要单独申请。

二、商标申请

目前，中国台湾经济部智慧财产局采用尼斯分类第 11 版的商品和服务描述，但该地区有自己的分类群组和商品，可接受一表多类申请。中国台湾可注册为商标的要素有：文字、图形、记号、颜色、立体形状、动态、全像图、声音、气味、触觉等。

若申请人非中国台湾居住的，须委托本地区专门的代理人办理。商标申请所需的基本材料为：

1. 商标图样；

2. 类别及具体商品项目；

3. 申请人名义及地址；

4. 委托书（签字盖章）；

5. 若声明优先权的，需提供优先权证明文件。

申请注册中国台湾商标的主要流程为：申请—审查—核准—发证—公告。申请递交后 2 周左右受理。智慧财产局先进行形式审查，即审查申请要求和分类信息是否符合规定，若不符合规定，将发出补正通知书；若符合规定，审查员将对商标进行实质审查，包括对商标显著性、是否违反禁注禁用条款和是否与在先商标形成冲突的审查。审查不能通过的则会下发驳回通知书并要求申请人在驳回通知载明的时限内予以答复。实质审查通过后就会发出核准通知并要求申请人缴纳注册费。若按期缴纳注册费，则会颁发注册证，同时会安排公告。

公告日起 3 个月为异议期，任何利益相关人或在先权利人均可提出异议，提异议的理由主要有：

1. 与在先商标冲突，如拥有在先的注册商标；

2. 商标缺乏显著性；

3. 商标具有不良影响；

4. 恶意注册；

5. 与在先其他权利冲突，如商号权、外观设计、版权、人名等。

公告期内无人异议或者异议不成立的，注册才正式生效；顺利的情况下，中国台湾商标注册目前需要 10—12 个月；如中途遇到驳回或异议，时间将会延长，往往可能会耗时 2—3 年。

三、商标维护

中国台湾商标注册后 10 年有效，有效期自注册日开始起算；到期日前 6 个月内可以办理续展，宽展期为 6 个月；续展有效期为 10 年。

商标注册后的撤销 / 废止申请，一般可根据中国台湾商标相关规定下述两个条款提出：

1. 依据商标相关规定第五十七条提撤销：（1）违反商标相关规定第 29 条，第 30 条，第 65 条；

2. 依据商标相关规定第六十三条提废止：（1）自行变换商标，使相关消费者混淆误认；（2）无正当理由，商标注册后连续 3 年未在当地区实际使用；（3）违反商标相关规定第四十三条规定；（4）成为通用名称或形状；（5）商标实际使用可能导致公众对商品 / 服务的性质、品质和产地产生误认。

商标撤销 / 废止申请可向中国台湾经济部智慧财产局提出，一般需耗时 2—3 年。被申请人一般可提供如下证据材料应对他人以"未使用"为由提出的撤销申请：

· 发票	· 标签	· 市场调查结果
· 产品目录	· 报价单	· 基于互联网的使用
· 营业额证据	· 广告	· 持续维护的网站
· 包装、装潢	· 书面声明	

四、其他

中国台湾地区采用先核准注册发证再公告异议的流程，与大陆区别较大，在拿到注册证后还要密切关注商标在异议期的动向；若在公告期内被异议掉，即使已拿到注册证书商标也不能生效。

中国香港
(*Hong Kong*)

一、概述

中国香港商标法律法规是参照英国《商标法》制定的，属英美法系。曾于 1954 年、1964 年、1977 年、1980 年、1984 年、1986 年、1987 年、1990 年颁布过商标法令、条例、决议、规则、通告等多个法律文件，后大面积修改《商标法》，如取消了 A、B 簿商标注册、将商标有效期改为 10 年等，但仍保留英国《商标法》的大致轮廓。中国香港现行商标法律法规主要基于 2003 年 4 月 4 日实施的《商标条例（第 559 章）》和 2003 年 4 月 4 日实施的《商标规则（第 559A 章）》。由中国香港特别行政区知识产权署统一负责管理商标事务，官方语言为中文及英语。商标注册不是强制性的，但为了保护商标或进行续展，就必须依法登记注册。中国香港商标注册采用"使用在先"原则。

中国香港是《TRIPS 协定》《香港与新西兰紧密经贸合作协定》等国际知识产权条约的缔约方；暂未加入《马德里协定》或《马德里议定书》，故商标注册只能单独申请。

二、商标申请

目前，中国香港知识产权署采用尼斯分类第 11 版的商品和服务描述，可接受一表多类申请。中国香港可注册为商标的要素有：文字、名称、图形、字母、数字、三维标识、颜色组合、标语、动态图、声音、气味等，其中，动态图在申请注册时需要满足特定的要求。

若申请人非中国香港居住的，须委托本地区专门的代理人办理。商标申请所需的基本材料为：

1. 商标图样；

2. 类别及具体商品项目；

3. 申请人名义及地址；

4. 若声明优先权的，需提供优先权的国家，申请号及申请日；若在审查过程中有

在先商标，审查员会要求提供优先权证明文件及对应的中/英文翻译（以提交申请时使用的语言为准）件，翻译件还须经该国有翻译资质的专业译员签字确认并公证。

申请注册中国香港商标的主要流程为：申请—受理—审查—公告—核准—发证。申请递交后2天左右受理。商标注册处先进行形式审查，即审查申请要求和分类信息是否符合规定，若不符合规定，将发出补正通知书；若符合规定，审查员将对商标进行实质审查，包括对商标显著性、是否违反禁注禁用条款和是否与在先商标形成冲突的审查。审查不能通过的则会下发驳回通知书并要求申请人在驳回通知载明的时限内予以答复。实质审查通过后就会安排公告，公告日起3个月期满前1天为异议期，任何利益相关人或在先权利人均可提出异议，提异议的理由主要有：

1. 与在先商标冲突，如拥有在先的注册商标；

2. 商标缺乏显著性；

3. 商标具有不良影响；

4. 恶意注册；

5. 与在先其他权利冲突，如商号权、外观设计、版权、人名等。

公告期内无人异议或者异议不成立的，即可获准注册并颁发注册证；顺利的情况下，中国香港商标注册目前需要8个月左右；如中途遇到异议或驳回，时间将会大大延长，往往可能会耗时2—3年。

三、商标维护

中国香港商标注册后10年有效，有效期自申请日开始起算；到期日前6个月内可以办理续展，宽展期为6个月，恢复期6个月；续展有效期为10年。

商标注册后的无效或撤销申请，一般可根据中国香港《商标条例》下述两个条款提出：

1. 依据《商标条例》第52条提撤销：（1）商标注册后连续3年未在当地区实际使用的，任何人可申请撤销，不可抗力除外。（2）成为通用名称；容易误导公众，尤其是对商品或服务的性质、质素或地理来源方面。

2. 依据《商标条例》第52条提无效：（1）违反《商标法》第11条规定的；（2）在先商标权利。

商标撤销/无效申请可向中国香港知识产权署提出，所需时间根据对方是否答辩以及双方交换证据材料的次数而定，快则8个月，慢则需耗时4—5年。被申请人一般可提供如下证据材料应对他人以"未使用"为由提出的撤销申请：

- ·发票
- ·产品目录
- ·营业额证据
- ·包装、装潢

- ·标签
- ·报价单
- ·广告
- ·书面声明

- ·市场调查结果
- ·基于互联网的使用
- ·持续维护的网站

四、其他

中国香港异议程序与大陆有差异，如被异议人放弃答辩则知识产权署直接判异议人胜，所以商标一旦被他人异议，申请人（即被异议人）需要积极应对才有可能保住商标权。

第二部分
中东

阿联酋

（ *The United Arab Emirates* ）

一、概述

阿联酋现行商标法规主要基于 2002 年修订的《联邦商标法》。由阿联酋商标局统一负责管理商标事务，官方语言为阿拉伯语。商标专用权需要通过注册取得。商标注册不是强制性的，但为了保护商标或进行续展，就必须依法登记注册。阿联酋商标注册采用"申请在先兼顾使用在先"原则。

阿联酋是《TRIPS 协定》《WIPO 公约》《巴黎公约》等国际知识产权条约的缔约国；暂未加入《马德里协定》或《马德里议定书》，故商标注册只能通过"单国注册"的方式办理。

二、商标申请

目前，阿联酋商标局采用尼斯分类的商品和服务描述，第 33 类和第 32 类含酒精商品不得注册，第 29 类猪肉制品及和赌博有关的服务被认为是有违公众利益的，也不能注册，不接受一表多类申请。阿联酋可注册为商标的要素有：文字、名称、图形、三维标识、颜色组合、标语、声音、外观等。

若申请人非阿联酋居住的，须委托本国专门的代理人办理。商标申请所需的基本材料为：

1. 商标图样；

2. 具体商品 / 服务项目；

3. 申请人名义及地址；

4. 公证认证的委托书；

5. 若声明优先权的，需提供优先权证明文件及对应的阿拉伯语翻译件。

申请注册阿联酋商标的主要流程为：申请—审查—公告—核准—发证。申请递交后 1 周左右受理，阿联酋商标局会进行形式审查和实质审查，审查不能通过的则会下发驳回通知书并要求申请人在驳回通知载明的时限内予以答复；审查通过的即安排公告，公告日起

30 天为异议期，任何利益相关人或在先权利人均可提出异议，提异议的理由主要有：

1. 与在先商标冲突，如拥有在先的注册商标；

2. 商标具有描述性；

3. 商标缺乏显著性；

4. 商标具有不良影响；

5. 驰名商标；

6. 恶意注册；

7. 与在先其他权利冲突，如商号权、外观设计、版权、人名等；

8. 通用名称；

9. 地理标识；

10. 未经授权使用的标志。

公告期内无人异议或者异议不成立的，商标将会被核准注册。顺利的情况下，阿联酋商标注册目前需要 1 年左右。如中途遇到异议或驳回，时间将会有所延长。

三、商标维护

阿联酋商标注册后 10 年有效，有效期自申请日开始起算；到期日前 1 年内可以办理续展，宽展期为 3 个月；续展有效期为 10 年。

商标注册后的无效或撤销申请，一般可根据下述理由提出：

1. 违反《商标法》规定的；

2. 商标注册后连续 5 年未在当国实际使用的，任何人可申请撤销，不可抗力除外。

商标撤销或无效申请需向法院提出，在现行审查条件下，一般需耗时 2—3 年。被申请人一般可提供如下证据材料应对他人以"未使用"为由提出的撤销申请：

·发票	·标签	·市场调查结果
·产品目录	·报价单	·基于互联网的使用
·营业额证据	·广告	·持续维护的网站
·包装、装潢	·书面声明	

基于"绝对理由"提出的撤销，需在商标注册后 5 年内提出；基于"相对理由"提出的撤销申请，若申请人能证明注册人无权注册该商标，则无时间限制。

四、其他

在办理转让时，还需要对转让协议及受让人委托书进行公证认证。

阿曼

(Oman)

一、概述

阿曼现行商标法规主要基于 2008 年 12 月 17 日施行的《工业产权法》。由阿曼商标局统一负责管理商标事务,官方语言为阿拉伯语。商标专用权需要通过注册取得。商标注册不是强制性的,但为了保护商标或进行续展,就必须依法登记注册。阿曼商标注册采用"申请在先"原则,但某些情况下,也可以按"在先使用"主张商标权。自 2017 年 7 月 31 日起,阿曼现行商标法规将基于《"GCC"商标法》,即海湾阿拉伯国家合作委员会颁布的相关统一管理法规。

阿曼是《商标法条约》《内罗毕公约》《TRIPS 协定》《WIPO 公约》《巴黎公约》等国际知识产权条约的缔约国;已加入《马德里议定书》,故商标注册也可通过"马德里国际注册"的方式办理。

二、商标申请

目前,阿曼商标局采用尼斯分类的商品和服务描述,第 33 类和第 32 类含酒精商品、第 29 类的猪肉制品及第 28 类的圣诞树及其相关商品不得注册,不接受一表多类申请。阿曼可注册为商标的要素有:文字、名称、图形、三维标识、颜色组合、标语、气味、外观、味道等,其中三维标识和颜色组合需满足特定要求。

若申请人非阿曼居住的,须委托本国专门的代理人办理。商标申请所需的基本材料为:

1. 商标图样;

2. 具体商品 / 服务项目;

3. 申请人名义及地址;

4. 公证认证的委托书;

5. 若声明优先权的,需提供优先权证明文件及对应的阿拉伯语翻译件。

申请注册阿曼商标的主要流程为:申请—审查—公告—核准—发证。申请递交后

1 周左右受理，阿曼商标局会进行形式审查和实质审查，审查不能通过的则会下发驳回通知书并要求申请人在驳回通知载明的时限内予以答复；审查通过的即安排公告，公告日起 90 天为异议期，任何利益相关人或在先权利人均可提出异议，提异议的理由主要有：

1. 与在先商标冲突，如拥有在先的注册商标；

2. 商标具有描述性；

3. 商标缺乏显著性；

4. 商标具有不良影响；

5. 驰名商标；

6. 恶意注册；

7. 与在先其他权利冲突，如商号权、外观设计、版权、人名等；

8. 通用名称；

9. 地理标识；

10. 未经授权使用的标志；

11. 有违公序良俗。

公告期内无人异议或者异议不成立的，商标将会被核准注册。顺利的情况下，阿曼商标注册目前需要 1 年左右。如中途遇到异议或驳回，时间将会有所延长。

三、商标维护

阿曼商标注册后 10 年有效，有效期自申请日开始起算；到期日前 1 年内可以办理续展，宽展期为 6 个月；续展有效期为 10 年。

商标注册后的无效或撤销申请，一般可根据下述理由提出：

1. 违反《商标法》规定的；

2. 商标注册后连续 3 年未在当国实际使用的，任何人可申请撤销，不可抗力除外。

商标撤销或无效申请需向法院提出，在现行审查条件下，一般需耗时 2—3 年。被申请人一般可提供如下证据材料应对他人以"未使用"为由提出的撤销申请：

· 发票	· 标签	· 市场调查结果
· 产品目录	· 报价单	· 基于互联网的使用
· 营业额证据	· 广告	· 持续维护的网站
· 包装、装潢	· 书面声明	

基于"相对理由"提出的商标撤销或无效申请,需在商标注册后 5 年内提出,但"恶意注册"则不受此时间限制。

四、其他

在办理转让时,还需要对转让协议及受让人委托书进行公证认证。2017 年 7 月 31 日起,阿曼官方承认《海湾合作委员会商标法》。

巴林
(*Bahrain*)

一、概述

巴林现行商标法规主要基于 2006 年颁布的《商标法令》。由巴林商标局统一负责管理商标事务，官方语言为阿拉伯语。商标专用权需要通过注册取得。商标注册不是强制性的，但为了保护商标或进行续展，就必须依法登记注册。巴林商标注册采用"申请在先"原则，但某些情况下，也可以以"在先使用"主张商标权。

巴林是《商标法条约》《尼斯协定》《TRIPS 协定》《WIPO 公约》《巴黎公约》等国际知识产权条约的缔约国；已加入《马德里议定书》，故商标注册也可通过"马德里国际注册"的方式办理。

二、商标申请

目前，巴林商标局采用尼斯分类的商品和服务描述，不接受一表多类申请。巴林可注册为商标的要素有：文字、名称、图形、三维标识、颜色组合、标语、声音、气味、外观等。

若申请人非巴林居住的，须委托本国专门的代理人办理。商标申请所需的基本材料为：

1. 商标图样；

2. 具体商品 / 服务项目；

3. 申请人名义及地址；

4. 公证认证的委托书，公证认证的国内或其他国家注册证或公证认证的营业执照；

5. 若声明优先权的，需提供优先权证明文件及对应的阿拉伯语翻译件。

申请注册巴林商标的主要流程为：申请—审查—公告—核准—发证。申请递交后1 周左右受理，巴林商标局会进行形式审查和实质审查，审查不能通过的则会下发驳回通知书并要求申请人在驳回通知载明的时限内予以答复；审查通过的即安排公告，公告日起 60 天为异议期，任何利益相关人或在先权利人均可提出异议，提异议的理

由主要有：

1. 与在先商标冲突，如拥有在先的注册商标；

2. 商标具有描述性；

3. 商标缺乏显著性；

4. 商标具有不良影响；

5. 驰名商标；

6. 恶意注册；

7. 与在先其他权利冲突，如商号权、外观设计、版权、人名等；

8. 通用名称；

9. 地理标识；

10. 未经授权使用的标志；

11. 有违公序良俗。

公告期内无人异议或者异议不成立的，商标将会被核准注册。顺利的情况下，巴林商标注册目前需要 1 年半左右。如中途遇到异议或驳回，时间将会有所延长。

三、商标维护

巴林商标注册后 10 年有效，有效期自申请日开始起算；到期日前 1 年内可以办理续展，宽展期为 6 个月；续展有效期为 10 年。

商标注册后的无效或撤销申请，一般可根据下述理由提出：

1. 违反《商标法》规定的；

2. 商标注册后连续 5 年未在当国实际使用的，任何人可申请撤销，不可抗力除外。

商标撤销或无效申请需向法院提出，在现行审查条件下，一般需耗时 2—3 年。被申请人一般可提供如下证据材料应对他人以"未使用"为由提出的撤销申请：

- 发票
- 标签
- 市场调查结果
- 产品目录
- 报价单
- 基于互联网的使用
- 营业额证据
- 广告
- 持续维护的网站
- 包装、装潢
- 书面声明

商标撤销或无效申请，需在商标注册后 5 年内提出。

四、其他

在办理转让时，还需要对转让协议及受让人委托书进行公证认证。

加沙地区
(*Gaza*)

一、概述

巴勒斯坦是中东的一个国家，由加沙和约旦河西岸两部分组成，商标注册申请须在这两个地区分别提交。加沙地区商标保护现基于 1938 年颁布的《巴勒斯坦商标专利法》。商标专用权需要通过注册获得，但通过大量使用也可以获得商标权。巴勒斯坦未加入任何国际条约，故加沙地区商标保护只能通过"单国注册"的方式办理。

加沙地区靠近埃及边境和地中海，面积约为 365 平方千米，2015 年居民超过 220 万人，主要是巴勒斯坦人和其他阿拉伯人。1967 年以色列占领加沙地带，2005 年以色列军队单边全部撤离加沙地区，2007 年哈马斯战胜巴勒斯坦民族权力机构部队并完全控制加沙地区。2017 年 10 月 12 日巴民族解放运动（法塔赫）与巴伊斯兰抵抗运动（哈马斯）在埃及开罗签署和解协议，法塔赫接管由哈马斯控制的加沙地带。

二、商标申请

目前，加沙地区官方采用尼斯分类第 8 版的商品和服务描述，不接受一表多类申请。加沙地区可注册为商标的要素有：文字、名称、图形、数字、颜色组合等。

若申请人非加沙地区居住的，须委托本国专门的代理人办理。商标申请所需基本材料为：

1. 商标图样；

2. 具体商品项目；

3. 申请人名义及地址；

4. 委托书，需签署。

申请注册加沙地区商标的主要流程为：申请—受理—审查—公告—核准—发证。申请递交后官方先进行形式审查，即审查申请要求和分类信息是否符合规定，一般 2 周左右完成受理。受理后将对商标进行实质审查，包括对商标显著性、是否违反禁注禁用条款和是否与在先商标形成冲突的审查，审查通过则予以公告；审查不能通过的则会下发驳回通知书并要求申请人在驳回通知载明的时限内予以答复。

公告日起 3 个月为异议期，任何利益相关人或在先权利人均可提出异议，提异议的理由主要有：

1. 与在先商标冲突，如拥有在先的注册商标；

2. 商标缺乏显著性；

3. 商标具有不良影响；

4. 恶意注册；

5. 与在先其他权利冲突，如商号权、外观设计、版权、人名等。

公告期内无人异议或者异议不成立的，异议期结束后即可获准注册并颁发注册证。顺利的情况下，加沙地区商标注册目前需要 2 年左右；如中途遇到驳回或异议，时间将会大大延长。

三、商标维护

加沙地区商标注册后 7 年有效，自申请日起算，无明确的续展期规定（建议提前 6 个月办理续展），宽展期为 1 个月，续展有效期为 14 年。注册后连续 2 年不用的，任何人可以"连续不使用"为由申请撤销。

四、其他

加沙地区不接受第 33 类和第 32 类含酒精饮料的注册申请。另外，虽然该地区商标续展宽展期仅为 1 个月，但在实践中，官方未正式通知商标无效前均可申请办理续展。

卡塔尔
(Qatar)

一、概述

卡塔尔现行商标法规主要基于 2002 年颁布的《商标法》。由卡塔尔商标局统一负责管理商标事务，官方语言为阿拉伯语。商标专用权需要通过注册取得。商标注册不是强制性的，但为了保护商标或进行续展，就必须依法登记注册。卡塔尔商标注册采用"申请在先"原则，但某些情况下，也可以按"在先使用"主张商标权。

卡塔尔是《内罗毕条约》《TRIPS 协定》《WIPO 公约》《巴黎公约》等国际知识产权条约的缔约国；暂未加入《马德里协定》或《马德里议定书》，故商标注册只能通过"单国注册"的方式办理。

二、商标申请

卡塔尔商标局采用尼斯分类的商品和服务描述，自 2017 年 2 月 12 日开始接受第 43 类、第 44 类、第 45 类的服务项目，在此之前采用第 7 版尼斯分类只有 42 个类；第 33 类商品、第 32 类中和酒精有关的商品及第 29 类中的猪肉制品不能注册；不接受一表多类申请。卡塔尔可注册为商标的要素有：文字、名称、图形、三维标识、颜色组合、标语、外观等。

若申请人非卡塔尔居住的，须委托本国专门的代理人办理。商标申请所需的基本材料为：

1. 商标图样；

2. 具体商品 / 服务项目；

3. 申请人名义及地址；

4. 公证认证的委托书；

5. 营业执照复印件；

6. 若声明优先权的，需提供优先权证明文件及对应的阿拉伯语翻译件。

申请注册卡塔尔商标的主要流程为：申请—审查—公告—核准—发证。申请递交后 1 周左右受理，卡塔尔商标局会进行形式审查和实质审查，审查不能通过的则会下发驳回通知书并要求申请人在驳回通知载明的时限内予以答复；审查通过的即安排公告，公告日起 4 个月为异议期，任何利益相关人或在先权利人均可提出异议，提异议的理由主要有：

1. 与在先商标冲突，如拥有在先的注册商标；

2. 商标具有描述性；

3. 商标缺乏显著性；

3. 商标具有不良影响；

4. 驰名商标；

5. 恶意注册；

6. 与在先其他权利冲突，如商号权、外观设计、版权、人名等；

7. 通用名称；

8. 地理标识；

9. 未经授权使用的标志；

10. 有违公序良俗。

公告期内无人异议或者异议不成立的，商标将会被核准注册。顺利的情况下，卡塔尔商标注册目前需要 1 年半左右。顺利的情况下，如中途遇到异议或驳回，时间将会有所延长。

三、商标维护

卡塔尔商标注册后 10 年有效，有效期自申请日开始起算；到期日前 1 年内可以办理续展，宽展期为 6 个月；续展有效期为 10 年。

商标注册后的无效或撤销申请，一般可根据下述理由提出：

1. 违反《商标法》规定的；

2. 商标注册后连续 5 年未在当国实际使用的，任何人可申请撤销，不可抗力除外。

商标撤销或无效申请需向法院提出，在现行审查条件下，一般需耗时 2—3 年。被申请人一般可提供如下证据材料应对他人以"未使用"为由提出的撤销申请：

- 发票
- 标签
- 市场调查结果
- 产品目录
- 报价单
- 基于互联网的使用
- 营业额证据
- 广告
- 持续维护的网站
- 包装、装潢
- 书面声明

四、其他

在办理转让时，还需要对转让协议及受让人委托书进行公证认证。

科威特

(*Kuwait*)

一、概述

科威特现行商标法规主要基于 1995 年修订的第 8 号"政府法令"。由科威特商标局统一负责管理商标事务，官方语言为阿拉伯语。商标专用权需要通过注册取得。商标注册不是强制性的，但为了保护商标或进行续展，就必须依法登记注册。科威特商标注册采用"申请在先"原则，但某些情况下，也可以按"在先使用"主张商标权。自 2015 年 12 月 21 日起，科威特现行《商标法》将基于《"GCC"商标法》，即海湾阿拉伯国家合作委员会颁布的相关统一管理法规。

科威特是《TRIPS 协定》《WIPO 公约》《巴黎公约》等国际知识产权条约的缔约国；暂未加入《马德里协定》或《马德里议定书》，故商标注册只能通过"单国注册"的方式办理。

二、商标申请

目前，科威特商标局采用尼斯分类的商品和服务描述，第 33 类、第 32 类中含酒精产品，第 29 类中猪肉类产品不能注册，不接受一表多类申请。科威特可注册为商标的要素有：文字、名称、图形、三维标识、颜色组合、标语、声音、味道等。

若申请人非科威特居住的，须委托本国专门的代理人办理。商标申请所需的基本材料为：

1. 商标图样；

2. 具体商品 / 服务项目；

3. 申请人名义及地址；

4. 公证认证的委托书；

5. 国内或国外注册证；

6. 若声明优先权的，需提供优先权证明文件及对应的阿拉伯语翻译件。

申请注册科威特商标的主要流程为：申请—审查—公告—核准—发证。申请递交后 1

周左右受理，科威特商标局会进行形式审查和实质审查，审查不能通过的则会下发驳回通知书并要求申请人在驳回通知载明的时限内予以答复；审查通过的即安排公告，公告日起30天为异议期，任何利益相关人或在先权利人均可提出异议，提异议的理由主要有：

1. 与在先商标冲突，如拥有在先的注册商标；

2. 商标具有描述性；

3. 商标缺乏显著性；

4. 商标具有不良影响；

5. 驰名商标；

6. 恶意注册；

7. 与在先其他权利冲突，如商号权、外观设计、版权、人名等；

8. 通用名称；

9. 有违公序良俗。

公告期内无人异议或者异议不成立的，商标将会被核准注册。顺利的情况下，科威特商标注册目前需要1年左右。如中途遇到异议或驳回，时间将会有所延长。

三、商标维护

科威特商标注册后10年有效，有效期自申请日开始起算；到期日前1年内可以办理续展，宽展期为6个月；续展有效期为10年。

商标注册后的无效或撤销申请，一般可根据下述理由提出：

1. 违反《商标法》规定的；

2. 商标注册后连续5年未在当国实际使用的，任何人可申请撤销，不可抗力除外。

商标撤销或无效申请需向商标局提出，在现行审查条件下，一般需耗时2—3年。被申请人一般可提供如下证据材料应对他人以"未使用"为由提出的撤销申请：

· 发票	· 标签	· 市场调查结果
· 产品目录	· 报价单	· 基于互联网的使用
· 营业额证据	· 广告	· 持续维护的网站
· 包装、装潢	· 书面声明	

四、其他

在办理转让时，还需要对转让协议及受让人委托书进行公证认证；续展时不再需要注册证原件。

黎巴嫩
(*Lebanon*)

一、概述

黎巴嫩现行商标法规主要基于 2005 年 12 月 9 日颁布的《707 号法令》。由黎巴嫩商标局统一负责管理商标事务，官方语言为阿拉伯语。商标注册不是强制性的，但为了保护商标或进行续展，就必须依法登记注册。黎巴嫩采用"使用在先"原则。

黎巴嫩是《尼斯协定》《TRIPS 协定》《WIPO 公约》《巴黎公约》等国际知识产权条约的缔约国；暂未加入《马德里协定》或《马德里议定书》，故商标注册只能通过"单国注册"的方式办理。

二、商标申请

目前，黎巴嫩商标局采用尼斯分类的商品和服务描述，接受一表多类申请。黎巴嫩可注册为商标的要素有：文字、名称、图形、三维标识、颜色组合、标语、外观等。

若申请人非黎巴嫩居住的，须委托本国专门的代理人办理。商标申请所需的基本材料为：

1. 商标图样；

2. 具体商品 / 服务项目；

3. 申请人名义及地址；

4. 公证认证的委托书若声明优先权的；

5. 要求优先权的，需提供优先权证明文件及对应的阿拉伯语翻译件。

申请注册黎巴嫩商标的主要流程为：申请—审查—核准—发证—公告。申请递交后 1 周左右受理，黎巴嫩商标局会进行形式审查和实质审查，审查不能通过的则会下发驳回通知书并要求申请人在驳回通知载明的时限内予以答复（通常不会因为相对理由而下发驳回），审查通过后即获准注册并颁发注册证；顺利的情况下，黎巴嫩商标注册目前需要半年左右。

黎巴嫩目前并无异议程序，任何人认为某一注册商标损害了自己的权利，可通过对该注册商标提无效或撤销申请以维护自己的商标权利。

三、商标维护

黎巴嫩商标注册后 15 年有效，有效期自注册日开始起算；到期日前 1 年内可以办理续展，宽展期为 3 个月；续展有效期为 15 年。

商标注册后的无效或撤销申请，一般可根据下述理由提出：

1. 与在先商标冲突，如拥有在先的注册商标或在先使用的未注册商标；

2. 商标具有描述性；

3. 商标缺乏显著性；

4. 商标具有不良影响；

5. 驰名商标；

6. 恶意注册；

7. 与在先其他权利冲突，如商号权、外观设计、版权、人名等；

8. 通用名称；

9. 地理标识；

10. 未经授权使用的标志；

11. 有违公序良俗。

商标无效或撤销申请需在注册后 5 年内向法院提出，"恶意注册"则不受此时间限制。

四、其他

在黎巴嫩办理转让时，还需要对转让协议及受让人委托书进行公证认证。同时，由于黎巴嫩商标注册时官方通常不会因为"相对理由"而驳回商标注册申请，而是会告知商标申请人有在先相同或近似商标的存在，申请人向官方提交一份知道在先商标存在的声明即可，因此商标很容易通过审查并核准注册，这就需要权利人即使在申请注册成功后还得持续关注、进行监测，以便及时保护自己的商标权利。

沙特阿拉伯
(Saudi Arabia)

一、概述

沙特阿拉伯现行商标法规主要基于 2002 年修订的《商标法》。由沙特阿拉伯商标局统一负责管理商标事务，官方语言为阿拉伯语。商标专用权需要通过注册取得。商标注册不是强制性的，但为了保护商标或进行续展，就必须依法登记注册。沙特阿拉伯商标注册采用"申请在先兼顾使用在先"原则。自 2016 年 9 月 27 日起，沙特阿拉伯现行《商标法》将基于《"GCC"商标法》，即海湾阿拉伯国家合作委员会颁布的相关统一管理法规。

沙特阿拉伯是《WIPO 公约》《TRIPS 协定》《巴黎公约》等国际知识产权条约的缔约国；暂未加入《马德里协定》或《马德里议定书》,故商标注册只能通过"单国注册"的方式办理。

二、商标申请

目前，沙特阿拉伯商标局采用尼斯分类的商品和服务描述，第 33 类和第 32 类含酒精商品、第 29 类的猪肉制品及第 28 类的圣诞树及其相关商品不得注册，不接受一表多类申请。沙特阿拉伯可注册为商标的要素有：文字、名称、图形、三维标识等。

若申请人非沙特阿拉伯居住的，须委托本国专门的代理人办理。商标申请所需的基本材料为：

1. 商标图样；

2. 具体商品 / 服务项目；

3. 申请人名义及地址；

4. 公证认证的委托书；

5. 若声明优先权的，需提供优先权证明文件及对应的阿拉伯语翻译件。

申请注册沙特阿拉伯商标的主要流程为：申请—审查—公告—核准—发证。申请递交后 1 周左右受理，沙特阿拉伯商标局会进行形式审查和实质审查，审查不能通过的则会下发驳回通知书并要求申请人在驳回通知载明的时限内予以答复；审查通过的即安排公告，公告日起60天为异议期，不可延期，任何利益相关人或在先权利人均可提出异议，提异议的理由主要有：

1. 与在先商标冲突，如拥有在先的注册商标；

2. 商标具有描述性；

3. 商标缺乏显著性；

4. 商标具有不良影响；

5. 驰名商标；

6. 恶意注册；

7. 与在先其他权利冲突，如商号权、外观设计、版权、人名等；

8. 通用名称；

9. 地理标识；

10. 违背公众利益。

公告期内无人异议或者异议不成立的，商标将会被核准注册。顺利的情况下，沙特阿拉伯商标注册目前需要8个月左右。如中途遇到异议或驳回，时间将会有所延长。

三、商标维护

沙特阿拉伯商标注册后10年有效（沙特历法，实际为9年8个月），有效期自申请日开始起算；到期日前1年内可以办理续展，宽展期为6个月(沙特历法)；续展有效期为10年。

商标注册后的无效或撤销申请，一般可根据下述理由提出：

1. 违反《商标法》规定的；

2. 商标注册后连续5年未在当国实际使用的，任何人可申请撤销，不可抗力除外。

商标撤销或无效申请需向法院（申诉委员会）提出，在现行审查条件下，一般需耗时2—3年。被申请人一般可提供如下证据材料应对他人以"未使用"为由提出的撤销申请：

- 发票
- 标签
- 市场调查结果
- 产品目录
- 报价单
- 基于互联网的使用
- 营业额证据
- 广告
- 持续维护的网站
- 包装、装潢
- 书面声明

四、其他

在办理转让时，还需要对转让协议及受让人委托书进行公证认证。

叙利亚

(Syria)

一、概述

叙利亚现行商标法规主要基于 2007 年颁布的《商标法》。由叙利亚商标局统一负责管理商标事务，官方语言为阿拉伯语。商标专用权需要通过注册取得。商标注册不是强制性的，但为了保护商标或进行续展，就必须依法登记注册。叙利亚商标注册采用"申请在先"原则，但某些情况下，也可以按"在先使用"主张商标权。

叙利亚是《内罗毕条约》《WIPO 公约》《尼斯协定》《巴黎公约》等国际知识产权条约的缔约国；已加入《马德里协定》《马德里议定书》，故商标注册也能通过"马德里国际注册"的方式办理。

二、商标申请

目前，叙利亚商标局采用尼斯分类的商品和服务描述，不接受一表多类申请。叙利亚可注册为商标的要素有：文字、名称、图形、三维标识、颜色组合、外观等。

若申请人非叙利亚居住的，须委托本国专门的代理人办理。商标申请所需的基本材料为：

1. 商标图样；

2. 具体商品 / 服务项目；

3. 申请人名义及地址；

4. 公证认证的委托书；

5. 申请第 3 类和第 5 类商品的，需提供公证认证的原产地证明文件；

6. 若声明优先权的，需提供优先权证明文件及对应的阿拉伯语翻译件。

申请注册叙利亚商标的主要流程为：申请—审查—公告—核准—发证。申请递交后 1 周左右受理，叙利亚商标局会进行形式审查和实质审查，审查不能通过的则会下发驳回通知书并要求申请人在驳回通知载明的时限内予以答复；审查通过的即安排公告，公告日起 90 天为异议期，任何利益相关人或在先权利人均可提出异议，提异议的理由主要有：

1. 与在先商标冲突，如拥有在先的注册商标；

2. 商标具有描述性；

3. 商标缺乏显著性；

4. 商标具有不良影响；

5. 驰名商标；

6. 通用名称；

7. 地理标识；

8. 未经授权使用的标志；

9. 有违公序良俗。

公告期内无人异议或者异议不成立的，商标将会被核准注册。顺利的情况下，叙利亚商标注册目前需要 1 年半左右。如中途遇到异议或驳回，时间将会有所延长。

三、商标维护

叙利亚商标注册后 10 年有效，有效期自申请日开始起算；到期日前 1 年内可以办理续展，宽展期为 6 个月；续展有效期为 10 年。

商标注册后的无效或撤销申请，一般可根据下述理由提出：

1. 违反《商标法》规定的；

2. 商标注册后连续 3 年未在当国实际使用的，任何人可申请撤销，不可抗力除外。

商标撤销或无效申请需向法院提出，在现行审查条件下，一般需耗时 2—3 年。被申请人一般可提供如下证据材料应对他人以"未使用"为由提出的撤销申请：

- 发票
- 标签
- 市场调查结果
- 产品目录
- 报价单
- 基于互联网的使用
- 营业额证据
- 广告
- 持续维护的网站
- 包装、装潢
- 书面声明

商标撤销或无效申请需在商标注册后 5 年内提出。

四、其他

在办理转让时，还需要对转让协议及受让人委托书进行公证认证。

也门

(Yemen)

一、概述

也门现行商标法规主要基于 2011 年 2 月 23 日施行的《商标和地理标识法》。由也门商标局统一负责管理商标事务,官方语言为阿拉伯语。商标专用权需要通过注册取得。商标注册不是强制性的,但为了保护商标或进行续展,就必须依法登记注册。也门商标注册采用"申请在先"原则,但某些情况下,也可以按"在先使用"主张商标权。

也门是《TRIPS 协定》《WIPO 公约》《巴黎公约》等国际知识产权条约的缔约国;暂未加入《马德里协定》或《马德里议定书》,故商标注册只能通过"单国注册"的方式办理。

二、商标申请

目前,也门商标局采用尼斯分类的商品和服务描述,第 33 类和第 32 类含酒精商品及第 29 类的猪肉制品不得注册,不接受一表多类申请。也门可注册为商标的要素有:文字、名称、图形、三维标识、颜色组合等。

若申请人非也门居住的,须委托本国专门的代理人办理。商标申请所需的基本材料为:

1. 商标图样;

2. 具体商品 / 服务项目;

3. 申请人名义及地址;

4. 公证认证的委托书;

5. 公证认证的营业执照;

6. 若声明优先权的,需提供优先权证明文件及对应的阿拉伯语翻译件。

申请注册也门商标的主要流程为:申请—审查—公告—核准—发证。申请递交后 1 周左右受理,也门商标局会进行形式审查和实质审查,审查不能通过的则会下发驳回通知书并要求申请人在驳回通知载明的时限内予以答复;审查通过的即安排公告,公告日起 90 天为异议期，任何利益相关人或在先权利人均可提出异议，提异议的理由主要有：

1. 与在先商标冲突，如拥有在先的注册商标；

2. 商标具有描述性；

3. 商标缺乏显著性；

4. 商标具有不良影响；

5. 驰名商标；

6. 恶意注册；

7. 与在先其他权利冲突，如商号权、外观设计、版权、人名等；

8. 通用名称；

9. 地理标识；

10. 未经授权使用的标志；

11. 有违公序良俗。

公告期内无人异议或者异议不成立的，商标将会被核准注册。顺利的情况下，也门商标注册目前需要 1 年左右。如中途遇到异议或驳回，时间将会有所延长。

三、商标维护

也门商标注册后 10 年有效，有效期自申请日开始起算；到期日前 6 个月内可以办理续展，宽展期为 12 个月；续展有效期为 10 年。

商标注册后的无效或撤销申请，一般可根据下述理由提出：

1. 违反《商标法》规定的；

2. 商标注册后连续 5 年未在当国实际使用的，任何人可申请撤销，不可抗力除外。

商标撤销或无效申请需向法院提出，在现行审查条件下，一般需耗时 2—3 年。被申请人一般可提供如下证据材料应对他人以"未使用"为由提出的撤销申请：

- 发票
- 标签
- 市场调查结果
- 产品目录
- 报价单
- 基于互联网的使用
- 营业额证据
- 广告
- 持续维护的网站
- 包装、装潢
- 书面声明

四、其他

在办理转让时，还需要对转让协议及受让人委托书进行公证认证。

伊拉克

（*Iraq*）

一、概述

伊拉克现行商标法规主要基于 2010 年 6 月 7 日修订的《商标和商业标志法》。由伊拉克商标局统一负责管理商标事务，官方语言为阿拉伯语。商标专用权需要通过注册取得。商标注册不是强制性的，但为了保护商标或进行续展，就必须依法登记注册。伊拉克商标注册采用"申请在先"原则，但某些情况下，也可以按"在先使用"主张商标权。

伊拉克是《TRIPS 协定》《WIPO 公约》《巴黎公约》等国际知识产权条约的缔约国；暂未加入《马德里协定》或《马德里议定书》，故商标注册只能通过"单国注册"的方式办理。

二、商标申请

目前，伊拉克商标局采用尼斯第 7 类的商品和服务描述，并同时采用当国群组分类，接受一表多类申请。伊拉克可注册为商标的要素有：文字、名称、图形、三维标识、颜色组合、标语、外观等。

若申请人非伊拉克居住的，须委托本国专门的代理人办理。商标申请所需的基本材料为：

1. 商标图样；

2. 具体商品 / 服务项目；

3. 申请人名义及地址；

4. 公证认证的委托书；

5. 若声明优先权的，需提供优先权证明文件及对应的阿拉伯语翻译件。

申请注册伊拉克商标的主要流程为：查询（强制程序）—申请—审查—公告—核准—发证。查询申请递交后 1 周左右受理，通常会在 1—4 个月内完成查询。查询结果符合注册规范，伊拉克商标局会要求在指定日内递交申请，并再次进行形式审查和实质审查。查询不能通过的则会下发不合格查询通知书。因此，强制查询为伊拉克审查前置的一种方式，查询结果符合注册规范，后期通常不会遇到驳回。查询不符合规范，则商标申请无法进行递交。若遇到驳回，会下发驳回通知书并要求申请人在驳回通知载明的时限内予以答复；审查通过的即安排3次公告，第3次公告日起3个月为异议期，任何利益相关人或在先权利人均可提出异议，提异议的理由主要有：

1. 与在先商标冲突，如拥有在先的注册商标；

2. 商标具有描述性；

3. 商标缺乏显著性；

4. 商标具有不良影响；

5. 驰名商标；

6. 恶意注册；

7. 与在先其他权利冲突，如商号权、外观设计、版权、人名等；

8. 通用名称；

9. 地理标识；

10. 未经授权使用的标志；

11. 有违公序良俗。

公告期内无人异议或者异议不成立的，商标将会被核准注册。顺利的情况下，伊拉克商标注册目前需要2年左右。如中途遇到异议或驳回，时间将会有所延长。

三、商标维护

2004年4月26日前申请注册的商标有效期自申请日起14年，但续展后有效期仍为10年。2004年4月26日后申请注册的商标有效期自申请日起10年，到期日前1年内可以办理续展，宽展期为6个月；续展有效期为10年。

商标注册后的无效或撤销申请，一般可根据下述理由提出：

1. 违反《商标法》规定的；

2. 商标注册后连续3年未在当国实际使用的，任何人可申请撤销，不可抗力除外。

商标撤销或无效申请需向法院提出，在现行审查条件下，一般需耗时2—3年。被申请人一般可提供如下证据材料应对他人以"未使用"为由提出的撤销申请：

- 发票
- 产品目录
- 营业额证据
- 包装、装潢

- 标签
- 报价单
- 广告
- 书面声明

- 市场调查结果
- 基于互联网的使用
- 持续维护的网站

四、其他

1. 在办理转让时，还需要对转让协议及受让人委托书进行公证认证。

2. 以色列人、以色列公司不能在伊拉克注册商标。

伊朗

(Iran)

一、概述

伊朗现行商标法规主要基于 2008 年施行的《专利、工业设计、商标注册法》。由伊朗商标局统一负责管理商标事务，官方语言为波斯语。商标专用权需要通过注册取得。商标注册不是强制性的，但为了保护商标或进行续展，就必须依法登记注册。伊朗商标注册采用"申请在先"原则，但某些情况下，也可以按"在先使用"主张商标权。

伊朗是《TRIPS 协定》《WIPO 公约》《巴黎公约》等国际知识产权条约的缔约国；已加入《马德里议定书》，故商标注册也能通过"马德里国际注册"的方式办理。

二、商标申请

目前，伊朗商标局采用尼斯分类的商品和服务描述，接受一表多类申请，第 33 类和第 32 类含酒精商品不得注册。伊朗可注册为商标的要素有：文字、名称、图形、三维标识、颜色组合、标语、外观等，其中对三维标识、外观等要素有特殊要求。

若申请人非伊朗居住的，须委托本国专门的代理人办理。商标申请所需的基本材料为：

1. 商标图样；

2. 具体商品 / 服务项目；

3. 申请人名义及地址；

4. 公证认证的委托书；

5. 公证的营业执照；

6. 若声明优先权的，需提供优先权证明文件及对应的波斯语翻译件。

申请注册伊朗商标的主要流程为：申请—审查—公告—核准—发证。申请递交后 1 周左右受理，伊朗商标局会进行形式审查和实质审查，审查不能通过的则会下发驳回通知书并要求申请人在驳回通知载明的时限内予以答复；审查通过的即安排公告，

公告日起 30 天为异议期，任何利益相关人或在先权利人均可提出异议，提异议的理由主要有：

1. 与在先商标冲突，如拥有在先的注册商标；

2. 商标具有描述性；

3. 商标缺乏显著性；

4. 商标具有不良影响；

5. 驰名商标；

6. 通用名称；

7. 地理标识；

8. 未经授权使用的标志；

9. 有违公序良俗。

公告期内无人异议或者异议不成立的，商标将会被核准注册。顺利的情况下，伊朗商标注册目前需要 10 个月左右。如中途遇到异议或驳回，时间将会有所延长。

三、商标维护

伊朗商标注册后 10 年有效，有效期自申请日开始起算；到期日前 6 个月内可以办理续展，宽展期为 6 个月；续展有效期为 10 年。

商标注册后的无效或撤销申请，一般可根据下述理由提出：

1. 违反《商标法》规定的；

2. 商标注册后连续 3 年未在当国实际使用的，任何人可申请撤销，不可抗力除外。

商标撤销或无效申请需向法院提出，在现行审查条件下，一般需耗时 2—3 年。被申请人一般可提供如下证据材料应对他人以"未使用"为由提出的撤销申请：

· 发票	· 标签	· 市场调查结果
· 产品目录	· 报价单	· 基于互联网的使用
· 营业额证据	· 广告	· 持续维护的网站
· 包装、装潢	· 书面声明	

四、其他

在办理转让时，还需要对转让协议及受让人委托书进行公证认证。

以色列

(*Israel*)

一、概述

以色列现行商标法规主要基于 1972 年 5 月 15 日颁布的《商标条例》，2016 年 4 月 20 日修订。由以色列司法部专利局统一负责管理商标事务，当然也负责专利、原产地名称保护等知识产权事务。官方语言为希伯来语、阿拉伯语。商标权利通过注册或使用取得。商标注册不是强制性的，但为了更好地保护商标或进行续展，就必须依法登记注册。以色列商标注册采用"使用在先"原则，未注册商标长期持续使用且达到一定的知名度将有助于商标权利的维护。

以色列是《TRIPS 协定》《巴黎公约》《WIPO 公约》《尼斯协定》《马德里议定书》等国际知识产权条约的缔约国，故商标保护既能通过"单国注册"的方式办理，又能通过"马德里国际申请"指定的方式办理。

二、商标申请

目前，以色列官方采用尼斯分类第 10 版的商品和服务描述，接受一表多类申请。以色列可注册为商标的要素有：文字、名称、图形、数字、标语、颜色组合、三维标识、声音、气味等。

若申请人非以色列居住的，须委托本国专门的代理人办理。商标申请所需的基本材料为：

1. 商标图样；

2. 具体商品项目；

3. 申请人名义及地址；

4. 委托书，需原件；

5. 如需声明优先权的，则提供优先权证明文件及对应的翻译件。

申请注册以色列商标的主要流程为：申请—受理—审查—公告—核准—发证。申请递交后官方先进行形式审查，即审查申请要求和分类信息是否符合规定，一般 1 个

月左右完成受理。受理后将对商标进行实质审查，包括对商标显著性、是否违反禁注禁用条款和是否与在先商标形成冲突的审查，审查通过则予以公告；审查不能通过的则会下发驳回通知书并要求申请人在驳回通知载明的时限内予以答复。

公告日起 3 个月为异议期，任何利益相关人或在先权利人均可提出异议，提异议的理由主要有：

1. 与在先商标冲突，如拥有在先的注册商标；

2. 商标缺乏显著性；

3. 商标具有不良影响；

4. 恶意注册；

5. 与在先其他权利冲突，如商号权、外观设计、版权、人名等。

公告期内无人异议或者异议不成立的，异议期结束后即可获准注册并颁发注册证。顺利的情况下，以色列商标注册目前需要 2 年左右；如中途遇到驳回或异议，时间将会被延长。

由于该国采用"使用在先"原则，因此提异议的时候，可以用在先的使用对抗在后的申请。

三、商标维护

以色列商标注册后 10 年有效，有效期自申请日开始起算；到期日前 3 个月内可以办理续展，宽展期为 6 个月；续展有效期为 10 年。

商标注册后的无效或撤销申请，一般可根据以色列《商标法》（1980 年第 22362 号法令）下述两个条款提出：

1.《商标法》第 39 条：（1）违反本法 7–11 条，主要是：缺乏显著性的，违反公序良俗的，构成不当竞争的，需在注册后 5 年内申请撤销；（2）恶意注册的，任何时候都可以提出撤销。

2.《商标法》第 41 条：商标注册后连续 3 年未在当国实际使用的，任何利益相关人可申请撤销。

商标注册后连续 3 年不使用的，任何利益相关人可以申请撤销该注册商标，不可抗力除外。被申请人一般可提供如下证据材料应对他人以"未使用"为由提出的撤销申请：

- 发票
- 包装、装潢
- 报价单
- 产品目录
- 广告
- 标签
- 营业额证据
- 书面声明

四、其他

以色列《商标法》第 34 条也有注册商标被撤销后 1 年内相同商标不予核准注册的规定，但第 35 条予以了补充:（1）在商标被撤销前 2 年内未实际使用的除外；（2）待注册商标与被撤销商标不会形成混淆误认的除外。整体上看，这一补充规定更能起到有效释放商标资源，更利于有实际使用的申请人。

同时，《商标法》第 41 条对实际使用也做了阐述: 仅仅在当国报纸或可辐射该国的国际报纸上打广告的不应视为实际使用，除非法院或注册当局可以认定该商标虽未使用但相应产品是在以色列生产或销售的。

约旦

(*Jordan*)

一、概述

约旦现行商标法规主要基于 1999 年修订的《商标法》。由约旦商标局统一负责管理商标事务，官方语言为阿拉伯语。商标专用权需要通过注册取得。商标注册不是强制性的,但为了保护商标或进行续展,就必须依法登记注册。约旦商标注册采用"申请在先"原则,但某些情况下，也可以按"在先使用"主张商标权。

约旦是《尼斯协定》《维也纳协定》《TRIPS 协定》《WIPO 公约》《巴黎公约》等国际知识产权条约的缔约国；暂未加入《马德里协定》或《马德里议定书》,故商标注册只能通过"单国注册"的方式办理。

二、商标申请

目前，约旦商标局采用尼斯分类的商品和服务描述，不接受一表多类申请。约旦可注册为商标的要素有：文字、名称、图形、三维标识、颜色组合、标语、外观等。

若申请人非约旦居住的，须委托本国专门的代理人办理。商标申请所需的基本材料为：

1. 商标图样；

2. 具体商品 / 服务项目；

3. 申请人名义及地址；

4. 公证认证的委托书；

5. 若声明优先权的，需提供优先权证明文件及对应的阿拉伯语翻译件。

申请注册约旦商标的主要流程为：申请—审查—公告—核准—发证。申请递交后 1 周内受理，约旦商标局会进行形式审查和实质审查，审查不能通过的则会下发驳回通知书并要求申请人在驳回通知载明的时限内予以答复；审查通过的即安排公告，公告日起 3 个月为异议期，任何利益相关人或在先权利人均可提出异议，提异议的理由主要有：

1. 与在先商标冲突，如拥有在先的注册商标；

2. 商标具有描述性；

3. 商标缺乏显著性；

4. 商标具有不良影响；

5. 驰名商标；

6. 恶意注册；

7. 与在先其他权利冲突，如商号权、外观设计、版权、人名等；

8. 通用名称；

9. 地理标识；

10. 未经授权使用的标志；

11. 有违公序良俗。

公告期内无人异议或者异议不成立的，商标将会被核准注册。顺利的情况下，约旦商标注册目前需要 1 年左右。如中途遇到异议或驳回，时间将会有所延长。

三、商标维护

约旦商标注册后 10 年有效，有效期自申请日开始起算；到期日前 1 年内可以办理续展，宽展期为 12 个月；续展有效期为 10 年。

商标注册后的无效或撤销申请，一般可根据下述理由提出：

1. 违反《商标法》规定的；

2. 商标注册后连续 3 年未在当国实际使用的，任何人可申请撤销，不可抗力除外。

商标撤销或无效申请需向商标局提出，在现行审查条件下，一般需耗时 2—3 年。被申请人一般可提供如下证据材料应对他人以"未使用"为由提出的撤销申请：

- 发票
- 标签
- 基于互联网的使用
- 产品目录
- 广告
- 报价单
- 营业额证据
- 书面声明
- 包装、装潢
- 市场调查结果

商标撤销或无效申请，需在商标注册后 5 年内提出，但"恶意注册"则不受此时间限制。

四、其他

在办理转让时，还需要对转让协议及受让人委托书进行公证认证。

约旦河西岸

(West Bank)

一、概述

巴勒斯坦是中东的一个国家，由加沙和约旦河西岸两部分组成，商标注册申请须在这两个地区分别提交。约旦河西岸地区位于约旦河以西，总面积 5879 平方千米，其中死海水域面积 220 平方千米，陆地面积 5659 平方千米。该地区主权有争议，目前大部分由以色列管辖（但以色列的知识产权保护并不能覆盖该国），另外由巴勒斯坦进行有限度管理。

约旦河西岸地区商标保护现基于 1952 年颁布的《商标法》。商标权利需要通过注册获得，但通过大量使用也可以获得商标权。巴勒斯坦未加入任何国际条约，故约旦河西岸地区商标保护只能通过"单国注册"的方式办理。

二、商标申请

目前，约旦河西岸地区官方采用尼斯分类第 10 版的商品和服务描述，不接受一表多类申请。约旦河西岸地区可注册为商标的要素有：文字、名称、图形、数字、颜色组合等。

若申请人非约旦河西岸地区居住的，须委托本国专门的代理人办理。商标申请所需基本材料为：

1. 商标图样；

2. 具体商品项目；

3. 申请人名义及地址；

4. 委托书，需公证及认证。

申请注册约旦河西岸商标的主要流程为：申请—受理—审查—公告—核准—发证。申请递交后官方先进行形式审查，即审查申请要求和分类信息是否符合规定，一般 1 个月左右完成受理。受理后将对商标进行实质审查，包括对商标显著性、是否违反禁注禁用条款和是否与在先商标形成冲突的审查，审查通过则予以公告；审查不能通过的则会下发驳回通知书并要求申请人在驳回通知载明的时限内予以答复。

公告日起 3 个月为异议期，任何利益相关人或在先权利人均可提出异议，提异议的理由主要有：

1. 与在先商标冲突，如拥有在先的注册商标；

2. 商标缺乏显著性；

3. 商标具有不良影响；

4. 恶意注册；

5. 与在先其他权利冲突，如商号权、外观设计、版权、人名等。

公告期内无人异议或者异议不成立的，异议期结束后即可获准注册并颁发注册证。顺利的情况下，约旦河西岸地区商标注册目前需要 1 年半左右；如中途遇到驳回或异议，时间将会大大延长。

三、商标维护

约旦河西岸地区商标注册后 7 年有效，有效期自申请日开始起算，到期日前 1 年内可办理续展，宽展期为 1 个月，续展有效期为 14 年。注册后连续 2 年不使用的，任何人可以"连续不使用"为由申请撤销。

四、其他

虽然该地区商标续展宽展期仅为 1 个月，但在商标到期后 1 年内都可以申请续展，只不过需要缴纳额外的罚金。

第三部分
欧洲

阿尔巴尼亚

（Albania）

一、概述

阿尔巴尼亚现行商标法规主要基于 2008 年 7 月 7 日第 9947 号《工业产权法》及 2008 年 12 月 29 日第 1706 号《商品商标及服务商标注册管理规定》。由阿尔巴尼亚专利商标局统一负责管理商标事务，官方语言为阿尔巴尼亚语。商标专用权需要通过注册取得。商标注册不是强制性的，但为了更好地保护商标或进行续展，就必须依法登记注册。阿尔巴尼亚商标注册采用"申请在先"原则，但某些情况下，也可以按"在先使用"主张商标权。

阿尔巴尼亚是《巴黎公约》《尼斯协定》《建立世界知识产权组织公约》等国际知识产权条约的缔约国；既是《马德里协定》成员国，也是《马德里议定书》成员国，故商标注册可通过"单国注册"或"马德里国际注册"的方式办理。

二、商标申请

目前，阿尔巴尼亚专利商标局采用尼斯分类第 11 版的商品和服务描述，可接受一表多类申请。阿尔巴尼亚可注册为商标的要素有：文字、人名、字母、数字、图形、颜色组合、立体形状等。

若申请人非阿尔巴尼亚居住的，须委托本地专门的代理人办理。商标申请所需的基本材料为：

1. 商标图样；

2. 类别及具体商品项目；

3. 申请人名义及地址；

4. 委托书；

5. 若声明优先权的，需提供优先权证明文件及对应的阿尔巴尼亚语翻译件。

申请注册阿尔巴尼亚商标的主要流程为：申请—审查—公告—核准发证—公告。申请递交后 1 周左右受理。审查员将对申请进行形式审查和实质审查。形式审查主要

审查申请要求和分类信息是否符合规定；实质审查包括对商标显著性、是否违反禁注禁用条款的审查。审查不能通过的将会下发驳回通知书并要求申请人在驳回通知载明的时限内（2 个月内）予以答复，实质审查通过的，则将会被安排公告。

公告日起 3 个月为异议期，任何利益相关人或在先权利人均可对该商标的注册提出异议，提异议的理由主要有：

1. 与在先商标冲突，如拥有在先的注册商标；

2. 商标缺乏显著性；

3. 商标具有不良影响；

4. 恶意注册；

5. 与在先其他权利冲突，如商号权、外观设计、版权、人名等。

公告期内无人异议或者异议不成立的，可获准注册并颁发注册证。顺利的情况下，阿尔巴尼亚商标注册目前需要 9 个月左右；如中途遇到驳回或异议，时间将会被延长。

三、商标维护

阿尔巴尼亚商标注册后 10 年有效，有效期自申请日开始起算；到期日前 6 个月内可以办理续展，宽展期为 6 个月；续展有效期为 10 年。

四、其他

阿尔巴尼亚商标注册时不对"相对理由"进行审查，即官方不会主动审查申请商标是否与在先商标构成近似而主动驳回，因此商标很容易通过并初审予以公告，这就需要权利人即使在申请注册成功后还需要持续关注，进行监测，及时进行异议维权以保护自己的商标权。

阿塞拜疆

(*Azerbaijan*)

一、概述

阿塞拜疆现行商标法规主要基于 1998 年 6 月 12 日施行的《商标法》。由阿塞拜疆商标局统一负责管理商标事务，官方语言为阿塞拜疆语。商标专用权需要通过注册取得。商标注册不是强制性的，但为了保护商标或进行续展，就必须依法登记注册。阿塞拜疆商标注册采用"申请在先"原则，但某些情况下，也可以按"在先使用"主张商标权。

阿塞拜疆是《尼斯协定》《TRIPS 协定》《WIPO 公约》《内罗毕条约》《巴黎公约》等国际知识产权条约的缔约国；已加入《马德里协定》《马德里议定书》，故商标注册也能通过"马德里国际注册"的方式办理。

二、商标申请

目前，阿塞拜疆商标局采用尼斯分类的商品和服务描述，接受一表多类申请。阿塞拜疆可注册为商标的要素有：文字、名称、图形、三维标识、颜色组合等。

若申请人非阿塞拜疆居住的，须委托本国专门的代理人办理。商标申请所需的基本材料为：

1. 商标图样；

2. 具体商品 / 服务项目；

3. 申请人名义及地址；

4. 委托书；

5. 若声明优先权的，需提供优先权证明文件 。

申请注册阿塞拜疆商标的主要流程为：申请—审查—核准—发证—公告。申请递交后 1 周左右受理，阿塞拜疆商标局会进行形式审查和实质审查，审查通过后即获准注册并颁发注册证；审查不能通过的则会下发驳回通知书并要求申请人在驳回通知载明的时限内予以答复。顺利的情况下，阿塞拜疆商标注册目前需要 1 年左右。

阿塞拜疆目前并无异议程序，任何人认为某一注册商标损害了自己的权利，可通过对该注册商标提无效或撤销申请以维护自己的商标权利。

三、商标维护

阿塞拜疆商标注册后 10 年有效，有效期自申请日开始起算；到期日前 1 年内可以办理续展，宽展期为 6 个月；续展有效期为 10 年。

商标注册后的无效或撤销申请，一般可根据下述理由提出：

1. 违反《商标法》规定的；

2. 商标注册后连续 5 年未在当国实际使用的，任何人可申请撤销，不可抗力除外。

商标撤销或无效申请需向法院提出，在现行审查条件下，一般需耗时 2—3 年。被申请人一般可提供如下证据材料应对他人以"未使用"为由提出的撤销申请：

- 发票
- 标签
- 市场调查结果
- 产品目录
- 报价单
- 基于互联网的使用
- 营业额证据
- 广告
- 包装、装潢
- 书面声明

四、其他

阿塞拜疆目前无异议制度，这与国内差别较大，这就需要申请人主动监测、及时维权，才能防止被抢注。

爱尔兰
(*Ireland*)

一、概述

爱尔兰现行商标法规主要基于 1996 年 7 月 1 日生效的《商标法》。由爱尔兰专利局统一负责管理商标事务，官方语言为爱尔兰语、英语。爱尔兰商标注册采用"使用在先"原则。商标注册不是强制性的，但为了更好地保护商标或进行续展，最好依法登记注册。

爱尔兰是《巴黎公约》《建立世界知识产权组织公约》《TRIPS 协定》《商标法条约》等国际知识产权条约的缔约国；爱尔兰为《马德里议定书》成员国和欧盟成员国，商标注册可通过"单国注册""欧盟注册"或"马德里国际注册"的方式办理。

二、商标申请

目前，爱尔兰专利局采用尼斯分类第 11 版的商品和服务描述，可接受一表多类申请。爱尔兰可注册为商标的要素有：文字、字母、数字、图形、标语、颜色、颜色组合、立体形状、气味等。

在爱尔兰没有住所或主要营业场所或真实、有效的工商企业的自然人或法人，只要在当国有邮寄地址，则不必委托该国专门的代理人办理。商标申请所需的基本材料为：

1. 商标图样；

2. 类别及具体商品项目；

3. 申请人名义及地址；

4. 若声明优先权的，需提供优先权证明文件。

申请注册爱尔兰商标的主要流程为：申请—审查—公告—核准发证。申请递交后 2 周左右受理。审查员将对申请进行形式审查和实质审查。形式审查主要审查申请要求和分类信息是否符合规定；实质审查包括对商标显著性、是否违反禁注禁用条款以及是否与在先商标形成冲突的审查。审查不能通过的将会下发驳回通知书并要求申请

人在驳回通知载明的时限内予以答复,实质审查通过的,则将会被安排公告。公告日起 3 个月为异议期,任何人均可对该商标的注册提出异议,提异议的理由主要有:

1. 与在先商标冲突,如拥有在先的注册商标;

2. 商标缺乏显著性;

3. 商标具有不良影响;

4. 恶意注册;

5. 与在先其他权利冲突,如商号权、外观设计、版权、人名等。

公告期内无人异议或者异议不成立的,可获准注册并颁发注册证。顺利的情况下,爱尔兰商标注册目前需要 10 个月左右;如遇到驳回或异议,时间将会大大延长。

三、商标维护

爱尔兰商标注册后 10 年有效,有效期自申请日开始起算;到期日前 6 个月内可以办理续展,宽展期为 6 个月;续展有效期为 10 年。

商标注册后的撤销 / 无效申请,一般可根据爱尔兰 1996 年 7 月 1 日生效的《商标法》的下列条款提出:

1. 依据《商标法》第 51 条提撤销:(1)无正当理由,商标注册后连续 5 年未在该国实际使用;(2)由于注册商标所有人的作为和不作为,使商标成为它所注册的商品或服务的通用名称;(3)商标实际使用可能导致公众对商品 / 服务的性质、质量和地理来源产生误认。

2. 依据《商标法》第 52 条提无效:(1)违反本法规定的;(2)与他人在先申请注册的商标相同或近似的;(3)侵犯他人其他在先权利。

商标撤销 / 无效申请可向爱尔兰法院提出,一般需耗时 1 年半至 2 年。被申请人一般可提供如下证据材料应对他人以"未使用"为由提出的撤销申请:

- 发票
- 标签
- 市场调查结果
- 产品目录
- 报价单
- 基于互联网的使用
- 营业额证据
- 广告
- 持续维护的网站
- 包装、装潢
- 书面声明

爱沙尼亚

（*Estonia*）

一、概述

爱沙尼亚现行商标法规主要基于 2004 年 5 月 1 日生效的《商标法》。由爱沙尼亚专利局统一负责管理商标事务，官方语言为爱沙尼亚语。商标专用权需要通过注册取得。商标注册不是强制性的，但为了更好地保护商标或进行续展，就必须依法登记注册。爱沙尼亚商标注册采用"申请在先"原则，但某些情况下，也可以按"在先使用"主张商标权。

爱沙尼亚是《TRIPS 协定》《内罗毕条约》《巴黎公约》《尼斯协定》《建立世界知识产权组织公约》等国际知识产权条约的缔约国；是《马德里议定书》成员国，也是欧盟成员国，故商标注册可通过"单国注册""欧盟注册"或"马德里注册"的方式办理。

二、商标申请

目前，爱沙尼亚专利局采用尼斯分类第 11 版的商品和服务描述，可接受一表多类申请。爱沙尼亚可注册为商标的要素有：文字、人名、字母、数字、图形、徽章、声音、颜色、立体形状等。

在爱沙尼亚没有住所或主要营业场所或真实、有效的工商企业的自然人或法人，须委托该国专门的代理人办理。商标申请所需的基本材料为：

1. 商标图样；

2. 类别及具体商品项目；

3. 申请人名义及地址；

4. 委托书；

5. 若声明优先权的，需提供优先权证明文件。

申请注册爱沙尼亚商标的主要流程为：申请—审查—公告—核准发证。申请递交后 2 个月左右受理。审查员将对申请进行形式审查和实质审查。形式审查主要审查申

请要求和分类信息是否符合规定；实质审查包括对商标显著性、是否违反禁注禁用条款和是否与在先商标形成冲突的审查。审查不能通过的将会下发驳回通知书并要求申请人在驳回通知载明的时限内予以答复；实质审查通过的，则会安排公告。公告日起2个月为异议期，任何利害关系人可向专利局对该商标的注册提出异议，提异议的理由主要有：

1. 与在先商标冲突，如拥有在先的注册商标；

2. 商标缺乏显著性；

3. 商标具有不良影响；

4. 恶意注册；

5. 与在先其他权利冲突，如商号权、外观设计、版权、人名等。

公告期内无人异议或者异议不成立的，商标即可获准注册并颁发注册证。顺利的情况下，爱沙尼亚商标注册目前需要2年左右；如中途遇到驳回或异议，时间将会大大延长。

三、商标维护

爱沙尼亚商标注册后10年有效，有效期自注册日开始起算；到期日前12个月内可以办理续展，宽展期为6个月；续展有效期为10年。

商标注册后，一般可根据爱沙尼亚2004年5月1日生效的《商标法》第52条及第53条的规定提出无效／撤销申请。

依据《商标法》第52条提无效的主要理由有：（1）违反本法规定（缺乏显著性、违反公告秩序或社会公德等）；（2）侵犯在先权利（包括：在先注册商标，驰名商标，姓名权等）。

依据《商标法》第53条提撤销的主要理由有：（1）在商业中成为该商品或服务的通用名称；（2）引人误解，尤其是在商品或服务的性质、质量或地理来源方面；（3）无正当理由连续5年没有在注册时指定的商品或服务上实际使用商标。

被申请人一般可提供如下证据材料应对他人以"未使用"为由提出的撤销申请：

· 发票	· 标签	· 市场调查结果
· 产品目录	· 报价单	· 基于互联网的使用
· 营业额证据	· 广告	· 持续维护的网站
· 包装、装潢	· 书面声明	

安道尔

（*Andorra*）

一、概述

安道尔现行商标法规主要基于 1995 年 5 月 11 日制定的《商标法》。由安道尔商标局统一负责管理商标事务，官方语言为加泰罗尼亚语。商标专用权需要通过注册取得。商标注册不是强制性的，但为了保护商标或进行续展，就必须依法登记注册。

安道尔是《巴黎公约》《建立世界知识产权组织公约》等国际知识产权条约的缔约国；非《马德里协定》《马德里议定书》成员国，故商标注册只可通过"单国注册"的方式办理。

二、商标申请

目前,安道尔商标局采用尼斯分类第11版的商品和服务描述,接受一表多类申请。安道尔可注册为商标的要素有：文字、字母、数字、图形、三维标识、颜色组合等。

在安道尔没有住所或主要营业场所或真实、有效的工商企业的自然人或法人，须委托该国专门的代理人办理。商标申请所需的基本材料为：

1. 商标图样；

2. 具体类别及商品 / 服务项目；

3. 申请人名义及地址；

4. 委托书；

5. 若声明优先权的，需提供优先权证明文件及对应的加泰罗尼亚语翻译件。

申请注册安道尔商标的主要流程为：申请—受理—审查—核准—发证—公告。申请递交后 1 周左右受理。审查员将对申请进行形式审查和实质审查。形式审查主要审查申请要求和分类信息是否符合规定；实质审查包括对商标显著性、是否违反禁注禁用条款和是否与在先商标形成冲突的审查。审查不能通过的则会下发驳回通知书并要求申请人在驳回通知载明的时限内予以答复。核准发证后将会安排公告。安道尔公国无异议程序。

顺利的情况下，安道尔商标注册目前需要 3 个月左右；如中途遇到驳回，时间将会被延长。

三、商标维护

安道尔商标注册后 10 年有效，有效期自申请日开始起算；到期日前 6 个月内可以办理续展，宽展期为 6 个月；续展有效期为 10 年。

商标注册后的无效或撤销申请，一般可根据安道尔《商标法》下述条款提出：

1.《商标法》第 26 条：商标缺乏显著性；与在先商标权利冲突。

2.《商标法》第 27 条之（1）：a. 商标注册后连续 5 年未在当国实际使用的，任何人可申请撤销，不可抗力除外；b. 商标已成为通用名称；c. 商标权利人没有申请注册商标的主体资格。

商标无效或撤销申请可向法院提出，在现行审查条件下，一般需耗时 1—2 年。被申请人一般可提供如下证据材料应对他人以"未使用"为由提出的撤销申请：

- 发票
- 包装、装潢
- 广告
- 产品目录
- 标签
- 书面声明
- 营业额证据
- 报价单
- 市场调查结果

奥地利

（*Austria*）

一、概述

奥地利现行商标法规主要基于 1970 年 7 月 7 日《商标法》。由奥地利专利局统一负责管理商标事务，官方语言为德语。商标专用权需要通过注册取得。商标注册不是强制性的，但为了更好地保护商标或进行续展，就必须依法登记注册。奥地利商标注册采用"申请在先"原则，但某些情况下，也可以按"在先使用"主张商标权。

奥地利是《TRIPS 协定》《内罗毕条约》《日内瓦公约》《巴黎公约》《商品和服务国际分类尼斯协定》《建立世界知识产权组织公约》等国际知识产权条约的缔约国；既是《马德里协定》成员国，也是《马德里议定书》成员国，同时奥地利也是欧盟成员国，故商标注册可通过"单国注册""欧盟注册"或"马德里注册"的方式办理。

二、商标申请

目前，奥地利专利商标局采用尼斯分类第 11 版的商品和服务描述，可接受一表多类申请。奥地利可注册为商标的要素有：文字、人名、字母、数字、图形、徽章、颜色、立体形状、声音等。

在奥地利没有住所或主要营业场所或真实、有效的工商企业的自然人或法人，须委托该国专门的代理人办理。商标申请所需的基本材料为：

1. 商标图样；

2. 类别及具体商品项目；

3. 申请人名义及地址；

4. 委托书；

5. 若声明优先权的，需提供优先权证明文件。

申请注册奥地利商标的主要流程为：申请—审查（绝对理由）—核准发证—公告。申请递交后 3—5 个工作日受理。审查员将对申请进行形式审查和实质审查。形式审

查主要审查申请要求和分类信息是否符合规定；实质审查包括对商标显著性、是否违反禁注禁用条款的审查。审查不能通过的将会下发驳回通知书并要求申请人在驳回通知载明的时限内予以答复，实质审查通过的，则会颁发注册证并被安排公告。公告日起 3 个月为异议期，任何利害关系人可向专利局对该商标的注册提出异议，提异议的理由主要有：

1. 与在先商标冲突，如拥有在先的注册商标；

2. 商标缺乏显著性；

3. 商标具有不良影响；

4. 恶意注册；

5. 与在先其他权利冲突，如商号权、外观设计、版权、人名等。

公告期内无人异议或者异议不成立的，商标才正式注册。顺利的情况下，奥地利商标注册目前需要 10 个月左右；如中途遇到驳回或异议，时间将会大大延长。

三、商标维护

奥地利商标注册后 10 年有效，有效期自注册日开始起算；到期日前 12 个月内可以办理续展，宽展期为 6 个月；续展有效期为 10 年。

商标注册后，一般可根据奥地利 1970 年 7 月 7 日《商标法》第 29 条至第 34 条的规定提出撤销 / 无效申请。撤销 / 无效的主要理由有:(1)违反本法规定(缺乏显著性、违反公告秩序或社会公德等)；(2)侵犯在先权利（包括：在先注册商标，驰名商标，姓名权等)；(3)无正当理由连续 5 年没有在注册时指定的商品或服务上实际使用商标；(4)在商业中成为该商品或服务的通用名称；(5)引人误解，尤其是在商品或服务的性质、质量或地理来源方面；(6)恶意抢注的。

被申请人一般可提供如下证据材料应对他人以"未使用"为由提出的撤销申请：

- 发票
- 产品目录
- 营业额证据
- 包装、装潢

- 标签
- 报价单
- 广告
- 书面声明

- 市场调查结果
- 基于互联网的使用
- 持续维护的网站

四、其他

1. 奥地利实行先颁发注册证再公告的程序，公告期内无人异议或者异议不成立的，商标才正式注册。因此，即使收到了商标注册证也不代表该商标已经在奥地利注册成功。

2. 奥地利商标注册时不对"相对理由"进行审查，即官方不会主动审查申请商标是否与在先商标构成近似而主动驳回，因此商标很容易通过并初审予以公告，这就需要权利人即使在申请注册成功后还需要持续关注，进行监测，及时进行异议维权以保护自己的商标权。

白俄罗斯

(*Belarus*)

一、概述

白俄罗斯现行商标法规主要基于 1993 年 2 月 5 日第 2181–XII 号《商品商标和服务商标法》。由白俄罗斯知识产权局统一负责管理商标事务，官方语言为俄罗斯语。商标专用权需要通过注册取得。商标注册不是强制性的，但为了更好地保护商标或进行续展，就必须依法登记注册。白俄罗斯商标注册采用"申请在先"原则，但某些情况下，也可以按"在先使用"主张商标权。

白俄罗斯是《内罗毕条约》《巴黎公约》《尼斯协定》《建立世界知识产权组织公约》等国际知识产权条约的缔约国；既是《马德里协定》成员国，也是《马德里议定书》成员国，商标注册可通过"单国注册"或"马德里注册"的方式办理。

二、商标申请

目前，白俄罗斯知识产权局采用尼斯分类第 11 版的商品和服务描述，可接受一表多类申请。白俄罗斯可注册为商标的要素有：文字、人名、字母、数字、图形、颜色组合、立体形状等。

在白俄罗斯没有住所或主要营业场所或真实、有效的工商企业的自然人或法人，须委托该国专门的代理人办理。商标申请所需的基本材料为：

1. 商标图样；

2. 类别及具体商品项目；

3. 申请人名义及地址；

4. 委托书；

5. 若声明优先权的，需提供优先权证明文件。

申请注册白俄罗斯商标的主要流程为：申请—审查—核准发证。申请递交后 1—2 周受理。审查员将对申请进行形式审查和实质审查。形式审查主要审查申请要求和分类信息是否符合规定；实质审查包括对商标显著性、是否违反禁注禁用条款以及是否与在先商标形成冲突的审查。审查不能通过的将会下发驳回通知书并要求申请人在驳回通知载明的时限内予以答复,实质审查通过的,则会颁发注册证。

白俄罗斯无异议公告程序,只有在商标注册后提出撤销申请。顺利的情况下,白俄罗斯商标注册目前需要 1 年左右;如中途遇到驳回,时间还将会大大延长。

三、商标维护

白俄罗斯商标注册后 10 年有效,有效期自申请日开始起算;到期日前 12 个月内可以办理续展,宽展期为 6 个月;续展有效期为 10 年。

商标注册后,一般可根据白俄罗斯 1993 年 2 月 5 日第 2181-XII 号《商品商标和服务商标法》第 20 条及第 25 条的规定提出撤销 / 无效申请。撤销 / 无效的主要理由有:(1)无正当理由连续 3 年没有在注册时指定的商品或服务上实际使用商标;(2)违反本法规定(缺乏显著性、违反公告秩序或社会公德等);(3)侵犯在先权利(包括:在先注册商标,驰名商标,姓名权等);(4)在商业中成为该商品或服务的通用名称;(5)引人误解,尤其是在商品或服务的性质、质量或地理来源方面;(6)恶意抢注的。

被申请人一般可提供如下证据材料应对他人以"未使用"为由提出的撤销申请:

- 发票
- 包装、装潢
- 书面声明
- 产品目录
- 标签
- 市场调查结果
- 营业额证据
- 广告
- 报价单

四、其他

白俄罗斯目前无异议制度,这与国内差别较大,因此就需要商标权利人主动进行监测,及时维权。

保加利亚

(*Bulgaria*)

一、概述

保加利亚现行商标法规主要基于 1999 年 12 月 15 日生效的《商标和地理标志法》。由保加利亚专利局统一负责管理商标事务，官方语言为保加利亚语。商标专用权需要通过注册取得。商标注册不是强制性的，但为了更好地保护商标或进行续展，就必须依法登记注册。保加利亚商标注册采用"申请在先"原则，但某些情况下，也可以按"在先使用"主张商标权。

保加利亚是《内罗毕条约》《巴黎公约》《尼斯协定》《建立世界知识产权组织公约》《TRIPS 协定》等国际知识产权条约的缔约国；既是《马德里协定》成员国，也是《马德里议定书》成员国，同时保加利亚也是欧盟成员国，故商标注册可通过"单国注册""欧盟注册"或"马德里注册"的方式办理。

二、商标申请

目前，保加利亚专利商标局采用尼斯分类第 11 版的商品和服务描述，可接受一表多类申请。保加利亚可注册为商标的要素有：文字、人名、字母、数字、图形、颜色、立体形状、声音等。

在保加利亚没有住所或主要营业场所或真实、有效的工商企业的自然人或法人，须委托该国专门的代理人办理。商标申请所需的基本材料为：

1.商标图样；

2.类别及具体商品项目；

3.申请人名义及地址；

4.委托书；

5.若声明优先权的，需提供优先权证明文件。

申请注册保加利亚商标的主要流程为：申请—审查—公告—核准发证。申请递交后 2 周左右受理。审查员将对申请进行形式审查和实质审查。形式审查主要审查申请要求和分类信息是否符合规定；实质审查包括对商标显著性、是否违反禁注禁用条款和是否与在先商标形成冲突的审查。审查不能通过的将会下发驳回通知书并要求申请人在驳回通知载明的时限内予以答复；实质审查通过的，将会被安排公告。公告日起2个月为异议期，任何人均可向专利局对该商标的注册提出异议，提异议的理由主要有：

1. 与在先商标冲突，如拥有在先的注册商标；

2. 商标缺乏显著性；

3. 商标具有不良影响；

4. 恶意注册；

5. 与在先其他权利冲突，如商号权、外观设计、版权、人名等；

6. 标语商标缺乏原创性。

公告期内无人异议或者异议不成立的，可获准注册并颁发注册证。顺利的情况下，保加利亚商标注册目前需要1年半左右；如中途遇到驳回或异议，时间将会延长。

三、商标维护

保加利亚商标注册后10年有效，有效期自申请日开始起算；到期日前12个月内可以办理续展，宽展期为6个月；续展有效期为10年。

商标注册后连续5年不使用的，任何利益相关人可以申请撤销该注册商标；由于法律等客观原因导致注册商标不能正常使用的除外。被申请人一般可提供如下证据材料应对他人以"未使用"为由提出的撤销申请：

- 发票
- 标签
- 市场调查结果
- 产品目录
- 报价单
- 基于互联网的使用
- 营业额证据
- 广告
- 持续维护的网站
- 包装、装潢
- 书面声明

北塞浦路斯土耳其共和国
(*The Turkish Republic of Northern Cyprus*)

一、概述

北塞浦路斯土耳其共和国是一个位于塞浦路斯岛北部，尚未受到国际社会普遍承认的政治实体。这个主要是由塞浦路斯岛上的土耳其后裔建立的政权控制了岛上北边约 1/3 面积的领土，并且在 1974 年时宣布独立建国，但目前全世界只有土耳其承认北塞浦路斯。

北塞浦路斯土耳其共和国现行商标法规主要基于塞浦路斯 1959 年第 268 号法律《商标法》。北塞浦路斯土耳其共和国官方语言为土耳其语。北塞浦路斯土耳其共和国商标注册采用"申请在先"原则，但某些情况下，也可以按"在先使用"主张商标权。

北塞浦路斯土耳其共和国未加入任何国际知识产权条约，商标注册仅可通过"单国注册"的方式办理。

二、商标申请

目前，北塞浦路斯土耳其共和国仅能注册尼斯分类第 1 类至第 34 类的商品项目，服务类别暂不能注册商标；该国仅接受一表一类申请。北塞浦路斯土耳其共和国可注册为商标的要素有：文字、人名、字母、数字、图形等。

在北塞浦路斯土耳其共和国没有住所或主要营业场所或真实、有效的工商企业的自然人或法人，须委托该国专门的代理人办理。商标申请所需的基本材料为：

1. 商标图样；

2. 类别及具体商品项目；

3. 申请人名义及地址；

4. 委托书，需认证。

申请注册北塞浦路斯土耳其共和国商标的主要流程为：申请—审查—公告—核准发证。申请递交后 2 周左右受理。审查员将对申请进行形式审查和实质审查。形式审查主要审查申请要求和分类信息是否符合规定；实质审查包括对商标显著性、是否违反禁注禁用条款和是否与在先商标形成冲突的审查。审查不能通过的将会下发驳回通知书并要求申请人在驳回通知载明的时限内予以答复；实质审查通过的，则会被安排公告，公告日起 2 个月为异议期，任何利益相关人或在先权利人均可提出异议，提异议的理由主要有：

1. 与在先商标冲突，如拥有在先的注册商标；

2. 商标缺乏显著性；

3. 具有不良影响；

4. 商标仅直接表示商品的质量、主要原料、功能、用途、数量、重量、价值、原产地、生产日期或商品或服务的其他特征；

5. 商标仅有由商品自身的性质产生的形状、仅有为获得技术效果而需有的形状、仅有使商品具有实质性价值的形状。

公告期内无人异议或者异议不成立的，商标即可获准注册并颁发注册证。顺利的情况下，北塞浦路斯土耳其共和国商标注册目前需要 1 年左右；如中途遇到驳回或异议，时间将会大大延长。

三、商标维护

北塞浦路斯土耳其共和国商标注册后 7 年有效，有效期自申请日开始起算；到期日前 1 年内可以办理续展；续展有效期为 14 年。

商标注册后连续 5 年不使用的，任何利益相关人可以申请撤销该注册商标；由于贸易限制、贸易壁垒等不可抗力造成权利人无法正常使用的除外。被申请人一般可提供如下证据材料应对他人以"未使用"为由提出的撤销申请：

- 发票
- 标签
- 市场调查结果
- 产品目录
- 报价单
- 基于互联网的使用
- 营业额证据
- 广告
- 持续维护的网站
- 包装、装潢
- 书面声明

四、其他

由于北塞浦路斯土耳其共和国不是《巴黎公约》成员国，故在该国申请商标不能要求优先权。

比荷卢经济联盟

(*Union Economique Benelux*)

一、概述

比荷卢经济联盟是比利时、荷兰和卢森堡三国于 1946 年建立的经济集团；1962 年 3 月 19 日，比荷卢经济联盟在布鲁塞尔签订《比荷卢经济联盟商标公约》，该公约自 1966 年 7 月 1 日起生效。根据该公约，商标注册后在这三个国家同时生效，不需要在三个国家分别申请注册，也不存在"单国注册"的方式。

比荷卢现行商标法规主要基于 2013 年 10 月 1 日修订颁布的《比荷卢知识产权公约》。由比荷卢知识产权组织统一负责管理商标事务，官方语言为荷兰语、法语。商标专用权需要通过注册取得。商标注册不是强制性的，但为了保护商标或进行续展，就必须依法登记注册。比荷卢商标注册采用"申请在先"原则，但某些情况下，也可以按"在先使用"主张商标权。

比荷卢是《TRIPS 协定》《商标法条约》《巴黎公约》《尼斯协定》《WIPO 公约》《新加坡条约》《马德里协定》《马德里议定书》《内罗毕条约》等国际知识产权条约的缔约国；同时，比荷卢也是欧盟成员国，故商标保护可通过"单国注册""欧盟注册"或"马德里注册"的方式办理。

二、商标申请

目前，比荷卢知识产权组织采用尼斯分类第 11 版的商品和服务描述，接受一表多类申请。比荷卢可注册为商标的要素有：文字、名称、图形、三维标识、颜色组合、标语、声音、气味、人名等。

若申请人非比荷卢居住的，须委托本地专门的代理人办理。商标申请所需的基本材料为：

1. 商标图样；

2. 具体商品项目；

3. 申请人名义及地址；

4. 委托书；

5. 若声明优先权的，需提供优先权证明文件及对应的法语翻译件。

申请注册比荷卢商标的主要流程为：申请—审查—核准—公告—发证。申请递交后官方会进行形式审查，一般 2 周左右完成受理，受理后将对商标进行实质审查，包括对商标显著性和是否违反禁注禁用条款的审查，审查通过则予以公告；审查不能通过的则会下发驳回通知书并要求申请人在驳回通知载明的时限内予以答复，答复期限一般为 2 个月。

公告日起 2 个月内为异议期，任何利益相关人或在先权利人均可提出异议，提异议的理由主要有：

1. 与在先商标冲突，如拥有在先的注册商标；

2. 商标缺乏显著性；

3. 商标具有不良影响；

4. 恶意注册；

5. 与在先其他权利冲突，如商号权、外观设计、版权、人名等。

公告期内无人异议或者异议不成立的，异议期结束后即可获准注册并颁发注册证。顺利的情况下，比荷卢商标注册目前需要 6 个月左右；如中途遇到驳回或异议，时间将会被延长。

三、商标维护

比荷卢商标注册后 10 年有效，有效期自申请日开始起算；到期日前 6 个月内可以办理续展，宽展期为 6 个月；续展有效期为 10 年。

商标注册后的无效或撤销申请，一般可根据 2013 版《比荷卢知识产权公约》第 2.26、第 2.27、第 2.28 三个条款提出，主要内容为：

1. 缺乏显著性的，违反公序良俗的，演变为通用名的等；

2. 商标注册后连续 5 年未在当地区实际使用的。

商标注册后连续 5 年不使用的，任何利益相关人可以申请撤销该注册商标，不可抗力除外。被申请人一般可提供如下证据材料应对他人以"未使用"为由提出的撤销申请：

·发票	·营业额证据	·标签
·产品目录	·包装、装潢	·报价单

- 广告   · 市场调查结果   · 持续维护的网站
- 书面声明   · 基于互联网的使用

四、其他

比荷卢商标注册时不对"相对理由"进行审查，即官方不会以申请商标与在先商标构成近似而主动驳回，因此商标很容易通过初审并予以公告，这就需要权利人即使在申请注册成功后还需要持续关注，进行监测，及时进行异议维权以保护自己的商标权。

冰岛

(*Iceland*)

一、概述

冰岛现行商标法规主要基于 1997 年《商标法》,由冰岛专利局统一负责管理商标事务,官方语言为冰岛语。冰岛商标注册采用"使用在先"与"申请在先"兼具原则。商标注册不是强制性的,但为了更好地保护商标或进行续展,最好依法登记注册。

冰岛是《巴黎公约》《建立世界知识产权组织公约》《TRIPS 协定》等国际知识产权条约的缔约国;是《马德里议定书》成员国,商标注册可通过"单国注册"或"马德里注册"的方式办理。

二、商标申请

目前,冰岛采用尼斯分类第 11 版的商品和服务描述,可接受一表多类申请。冰岛可注册为商标的要素有:文字、字母、图形、标语、颜色组合、立体形状等;不可注册声音和气味商标。

在冰岛没有住所或主要营业场所或真实、有效的工商企业的自然人或法人,须委托该国专门的代理人办理。商标申请所需的基本材料为:

1. 商标图样;

2. 类别及具体商品项目;

3. 申请人名义及地址;

4. 委托书;

5. 若声明优先权的,需提供优先权证明文件。

申请注册冰岛商标的主要流程为:申请—审查—核准发证—公告。申请递交后 2 周左右受理。审查员将对申请进行形式审查和实质审查。形式审查主要审查申请要求和分类信息是否符合规定;实质审查包括对商标显著性、是否违反禁注禁用条款以及是否与在先商标形成冲突的审查。审查不能通过的将会下发驳回通知书并要求申请人在驳回通知载明的时限内予以答复,实质审查通过的将颁发注册证,并安排公告。

公告日起 2 个月为异议期，任何人均可对该商标的注册提出异议，提异议的理由主要有：

1. 与在先商标冲突，如拥有在先的注册商标；

2. 商标缺乏显著性；

3. 商标具有不良影响；

4. 恶意注册；

5. 与在先其他权利冲突，如商号权、外观设计、版权、人名等。

公告期内无人异议或者异议不成立的，可获准注册并颁发注册证。顺利的情况下，冰岛商标注册目前需要 10 个月左右；如中途遇到驳回或异议，时间将会延长，往往可能会耗时 2—3 年。

三、商标维护

冰岛商标注册后 10 年有效，有效期自注册日开始起算；到期日前 6 个月内可以办理续展，宽展期为 6 个月；续展有效期为 10 年。

商标注册后的撤销申请，一般可根据冰岛 1997 年《商标法》第 28 条提出：（1）无正当理由，商标注册后连续 5 年未在该国实际使用；（2）由于注册商标所有人的作为和不作为，使商标成为它所注册的商品或服务的通用名称；（3）商标实际使用可能导致公众对商品／服务的性质、质量和地理来源产生误认。

商标撤销申请可向冰岛法院提出，一般需耗时 1 年半至 2 年。被申请人一般可提供如下证据材料应对他人以"未使用"为由提出的撤销申请：

· 发票	· 标签	· 市场调查结果
· 产品目录	· 报价单	· 基于互联网的使用
· 营业额证据	· 广告	· 持续维护的网站
· 包装、装潢	· 书面声明	

波斯尼亚和黑塞哥维那
（ *Bosnia and Herzegovina* ）

一、概述

波斯尼亚和黑塞哥维那现行商标法规主要基于 2011 年 1 月 1 日生效的《商标法》。由波斯尼亚和黑塞哥维那知识产权局统一负责管理商标事务，官方语言为波斯尼亚语、塞尔维亚语、克罗地亚语。商标专用权需要通过注册取得。商标注册不是强制性的，但为了保护商标或进行续展，就必须依法登记注册。

波斯尼亚和黑塞哥维那是《巴黎公约》《尼斯协定》《内罗毕条约》《商标法条约》《新加坡条约》《维也纳协定》等国际知识产权条约的缔约国；是《马德里协定》及《马德里议定书》成员国，故商标注册可通过"单国注册"或"马德里国际注册"的方式办理。

二、商标申请

目前，波斯尼亚和黑塞哥维那知识产权局采用尼斯分类第 11 版的商品和服务描述，接受一表多类申请。波斯尼亚和黑塞哥维那可注册为商标的要素有：文字、字母、数字、图形、三维标识、颜色组合等。

若申请人为外国自然人或法人，须委托本地区专门的代理人办理。商标申请所需的基本材料为：

1. 商标图样；

2. 具体类别及商品 / 服务项目；

3. 申请人名义及地址；

4. 委托书。

申请注册波斯尼亚和黑塞哥维那商标的主要流程为：申请—受理—审查—公告—核准—发证。申请递交后 2 周左右受理。审查员将对申请进行形式审查和实质审查。形式审查主要审查申请要求和分类信息是否符合规定；实质审查包括对商标显著性、是否违反禁注禁用条款和是否与在先商标形成冲突的审查。审查不能通过的则会下发

驳回通知书并要求申请人在驳回通知载明的时限内予以答复。实质审查通过后就会安排公告，公告日起 3 个月为异议期，任何利益相关人或在先权利人均可提出异议，提异议的理由主要有：

1. 与在先商标冲突，如拥有在先的注册商标；

2. 商标缺乏显著性；

3. 商标仅直接表示商品的质量、主要原料、功能、用途、数量、重量、价值、原产地、生产日期或商品或服务的其他特征；

4. 商标仅有由商品自身的性质产生的形状、仅有为获得技术效果而需有的形状、仅有使商品具有实质性价值的形状；

5. 商标具有欺骗性。

顺利的情况下，波斯尼亚和黑塞哥维那商标注册目前需要 12—24 个月；如中途遇到异议或驳回，时间将被延长。

三、商标维护

波斯尼亚和黑塞哥维那商标注册后 10 年有效，有效期自申请日开始起算；到期日前 12 个月内可以办理续展，宽展期为 6 个月；续展有效期为 10 年。

商标注册后的无效或撤销申请，一般可根据波斯尼亚和黑塞哥维那《商标法》下述条款提出：

1.《商标法》第 66 条:（1）商标有效期届满未进行续展；

2.《商标法》第 68 条:（1）注册时违反本法规定的。

商标无效或撤销申请可向知识产权局提出，在现行审查条件下，一般需耗时 1—2 年。被申请人一般可提供如下证据材料应对他人以"未使用"为由提出的撤销申请：

- 发票
- 包装、装潢
- 书面声明
- 产品目录
- 标签
- 市场调查结果
- 营业额证据
- 广告
- 报价单

波兰

(Poland)

一、概述

波兰现行商标法规主要基于 2001 年 8 月 22 日生效的《工业产权法》。波兰专利局统一负责管理商标事务，官方语言为波兰语。商标专用权需要通过注册取得。波兰商标注册采用"申请在先"原则。商标注册不是强制性的，但为了更好地保护商标或进行续展，最好依法登记注册。

波兰是《内罗毕条约》《巴黎公约》《建立世界知识产权组织公约》《TRIPS 协定》《商标法条约》等国际知识产权条约的缔约国；波兰既是《马德里协定》成员国，又是《马德里议定书》成员国，同时也是欧盟成员国，商标注册可通过"单国注册""欧盟注册"或"马德里注册"的方式办理。

二、商标申请

目前，波兰专利局采用尼斯分类第 11 版的商品和服务描述，可接受一表多类申请。波兰可注册为商标的要素有：文字、字母、数字、图形、标语、颜色、颜色组合、立体形状、声音等。

在波兰没有住所或主要营业场所或真实、有效的工商企业的自然人或法人，须委托该国专门的代理人办理。商标申请所需的基本材料为：

1. 商标图样；

2. 类别及具体商品项目；

3. 申请人名义及地址；

4. 委托书；

5. 若声明优先权的，需提供优先权证明文件。

申请注册波兰商标的主要流程为：申请—公告—审查—注册—注册公告。申请递交后 2 周左右受理。申请提交 3 个月后对该商标申请进行公告，公告期内，任何人均可向专利局对该商标申请提出异议。公告结束后，审查员将对申请进行形式审查和实质审查。

形式审查主要审查申请要求和分类信息是否符合规定；实质审查包括对商标显著性、是否违反禁注禁用条款。审查不能通过的将会下发驳回通知书并要求申请人在驳回通知载明的时限内予以答复，实质审查通过的，则将会颁发注册证，并且会进行注册公告。

公告日起 3 个月为异议期，任何人均可对该商标的注册提出异议，提异议的理由主要有：

1. 与在先商标冲突，如拥有在先的注册商标；

2. 商标缺乏显著性；

3. 商标具有不良影响；

4. 恶意注册；

5. 与在先其他权利冲突，如商号权、外观设计、版权、人名等。

注册公告期内无人异议或者异议不成立的,该商标正式注册成功。顺利的情况下，波兰商标注册目前需要 2 年左右；如中途遇到驳回或异议，时间将会大大延长。

三、商标维护

波兰商标注册后 10 年有效，有效期自申请日开始起算；到期日前 6 个月内可以办理续展，宽展期 6 个月；续展有效期为 10 年。

商标注册后连续 5 年不使用的，任何利益相关人可以申请撤销该注册商标；由于贸易限制、贸易壁垒等不可抗力造成权利人无法正常使用的除外。被申请人一般可提供如下证据材料应对他人以"未使用"为由提出的撤销申请：

·发票	·标签	·市场调查结果
·产品目录	·报价单	·基于互联网的使用
·营业额证据	·广告	·持续维护的网站
·包装、装潢	·书面声明	

四、其他

波兰商标注册现已不再对"相对理由"进行审查，即官方不会主动审查申请商标是否与在先商标构成近似而主动驳回，因此商标很容易通过并初审予以公告，这就需要权利即使在申请注册成功后还需要持续关注，进行监测，及时进行异议维权以保护自己的商标权。

波兰实行先颁发注册证再异议公告的程序，公告期内无人异议或者异议不成立的，商标才正式注册。因此，即使收到了商标注册证也不代表该商标已经在波兰注册成功。

丹麦
(Denmark)

一、概述

丹麦现行商标法规主要基于 2012 年 1 月 24 日生效的《商标法》，2017 年 2 月 26 日修订。由丹麦专利商标局统一负责管理商标事务，官方语言为丹麦语。商标专用权需要通过注册取得。商标注册不是强制性的，但为了更好地保护商标或进行续展，就必须依法登记注册。丹麦商标注册采用"申请在先"原则，但在某些情况下，也可以按"在先使用"主张商标权。

丹麦是《TRIPS 协定》《巴黎公约》《尼斯协定》《建立世界知识产权组织公约》《维也纳协定》等国际知识产权条约的缔约国；是《马德里议定书》成员国，也是欧盟成员国，故商标注册可通过"单国注册""欧盟注册"或"马德里注册"的方式办理。

二、商标申请

目前，丹麦专利商标局采用尼斯分类第 11 版的商品和服务描述，可接受一表多类申请。丹麦可注册为商标的要素有：文字、人名、字母、数字、图形、颜色、立体形状等。

在丹麦没有住所或主要营业场所或真实、有效的工商企业的自然人或法人，须委托该国专门的代理人办理。商标申请所需的基本材料为：

1. 商标图样；

2. 类别及具体商品项目；

3. 申请人名义及地址；

4. 委托书；

5. 若声明优先权的，需提供优先权证明文件。

申请注册丹麦商标的主要流程为：申请—审查—核准发证—公告。申请递交后 1 个月左右受理。审查员将对申请进行形式审查和实质审查。形式审查主要审查申请要求和分类信息是否符合规定；实质审查包括对商标显著性、是否违反禁注禁用条款的

审查。实质审查不对是否与在先商标形成冲突进行审查。审查不能通过的将会下发驳回通知书并要求申请人在驳回通知载明的时限内予以答复；实质审查通过的，则会被核准注册并颁发注册证。核准注册后就会安排公告，公告日起 2 个月为异议期，任何利益相关人或在先权利人均可提出异议，提异议的理由主要有：

1. 与在先商标冲突，如拥有在先的注册商标；

2. 商标缺乏显著性；

3. 具有不良影响；

4. 商标仅直接表示商品的质量、主要原料、功能、用途、数量、重量、价值、原产地、生产日期或商品或服务的其他特征；

5. 商标仅有由商品自身的性质产生的形状、仅有为获得技术效果而需有的形状、仅有使商品具有实质性价值的形状。

公告期内无人异议或者异议不成立的，商标才正式注册成功。顺利的情况下，丹麦商标注册目前需要 10 个月左右；如中途遇到驳回或异议，时间将会大大延长。

三、商标维护

丹麦商标注册后 10 年有效，有效期自注册日开始起算；到期日前 6 个月内可以办理续展，宽展期为 6 个月；续展有效期为 10 年。

商标注册后，一般可根据丹麦 2012 年 1 月 24 日生效的《商标法》第 28 条的规定提出撤销申请。提撤销的主要理由有：（1）违反本法规定（缺乏显著性、违反公告秩序或社会公德等）；（2）无正当理由连续 5 年没有在注册时指定的商品或服务上实际使用商标；（3）在商业中成为该商品或服务的通用名称；（4）引人误解，尤其是在商品或服务的性质、质量或地理来源方面；（5）侵犯在先权利（包括：在先注册商标，驰名商标，姓名权等）。

被申请人一般可提供如下证据材料应对他人以"未使用"为由提出的撤销申请：

- 发票
- 产品目录
- 营业额证据
- 包装、装潢

- 标签
- 报价单
- 广告
- 书面声明

- 市场调查结果
- 基于互联网的使用
- 持续维护的网站

四、其他

1. 丹麦实行先颁发注册证再公告的程序，公告期内无人异议或者异议不成立的，商标才正式注册。因此，即使收到了商标注册证也不代表该商标已经在丹麦注册成功。

2.丹麦商标注册时不对"相对理由"进行审查，即官方不会主动审查申请商标是否与在先商标构成近似而主动驳回，因此商标很容易通过并初审予以公告，这就需要权利人即使在申请注册成功后还需要持续关注，进行监测，及时进行异议维权以保护自己的商标权。

德国

(Germany)

一、概述

德国现行商标法规主要基于 1994 年 10 月 25 日颁布，2013 年 10 月 19 日修订的《商标法》。由德国专利商标局统一负责管理商标事务，官方语言为德语。商标权利需要通过注册取得。商标注册不是强制性的，但为了保护商标或进行续展，就必须依法登记注册。德国商标注册采用"申请在先"原则，但对于已具有一定知名度的商标，也可以按"在先使用"主张商标权。

德国是《新加坡条约》《巴黎公约》《尼斯协定》《WIPO 公约》《商标法条约》等国际知识产权条约的缔约国，是《马德里协议》《马德里议定书》成员国，故商标注册既可以通过"单国注册"方式办理，也可以通过"马德里国际注册"的方式办理。同时，鉴于德国也是欧盟的成员国，还可以通过"欧盟注册"予以保护。

二、商标申请

目前，德国官方采用尼斯分类第 11 版的商品和服务描述，接受一表多类申请。德国可注册为商标的要素有：文字、名称、图形、三维标识、颜色组合、声音、气味等。

若申请人非德国居住的，须委托当国专门的代理人办理。商标申请所需的基本材料为：

1. 商标图样；

2. 类别及商品 / 服务项目；

3. 申请人名义及地址；

4. 若声明优先权的，需提供优先权证明文件及对应的德语翻译件。

申请注册德国商标的主要流程为：申请—受理—审查—核准—发证—公告。申请递交后 1 个月左右完成受理。审查员将对申请进行形式审查和实质审查。形式审查主要审查申请要求和分类信息是否符合规定；实质审查包括对商标显著性和是否违反禁注禁用条款的审查。审查通过后即可获准注册并颁发注册证；审查不能通过的则会下发驳回通知书并要求申请人在驳回通知载明的时限内予以答复。核准发证后，将安排公告，公告日起 3 个月为异议期，任何利益相关人或在先权利人均可提出异议，提异议的理由主要有：

1. 与在先商标冲突，如拥有在先的注册商标；

2. 商标缺乏显著性；

3. 商标具有不良影响；

4. 与在先其他权利冲突，如商号权、外观设计、版权、人名等。

公告期内无人异议或者异议不成立的，商标将正式注册成功。顺利的情况下，德国商标注册目前需要 6—9 个月；如中途遇到异议或驳回，时间将会延长。

三、商标维护

德国商标注册后 10 年有效，有效期自申请日开始起算；到期日前 6 个月内可以办理续展，宽展期为 6 个月；续展有效期为 10 年。

商标注册后的无效或撤销申请，一般可根据德国《商标法》第三章下述条款提出：

1.《商标法》第 50 条：违反本法"绝对理由"规定的；

2.《商标法》第 51 条：违反本法"相对理由"规定的；

3.《商标法》第 49 条：商标注册后连续 5 年未在当国实际使用的，任何人可申请撤销，不可抗力除外。

商标无效或撤销申请可向专利商标局提出，在现行审查条件下，一般需耗时 1 年左右。被申请人一般可提供如下证据材料应对他人以"未使用"为由提出的撤销申请：

·发票	·标签	·市场调查结果
·产品目录	·报价单	·基于互联网的使用
·营业额证据	·广告	·持续维护的网站
·包装、装潢	·书面声明	

四、其他

德国《商标法》第 26 条对商标常见的使用情况也作出了具体规定：（1）在以"使用"声明或维持注册商标权利时，商标应在注册的商品 / 服务上有真实试用，不可抗力除外；（2）注册商标权利人授权他人的使用视作实际使用；（3）若实际使用商标与注册商标不一致时，未改变注册商标显著特征的，视为注册商标有实际使用；（4）在产品或其包装上使用了注册商标，即使该产品仅用于出口目的，该使用也视为在该国

的实际使用；（5）在证明注册后 5 年内已有使用时，若该注册商标有异议历史的，截止日则应调整为自异议裁定之日起 5 年。

德国商标注册时不对"相对理由"进行审查，即官方不会主动审查申请商标是否与在先商标构成近似而主动驳回，因此商标很容易通过并初审予以公告，这就需要权利即使在申请注册成功后还需要持续关注，进行监测，及时进行异议维权以保护自己的商标权。

此外，德国商标注册时会先颁发注册证再公告，若在公告期内被异议掉，即使已拿到注册证书商标也不能生效。

俄罗斯

(*The Russian Federation*)

一、概述

俄罗斯现行商标法规主要基于 2006 年 12 月 26 日颁布的第 231-FZ 号法案《俄罗斯联邦民法典》第四部分，并在 2008 年 12 月 30 日予以修订。由经济发展部下辖的联邦知识产权局统一负责管理商标事务，官方语言为俄罗斯语。商标专用权需要通过注册取得。商标注册不是强制性的，但为了保护商标或进行续展，就必须依法登记注册。俄罗斯商标注册采用"申请在先"原则，但某些情况下，也可以按"在先使用"主张商标权。

俄罗斯是《TRIPS 协定》《商标法条约》《巴黎公约》《尼斯协定》《WIPO 公约》《新加坡条约》《马德里协定》《马德里议定书》《内罗毕条约》等国际知识产权条约的缔约国，故商标保护既能通过"单国注册"的方式办理，又能通过马德里申请指定的方式办理。

二、商标申请

目前，俄罗斯联邦知识产权局采用尼斯分类第 11 版的商品和服务描述，接受一表多类申请。俄罗斯可注册为商标的要素有：文字、名称、图形、三维标识、颜色组合、标语、声音、气味等。

若申请人非俄罗斯居住的，须委托本国专门的代理人办理。商标申请所需的基本材料为：

1. 商标图样；

2. 具体商品项目；

3. 申请人名义及地址；

4. 委托书；

5. 若声明优先权的，需提供优先权证明文件及对应的俄罗斯语翻译件。

申请注册俄罗斯商标的主要流程为：申请—受理—审查—核准—发证—公告（注

册公告)。申请递交后官方先进行形式审查,即审查申请要求和分类信息是否符合规定,一般 2 周左右完成受理。受理后将对商标进行实质审查,包括对商标显著性、是否违反禁注禁用条款和是否与在先商标形成冲突的审查,审查通过后即获准注册并颁发注册证;审查不能通过的则会下发驳回通知书并要求申请人在驳回通知载明的时限内予以答复。顺利的情况下,俄罗斯商标注册目前需要 1 年半左右。

俄罗斯目前并无异议程序,任何人认为某一注册商标损害了自己的权利,可通过对该注册商标提无效或撤销申请以维护自己的商标权利。基于"相对理由"的无效申请或撤销申请需在公告后 5 年内提出,基于"绝对理由"的无效申请或撤销申请可在商标注册后任何时间提出。

三、商标维护

俄罗斯商标注册后 10 年有效,有效期自申请日开始起算;到期日前 12 个月内可以办理续展,宽展期为 6 个月;续展有效期为 10 年。

商标注册后的无效或撤销申请,一般可根据下述理由提出:

1. 与在先商标冲突,如拥有在先的注册商标和已使用的未注册商标;

2. 恶意注册;

3. 驰名商标;

4. 与在先其他权利冲突,如商号权、外观设计、版权、人名等;

5. 商标缺乏显著性;

6. 商标具有描述性;

7. 行业内的通用名称或词汇;

8. 商标具有不良影响。

商标注册后连续 3 年未在当国实际使用的,任何人可申请撤销,不可抗力除外。被申请人一般可提供如下证据材料应对他人以"未使用"为由提出的撤销申请:

- 发票
- 标签
- 市场调查结果
- 产品目录
- 报价单
- 基于互联网的使用
- 营业额证据
- 广告
- 持续维护的网站
- 包装、装潢
- 书面声明

四、其他

俄罗斯目前无异议制度,这与国内差别较大,因此就需要商标权利人主动进行监测，及时维权。

　　同时，虽然俄罗斯商标法规中无正式的异议制度，但被抢注人可以在审查的过程中采用警告函或声明函的方式向审查员予以申诉，若审查员予以采信，则会以答复审查意见的方式要求抢注人予以应答。由于该过程并非法定程序，是否有效往往要取决于当值审查员的判断，但相比于后期撤销程序的复杂性，若被抢注人能提供对自己有利的充分证据，则值得尝试。

法国

（*France*）

一、概述

法国现行商标法规主要基于 1992 年 7 月 1 日第 92-597 号《知识产权法典》。由法国工业产权局统一负责管理商标事务，官方语言为法语。商标专用权需要通过注册取得。商标注册不是强制性的，但为了更好地保护商标或进行续展，就必须依法登记注册。法国商标注册采用"申请在先"原则，但某些情况下，也可以按"在先使用"主张商标权。

法国是《TRIPS 协定》《日内瓦公约》《巴黎公约》《尼斯协定》《建立世界知识产权组织公约》等国际知识产权条约的缔约国；法国既是《马德里协定》成员国，也是《马德里议定书》成员国，同时也是欧盟成员国，故商标注册可通过"单国注册""欧盟注册"或"马德里注册"的方式办理。

二、商标申请

目前，法国工业产权局采用尼斯分类第 11 版的商品和服务描述，可接受一表多类申请。法国可注册为商标的要素有：文字、人名、字母、数字、图形、徽章、颜色、立体形状、声音、气味等。

在法国没有住所或主要营业场所或真实、有效的工商企业的自然人或法人，须委托该国专门的代理人办理。商标申请所需的基本材料为：

1. 商标图样；

2. 类别及具体商品项目；

3. 申请人名义及地址；

4. 委托书；

5. 若声明优先权的，需提供优先权证明文件。

申请注册法国商标的主要流程为：申请—审查（绝对理由）—公告—核准发证。申请递交后 3—5 个工作日受理。审查员将对申请进行形式审查和实质审查。形式审查主要审查申请要求和分类信息是否符合规定；实质审查包括对商标显著性、是否违反禁注禁用条款的审查。审查不能通过的将会下发驳回通知书并要求申请人在驳回通知载明的时限内予以答复，实质审查通过的，则将会被安排公告。公告日起 2 个月为异议期，任何利害关系人可向国家工业产权局对该商标的注册提出异议，提异议的理由主要有：

1. 与在先商标冲突，如拥有在先的注册商标；

2. 商标缺乏显著性；

3. 商标具有不良影响；

4. 恶意注册；

5. 与在先其他权利冲突，如商号权、外观设计、版权、人名等。

公告期内无人异议或者异议不成立的，可获准注册并颁发注册证。顺利的情况下，法国商标注册目前需要半年左右；如中途遇到驳回或异议，时间将会大大延长。

三、商标维护

法国商标注册后 10 年有效，有效期自申请日开始起算；到期日前 6 个月内可以办理续展，宽展期为 6 个月；续展有效期为 10 年。

商标注册后，一般可根据法国 1992 年 7 月 1 日第 92-597 号《知识产权法典》第四章之第 L.714-3 条至第 L.714-6 条的规定提出撤销 / 无效申请。撤销 / 无效的主要理由有：（1）违反本法规定（缺乏显著性、违反公共秩序或社会公德等）；（2）侵犯在先权利（包括：在先注册商标，驰名商标，公司名称或企业名称，受保护的原产地名称，著作权，受保护的工业品外观设计权，第三人的人身权，地方行政单位的名称、形象或声誉等）；（3）无正当理由连续 5 年没有在注册时指定的商品或服务上实际使用商标；（4）在商业中成为该商品或服务的通用名称；（5）引人误解，尤其是在商品或服务的性质、质量或地理来源方面。

被申请人一般可提供如下证据材料应对他人以"未使用"为由提出的撤销申请：

- 发票
- 产品目录
- 营业额证据
- 包装、装潢

- 标签
- 报价单
- 广告
- 书面声明

- 市场调查结果
- 基于互联网的使用
- 持续维护的网站

四、其他

在法国获准注册的商标可在科西嘉岛（Corsica）以及下列法属地获得保护：瓜德罗普岛（Guadeloupe）、马提尼克（Martinique）、法属圭亚那（French Guyana）、留尼汪岛（Réunion）、马约特岛（Mayotte）、新喀里多尼亚（New Caledonia）、圣巴托洛缪岛（Saint-Barthelemy）、法属圣马丁（the French part of Saint-Martin）、圣皮埃尔和密克隆（St.Pierre and Miquelon）、瓦利斯群岛和富图纳群岛（Wallis and Futuna）、法属南半球及南极领地（the French Southern and Antarctic Lands）。

法国商标注册时不对"相对理由"进行审查，即官方不会以申请商标与在先商标构成近似而主动驳回，因此商标很容易通过初审并予以公告，这就需要权利人即使在申请注册成功后还需要持续关注，进行监测，及时进行异议维权以保护自己的商标权。

芬兰
（Finland）

一、概述

芬兰现行商标法规主要基于 1964 年 1 月 10 日《商标法》，2013 年修订。由芬兰国家专利和注册部统一负责管理商标事务，官方语言为芬兰语。商标专用权需要通过注册取得。商标注册不是强制性的，但为了更好地保护商标或进行续展，就必须依法登记注册。芬兰商标注册采用"申请在先"原则，但某些情况下，也可以按"在先使用"主张商标权。

芬兰是《TRIPS 协定》《巴黎公约》《尼斯协定》《建立世界知识产权组织公约》等国际知识产权条约的缔约国；芬兰既是《马德里议定书》成员国，也是欧盟成员国，故商标注册可通过"单国注册""欧盟注册"或"马德里注册"的方式办理。

二、商标申请

目前，芬兰采用尼斯分类第 11 版的商品和服务描述，接受一表多类申请。芬兰可注册为商标的要素有：文字、人名、字母、数字、图形、三维标志、声音等。

在芬兰没有住所或主要营业场所或真实、有效的工商企业的自然人或法人，须委托该国专门的代理人办理。商标申请所需的基本材料为：

1. 商标图样；

2. 类别及具体商品项目；

3. 申请人名义及地址；

4. 委托书；

5. 若声明优先权的，需提供优先权证明文件。

申请注册芬兰商标的主要流程为：申请—审查—核准发证—公告。申请递交后 1 个月左右受理。审查员将对申请进行形式审查和实质审查。形式审查主要审查申请要求和分类信息是否符合规定；实质审查包括对商标显著性、是否违反禁注禁用条款和是否与在先商标形成冲突的审查。审查不能通过的将会下发驳回通知书并要求申请人

在驳回通知载明的时限内予以答复；实质审查通过的，则会被核准注册并颁发注册证。核准注册后就会安排公告，公告日起 2 个月为异议期，任何利害关系人可向芬兰国家专利和注册部对该商标的注册提出异议，提异议的理由主要有：

1. 与在先商标冲突，如拥有在先的注册商标；

2. 商标缺乏显著性；

3. 商标具有不良影响；

4. 恶意注册；

5. 与在先其他权利冲突，如商号权、外观设计、版权、人名等。

公告期内无人异议或者异议不成立的，商标才正式注册成功。顺利的情况下，芬兰商标注册目前需要 1 年左右；如中途遇到驳回或异议，时间将大大延长。

三、商标维护

芬兰商标注册后 10 年有效，有效期自注册日开始起算；到期日前 12 个月内可以办理续展，宽展期为 6 个月；续展有效期为 10 年。

商标注册后连续 5 年不使用的，任何利益相关人可以申请撤销该注册商标；由于贸易限制、贸易壁垒等不可抗力造成权利人无法正常使用的除外。被申请人一般可提供如下证据材料应对他人以"未使用"为由提出的撤销申请：

· 发票	· 标签	· 市场调查结果
· 产品目录	· 报价单	· 基于互联网的使用
· 营业额证据	· 广告	· 持续维护的网站
· 包装、装潢	· 书面声明	

四、其他

1. 芬兰实行先颁发注册证再公告的程序，公告期内无人异议或者异议不成立的，商标才正式注册。因此，即使收到了商标注册证也不代表该商标已经在芬兰注册成功。

2. 芬兰商标注册时不对"相对理由"进行审查，即官方不会主动审查申请商标是否与在先商标构成近似而主动驳回，因此商标很容易通过并初审予以公告，这就需要权利人即使在申请注册成功后还需要持续关注，进行监测，及时进行异议维权以保护自己的商标权。

格鲁吉亚
(Georgia)

一、概述

格鲁吉亚现行商标法规主要基于 1999 年 2 月 4 日颁布的《商标法》。由专利局统一负责管理知识产权事务，官方语言为格鲁吉亚语。商标专用权需要通过注册取得。商标注册不是强制性的，但为了保护商标或进行续展，就必须依法登记注册。格鲁吉亚商标注册采用"申请在先"原则，但对于驰名商标，也可以按"在先使用"主张商标权。

格鲁吉亚是《尼斯协定》《巴黎公约》《建立世界知识产权组织公约》等国际知识产权条约的缔约国；也为《马德里议定书》成员国，故商标注册可通过"单国注册"或"马德里国际注册"的方式办理。

二、商标申请

目前，格鲁吉亚采用尼斯分类第 11 版的商品和服务描述，接受一表多类申请。格鲁吉亚可注册为商标的要素有：文字、专有名词、字母、数字、声音、图形、三维标识等。

若申请人非格鲁吉亚国籍，建议委托本国专门的代理人办理。商标申请所需的基本材料为：

1. 商标图样；

2. 具体类别及商品／服务项目；

3. 申请人名义及地址；

4. 委托书；

5. 若声明优先权的，需提供优先权证明文件及对应的格鲁吉亚语翻译件。

申请注册格鲁吉亚商标的主要流程为：申请—受理—审查—公告—核准—发证。审查员将对申请进行形式审查和实质审查。形式审查主要审查申请要求和分类信息是否符合规定；实质审查包括对商标显著性、是否违反禁注禁用条款和是否与在先商标形成冲突的审查。审查不能通过的将会下发驳回通知书并要求申请人在驳回通知载明的时限内予以答复，实质审查通过的，则将会被安排公告。公告日起 3 个月为异议期，

任何利益相关人或在先权利人均可提出异议，提异议的理由主要有：

1. 与在先商标冲突，如拥有在先的注册商标；

2. 商标缺乏显著性；

3. 商标具有不良影响；

4. 恶意注册；

5. 商标为地理名称；

6. 与在先其他权利冲突，如外观设计、人名等。

公告期内无人异议或者异议不成立的，可获准注册并颁发注册证。顺利的情况下，格鲁吉亚商标注册目前需要 12 个月左右；如中途遇到异议或驳回，时间将被延长。

三、商标维护

格鲁吉亚商标注册后 10 年有效，有效期自注册日开始起算；到期日前 12 个月内可以办理续展，宽展期为 6 个月；续展有效期为 10 年。

商标注册后的无效或撤销申请，一般可根据格鲁吉亚《商标法》下述条款提出：

1.《商标法》第 27 条第 1 款第 1 项：商标权利人主动申请撤销；《商标法》第 27 条第 1 款第 2 项：商标权利人（个人）死亡且无继承人或无指定受赠人，商标权利人消亡；《商标法》第 27 条第 1 款第 3 项：若商标通过快速审查获准注册，与未通过快速审查的在先商标权利冲突将被撤销。

2.《商标法》第 27 条第 2 款第 1 项：连续 5 年不使用撤销；《商标法》第 27 条第 2 款第 2 项：注册商标已成为行业通用名称；《商标法》第 27 条第 2 款第 3 项：注册商标的使用使相关消费者对商品的种类、质量、价格、原产地及其他特征产生误认；

3.《商标法》第 28 条第 1 款第 2 项：恶意注册；《商标法》第 28 条第 1 款第 3 项：商标权利人的商标被其代理人恶意抢注。

商标无效／撤销申请可向格鲁吉亚法院提出，在现行审查条件下，一般需耗时 1—2 年。被申请人一般可提供如下证据材料应对他人以"未使用"为由提出的撤销申请：

·发票	·包装、装潢	·广告
·产品目录	·标签	·书面声明
·营业额证据	·报价单	·市场调查结果

根西岛

（*Bailiwick of Guernsey*）

一、概述

根西岛（又称格恩西岛）是英国的海外属地，位于英吉利海峡靠近法国海岸线的海峡群岛之中，同周围一些小岛组成了根西行政区。行政区总面积 78 平方千米，首府为圣彼得港。为英国三大皇家属地之一。

根西岛现行商标法规主要基于 2006 年《商标法》。由根西岛公安和司法局登记办公室统一负责管理商标事务，官方语言为英语。商标专用权需要通过注册取得。

根西岛尚未加入任何国际知识产权条约。该地区的商标申请可基于已有的英国注册基础申请或者基于当地区 2006 年的《商标法》提交申请。

二、商标申请

（一）基于已有的英国注册基础申请

基于已有的英国注册基础提交申请的，可基于英国单国申请，也可基于马德里指定英国或欧盟申请。若申请人非该地区居住的，须委托该地区专门的代理人办理。商标申请所需的基本材料为：

1. 商标图样；

2. 具体类别及商品项目，必须与英国注册基础相同；

3. 申请人名义及地址，必须与英国注册基础相同；

4. 委托书；

5. 英国知识产权局下发的注册证明原件；

6. 不能声明优先权。

基于已有的英国基础申请注册根西岛商标的主要流程为：申请—受理—形式审查—核准—发证。

申请递交后 2—3 周受理。审查员将对申请进行形式审查。形式审查主要审查申请要求和分类信息是否符合规定。无实质审查和公告制度。

顺利的情况下，基于已有的英国注册基础申请注册目前需要 5 个月左右。根西岛商标基于已有的英国注册基础注册后有效期同英国基础注册，提前 6 个月内可以办理续展，宽展期为 6 个月，续展有效期亦同英国基础注册。

（二）基于当地 2006 年的《商标法》提交申请

目前，根西岛采用尼斯分类标准，可接受一表多类申请。根西岛可注册为商标的要素有：人名、文字、字母、图形、商品或其包装的形状等。该地区可申请证明商标和集体商标。

若申请人非根西岛居住的，须委托本地区专门的代理人办理。商标申请所需的基本材料为：

1. 商标图样；

2. 具体类别及商品项目；

3. 申请人名义及地址；

4. 委托书；

5. 优先权证明文件。

基于该地区商标法规申请注册根西岛商标的主要流程为：申请—受理—审查—公告—核准—发证。

申请递交后 2—3 周受理。审查员将对申请进行形式审查和实质审查。形式审查主要审查申请要求和分类信息是否符合规定；实质审查包括对商标显著性、是否违反禁注禁用条款和是否与在先商标形成冲突的审查。审查不能通过的将会下发驳回通知书并要求申请人在驳回通知载明的时限内予以答复，实质审查通过的，则将会被安排公告。

公告期内，任何利益相关人或在先权利人均可提出异议，提异议的理由主要有：

1. 与在先商标冲突，如拥有在先的注册商标；

2. 商标缺乏显著性；

3. 商标具有不良影响；

4. 恶意注册；

5. 与在先其他权利冲突，如商号权、外观设计、版权、人名等。

公告期内无人异议或者异议不成立的，可获准注册并颁发注册证。顺利的情况下，注册目前需要 1—2 年；如中途遇到异议或驳回，时间可能会延长至 3—5 年。

根西岛商标基于当地《商标法》注册后 10 年有效，有效期自注册日开始起算；到期日前 6 个月内可以办理续展，宽展期为 6 个月；续展有效期为 10 年。

三、商标维护

商标注册后的撤销/无效申请，一般可根据 2006 年《商标法》下述条款提出：

1. 依据《商标法》第 46 条提撤销：（1）无正当理由，商标注册后连续 5 年未在该国实际使用；（2）由于注册商标所有人的作为和不作为，使商标成为它所注册的商品或服务的通用名称；（3）商标实际使用可能导致公众对商品/服务的性质、质量和地理来源产生误认。

2. 依据《商标法》第 47 条提无效：（1）违反本法规定的；（2）与他人在先申请注册的商标相同或近似的。

商标撤销/无效申请可向根西岛法院提出，在现行审查条件下，一般需耗时 3—5 年。被申请人一般可提供如下证据材料应对他人以"未使用"为由提出的撤销申请：

- 发票
- 包装、装潢
- 广告
- 产品目录
- 标签
- 书面声明
- 营业额证据
- 报价单
- 市场调查结果

四、其他

基于已有的英国注册基础申请的根西岛注册，转让、变更、续展均必须提供英国基础注册的转让、变更、续展证明。若英国基础注册因为撤销、未续展无效的，根西岛注册也将无效。

黑山

(*Montenegro*)

一、概述

黑山现行商标法规主要基于 2010 年 12 月 16 日生效的《商标法》。由黑山知识产权局统一负责管理商标事务，官方语言为黑山语。商标专用权需要通过注册取得。黑山商标注册采用"申请在先"原则。商标注册不是强制性的，但为了更好地保护商标或进行续展，最好依法登记注册。

黑山是《内罗毕条约》《巴黎公约》《建立世界知识产权组织公约》《TRIPS 协定》《维也纳协定》等国际知识产权条约的缔约国；黑山既是《马德里协定》成员国，也是《马德里议定书》成员国，商标注册可通过"单国注册"或"马德里注册"的方式办理。

二、商标申请

目前，黑山知识产权局采用尼斯分类第 11 版的商品和服务描述，可接受一表多类申请。黑山可注册为商标的要素有：文字、字母、数字、图形、标语、颜色、颜色组合、立体形状等。

在黑山没有住所或主要营业场所或真实、有效的工商企业的自然人或法人，须委托该国专门的代理人办理。商标申请所需的基本材料为：

1. 商标图样；

2. 类别及具体商品项目；

3. 申请人名义及地址；

4. 委托书；

5. 若声明优先权的，需提供优先权证明文件。

申请注册黑山商标的主要流程为：申请—审查—公告—核准发证。申请递交后 2 周左右受理。审查员将对申请进行形式审查和实质审查。形式审查主要审查申请要求和分类信息是否符合规定；实质审查包括对商标显著性、是否违反禁注禁用条款的审查。审查不能通过的将会下发驳回通知书并要求申请人在驳回通知载明的时限内予以答复，实质审查通过的，则将会被安排公告。公告日起 3 个月为异议期，任何人均可对该商标的注册提出异议，提异议的理由主要有：

1. 与在先商标冲突，如拥有在先的注册商标；

2. 商标缺乏显著性；

3. 商标具有不良影响；

4. 恶意注册

5. 与在先其他权利冲突，如商号权、外观设计、版权、人名等。

公告期内无人异议或者异议不成立的，可获准注册并颁发注册证。顺利的情况下，黑山商标注册目前需要 1 年半左右；如中途遇到驳回或异议，时间将会大大延长。

三、商标维护

黑山商标注册后 10 年有效，有效期自申请日开始起算；到期日前 6 个月内可以办理续展，宽展期为 6 个月；续展有效期为 10 年。

商标注册后连续 5 年不使用的，任何利益相关人可以申请撤销该注册商标；由于贸易限制、贸易壁垒等不可抗力造成权利人无法正常使用的除外。被申请人一般可提供如下证据材料应对他人以"未使用"为由提出的撤销申请：

- 发票
- 标签
- 市场调查结果
- 产品目录
- 报价单
- 基于互联网的使用
- 营业额证据
- 广告
- 持续维护的网站
- 包装、装潢
- 书面声明

捷克

(*The Czech Republic*)

一、概述

捷克现行商标法规主要基于 2003 年 12 月 3 日的《商标法》。由捷克工业产权局统一负责管理商标事务，官方语言为捷克语。商标专用权需要通过注册取得。商标注册不是强制性的，但为了更好地保护商标或进行续展，就必须依法登记注册。捷克商标注册采用"申请在先"原则，但某些情况下，也可以按"在先使用"主张商标权。

捷克是《TRIPS 协定》《内罗毕条约》《巴黎公约》《尼斯协定》《建立世界知识产权组织公约》等国际知识产权条约的缔约国；捷克既是《马德里协定》成员国，也是《马德里议定书》成员国，同时也是欧盟成员国，故商标注册可通过"单国注册""欧盟注册"或"马德里注册"的方式办理。

二、商标申请

目前，捷克采用尼斯分类第 11 版的商品和服务描述，接受一表多类申请。捷克可注册为商标的要素有：文字、人名、字母、数字、图形、颜色、颜色组合、三维标志等。

在捷克没有住所或主要营业场所或真实、有效的工商企业的自然人或法人，须委托该国专门的代理人办理。商标申请所需的基本材料为：

1. 商标图样；

2. 类别及具体商品项目；

3. 申请人名义及地址；

4. 委托书；

5. 若声明优先权的，需提供优先权证明文件。

申请注册捷克商标的主要流程为：申请—审查—公告—核准发证。申请递交后 1 个月左右受理。审查员将对申请进行形式审查和实质审查。形式审查主要审查申请要求和分类信息是否符合规定；实质审查包括对商标显著性、是否违反禁注禁用条款和是否与在先商标形成冲突的审查。审查不能通过的将会下发驳回通知书并要求申请人在驳回通知载明的时限内予以答复；实质审查通过的，则会安排公告。公告日起3个月为异议期，任何利害关系人可向工业产权局对该商标的注册提出异议，提异议的理由主要有：

1. 与在先商标冲突，如拥有在先的注册商标；

2. 商标缺乏显著性；

3. 商标具有不良影响；

4. 恶意注册；

5. 与在先其他权利冲突，如商号权、外观设计、版权、人名等。

公告期内无人异议或者异议不成立的，商标即可获准注册并颁发注册证。顺利的情况下，捷克商标注册目前需要1年左右；如中途遇到驳回或异议，时间将会大大延长。

三、商标维护

捷克商标注册后10年有效，有效期自申请日开始起算；到期日前12个月内可以办理续展，宽展期为6个月；续展有效期为10年。

商标注册后连续5年不使用的，任何利益相关人可以申请撤销该注册商标；由于贸易限制、贸易壁垒等不可抗力造成权利人无法正常使用的除外。被申请人一般可提供如下证据材料应对他人以"未使用"为由提出的撤销申请：

- 发票
- 产品目录
- 营业额证据
- 包装、装潢

- 标签
- 报价单
- 广告
- 书面声明

- 市场调查结果
- 基于互联网的使用
- 持续维护的网站

科索沃

（*Kosovo*）

一、概述

科索沃现行商标法规主要基于 2011 年 9 月 8 日生效的第 04/L–026 号《商标法》。由科索沃工业产权局统一负责管理商标事务，官方语言为阿尔巴尼亚语、塞尔维亚语。商标专用权需要通过注册取得。商标注册不是强制性的，但为了保护商标或进行续展，就必须依法登记注册。

科索沃是《巴黎公约》《尼斯协定》等国际知识产权条约的缔约国；不是《马德里协定》或《马德里议定书》成员国，故商标注册只可通过"单国注册"的方式办理。

二、商标申请

目前，科索沃工业产权局采用尼斯分类第 11 版的商品和服务描述，接受一表多类申请。科索沃可注册为商标的要素有：文字、字母、数字、图形、三维标识、颜色组合等。

若申请人非科索沃公民或在科索沃无真实有效的工商营业场所的，须委托本地区专门的代理人办理。商标申请所需的基本材料为：

1. 商标图样；

2. 具体类别及商品 / 服务项目；

3. 申请人名义及地址；

4. 委托书。

申请注册科索沃商标的主要流程为：申请—受理—审查—公告—核准—发证。

申请递交后 1 周左右受理。审查员将对申请进行形式审查和实质审查。形式审查主要审查申请要求和分类信息是否符合规定；实质审查包括对商标显著性、是否违反禁注禁用条款。审查不能通过的则会下发驳回通知书并要求申请人在驳回通知载明的时限内予以答复。实质审查通过后就会安排公告，公告日起 3 个月为异议期，任何利益相关人或在先权利人均可提出异议，提异议的理由主要有：

1. 与在先商标冲突，如拥有在先的注册商标；

2. 商标缺乏显著性；

3. 恶意注册。

公告期内无人异议或者异议不成立的，商标将正式注册成功。顺利的情况下，科索沃商标注册目前需要 12 个月左右；如中途遇到异议或驳回，时间将被延长。

三、商标维护

科索沃商标注册后 10 年有效，有效期自申请日开始起算；到期日前 6 个月内可以办理续展，宽展期为 6 个月；续展有效期为 10 年。

商标注册后的无效或撤销申请，一般可根据科索沃《商标法》下述条款提出：

1.《商标法》第 48 条：1.1 商标注册后连续 5 年未在当国实际使用的，任何人可申请撤销，不可抗力除外；1.3 商标成为通用名称；1.4 商标易对公众产生误导，尤其是在商品的质量及商品或服务来源方面的误导。

2.《商标法》第 52 条：1.1 违反本法第 5 条、第 6 条（第 5 条规定商标要素；第 6 条规定禁止注册的"绝对理由"）；1.2 商标注册人不良信誉；1.3 违反本法第 7 条（第 7 条规定拒绝注册的"相对理由"）。

商标无效或撤销申请可向工业产权局提出，在现行审查条件下，一般需耗时 6 个月左右。被申请人一般可提供如下证据材料应对他人以"未使用"为由提出的撤销申请：

- 发票
- 包装、装潢
- 书面声明
- 产品目录
- 标签
- 市场调查结果
- 营业额证据
- 广告
- 报价单

四、其他

科索沃商标注册时不对"相对理由"进行审查，即官方不会主动审查申请商标是否与在先商标构成近似而主动驳回，因此商标很容易通过并初审予以公告，这就需要权利人即使在申请注册成功后还需要持续关注，进行监测，及时进行异议维权以保护自己的商标权。

克罗地亚
(Croatia)

一、概述

克罗地亚现行商标法规主要基于 2004 年 1 月 1 日生效的《商标法》。由克罗地亚知识产权局统一负责管理商标事务，官方语言为克罗地亚语。商标专用权需要通过注册取得。商标注册不是强制性的，但为了更好地保护商标或进行续展，就必须依法登记注册。克罗地亚商标注册采用"申请在先"原则，但极少数情况下，也可以按"在先使用"主张商标权。

克罗地亚是《TRIPS 协定》《内罗毕条约》《巴黎公约》《尼斯协定》《建立世界知识产权组织公约》等国际知识产权条约的缔约国；克罗地亚既是《马德里协定》成员国，也是《马德里议定书》成员国，同时也是欧盟成员国，故商标注册可通过"单国注册""欧盟注册"或"马德里注册"的方式办理。

二、商标申请

目前，克罗地亚采用尼斯分类第 11 版的商品和服务描述，可接受一表多类申请。克罗地亚可注册为商标的要素有：文字、人名、字母、数字、图形、徽章、颜色、立体形状等。

在克罗地亚没有住所或主要营业场所或真实、有效的工商企业的自然人或法人，须委托该国专门的代理人办理。商标申请所需的基本材料为：

1. 商标图样；

2. 类别及具体商品项目；

3. 申请人名义及地址；

4. 委托书；

5. 若声明优先权的，需提供优先权证明文件。

申请注册克罗地亚商标的主要流程为：申请—审查（绝对理由）—公告—核准发证。申请递交后 1 个月左右受理。审查员将对申请进行形式审查和实质审查。形式审查主要审查申请要求和分类信息是否符合规定；实质审查包括对商标显著性、是否违反禁注禁用条款的审查。审查不能通过的将会下发驳回通知书并要求申请人在驳回通知载明的时限内予以答复；实质审查通过的，则会安排公告。公告日起 3 个月为异议期，任何利害关系人可向知识产权局对该商标的注册提出异议，提异议的理由主要有：

1. 与在先商标冲突，如拥有在先的注册商标；

2. 商标缺乏显著性；

3. 商标具有不良影响；

4. 恶意注册；

5. 与在先其他权利冲突，如商号权、外观设计、版权、人名等。

公告期内无人异议或者异议不成立的，商标即可获准注册并颁发注册证。顺利的情况下，克罗地亚商标注册目前需要 9—12 个月；如中途遇到驳回或异议，时间将会大大延长。

三、商标维护

克罗地亚商标注册后 10 年有效，有效期自申请日开始起算；到期日前 6 个月内可以办理续展，宽展期为 6 个月；续展有效期为 10 年。

商标注册后，一般可根据克罗地亚 2004 年 1 月 1 日生效的《商标法》第 46 条及第 49 条的规定提出撤销 / 无效申请。

依据第 46 条提撤销的主要理由有：（1）无正当理由连续 5 年没有在注册时指定的商品或服务上实际使用商标；（2）在商业中成为该商品或服务的通用名称；（3）引人误解，尤其是在商品或服务的性质、质量或地理来源方面。

依据第 49 条提无效的主要理由有：（1）违反本法规定（缺乏显著性、违反公告秩序或社会公德等）；（2）侵犯在先权利（包括：在先注册商标，驰名商标，姓名权等）。

被申请人一般可提供如下证据材料应对他人以"未使用"为由提出的撤销申请：

· 发票	· 包装、装潢	· 书面声明
· 产品目录	· 标签	· 市场调查结果
· 营业额证据	· 广告	· 报价单

四、其他

克罗地亚商标注册时不对"相对理由"进行审查，即官方不会主动审查申请商标是否与在先商标构成近似而主动驳回，因此商标很容易通过并初审予以公告，这就需要权利人即使在申请注册成功后还需要持续关注，进行监测，及时进行异议维权以保护自己的商标权。

拉脱维亚
（*Latvia*）

一、概述

拉脱维亚现行商标法规主要基于 1999 年 7 月 15 日颁布《商标法及地理标识》。由拉脱维亚专利局统一负责管理知识产权事务，官方语言为拉脱维亚语。商标专用权需要通过注册取得。商标注册不是强制性的，但为了保护商标或进行续展，就必须依法登记注册。拉脱维亚商标注册采用"申请在先"原则，但对于驰名商标，也可以按"在先使用"主张商标权。

拉脱维亚是《巴黎公约》《尼斯协定》《商标法条约》《建立世界知识产权组织公约》《新加坡条约》等国际知识产权条约的缔约国；为欧盟成员国、《马德里协定》及《马德里议定书》成员国，故商标注册可通过"单国注册""欧盟注册"或"马德里国际注册"的方式办理。

二、商标申请

目前，拉脱维亚专利局采用尼斯分类第 11 版的商品和服务描述，接受一表多类申请。拉脱维亚可注册为商标的要素有：文字、字母、数字、图形、三维标识、颜色组合、声音等。

若申请人非拉脱维亚国籍的，须委托本地区专门的代理人办理。商标申请所需的基本材料为：

1. 商标图样；

2. 具体类别及商品 / 服务项目；

3. 申请人名义及地址；

4. 委托书；

5. 若声明优先权的，需提供优先权证明文件及对应的拉脱维亚语翻译件。

申请注册拉脱维亚商标的主要流程为：申请—受理—审查—核准—发证—公告。申请递交后 1—2 周受理。审查员将对申请进行形式审查和实质审查。形式审查主要审查申请要求和分类信息是否符合规定；实质审查包括对商标显著性、是否违反禁注禁用条款。审查通过后即可获准注册并颁发注册证；审查不能通过的则会下发驳回通知书并要求申请人在驳回通知载明的时限内予以答复。获证后，将安排公告，公告日起 3 个月为异议期，任何利益相关人或在先权利人均可提出异议，提异议的理由主要有：

1. 商标缺乏显著性；

2. 商标仅仅直接表示商品的质量、主要原料、功能、用途、数量、重量、价值、原产地、生产日期及其他特征；

3. 商标仅有由商品自身的性质产生的形状、仅有为获得技术效果而需有的形状、仅有使商品具有实质性价值的形状；

4. 商标有悖于社会道德风尚；

5. 商标带有欺骗性；

6. 商标含有《巴黎公约》成员国国旗、国徽及其官方标识、检验印记、政府间国际组织旗帜、徽记等（未经授权）。

公告期内无人异议或者异议不成立的，商标将正式注册成功。

顺利的情况下，拉脱维亚商标注册目前需要 6—8 个月；如中途遇到异议或驳回，时间将被延长。

三、商标维护

拉脱维亚商标注册后 10 年有效，有效期自申请日开始起算；到期日前 12 个月内可以办理续展，宽展期为 6 个月；续展有效期为 10 年。

商标注册后的无效或撤销申请，一般可根据拉脱维亚《商标法》下述条款提出：

1.《商标法》第 30 条：（1）商标权利人主动申请撤销；

2.《商标法》第 32 条：（1）连续 5 年不使用撤销；

3.《商标法》第 32 条：（3）商标成为相关行业通用名称；

4.《商标法》第 32 条：（4）商标在商品质量、产地方面误导公众；

5.《商标法》第 33 条：（1）商标有效期届满未进行续展。

商标无效或撤销申请可向法院提出，在现行审查条件下，一般需耗时 1—2 年。被申请人一般可提供如下证据材料应对他人以"未使用"为由提出的撤销申请：

- 发票 ・包装、装潢 ・书面声明
- 产品目录 ・标签 ・市场调查结果
- 营业额证据 ・广告 ・报价单

四、其他

拉脱维亚商标注册时不对"相对理由"进行审查，即官方不会主动审查申请商标是否与在先商标构成近似而主动驳回，因此商标很容易通过并初审予以公告，这就需要权利人即使在申请注册成功后还需要持续关注，进行监测，及时进行异议维权以保护自己的商标权。

立陶宛

(*Lithuania*)

一、概述

立陶宛现行商标法规主要基于 2000 年 10 月 10 日制定的《商标法》。由立陶宛国家专利局统一负责管理商标事务，官方语言为立陶宛语。商标专用权需要通过注册取得。商标注册不是强制性的，但为了保护商标或进行续展，就必须依法登记注册。立陶宛商标注册采用"申请在先"原则，但对于驰名商标，也可以按"在先使用"主张商标权。

立陶宛是《巴黎公约》《尼斯协定》《商标法条约》《新加坡条约》等国际知识产权条约的缔约国；是欧盟成员国和《马德里议定书》成员国，故商标注册可通过"单国注册""欧盟注册"或"马德里国际注册"的方式办理。

二、商标申请

目前，立陶宛国家专利局采用尼斯分类第 11 版的商品和服务描述，接受一表多类申请。立陶宛可注册为商标的要素有：文字、图形、字母、数字、三维标识、颜色组合等。

若申请人非立陶宛居住的（欧盟成员国申请人除外），须委托本地区专门的代理人办理。商标申请所需的基本材料为：

1. 商标图样；

2. 具体类别及商品 / 服务项目；

3. 申请人名义及地址；

4. 委托书；

5. 若声明优先权的，需提供优先权证明文件及对应的立陶宛语翻译件。

申请注册立陶宛商标的主要流程为：申请—受理—审查—核准—公告—发证。申请递交后 2 周左右受理。审查员将对申请进行形式审查和实质审查。形式审查主要审查申请要求和分类信息是否符合规定；实质审查包括对商标显著性、是否违反禁注禁

用条款。审查不能通过的则会下发驳回通知书并要求申请人在驳回通知载明的时限内予以答复。核准注册后就会安排公告，公告日起 3 个月为异议期，任何利益相关人或在先权利人均可提出异议，提异议的理由主要有：

1. 与在先商标冲突，如拥有在先的注册商标；

2. 商标缺乏显著性；

3. 具有不良影响；

4. 商标仅直接表示商品的质量、主要原料、功能、用途、数量、重量、价值、原产地、生产日期或商品或服务的其他特征；

5. 商标仅有由商品自身的性质产生的形状、仅有为获得技术效果而需有的形状、仅有使商品具有实质性价值的形状。

公告期内无人异议或者异议不成立的，将颁发注册证。顺利的情况下，立陶宛商标注册需要 18 个月左右；如中途遇到异议或驳回，时间将被延长。

三、商标维护

立陶宛商标注册后 10 年有效，有效期自申请日开始起算；到期日前 12 个月内可以办理续展，宽展期为 6 个月；续展有效期为 10 年。

商标注册后的无效或撤销申请，一般可根据立陶宛《商标法》下述条款提出：

1.《商标法》第 46 条：（1）违反本法第 6 条（第 6 条主要为驳回商标注册申请的绝对理由）。

2.《商标法》第 47 条第 1 款：（1）商标已成为通用名称；（2）商标易对公众产生误导，尤其是在商品的性质、质量、及商品或服务来源方面的误导。

3.《商标法》第 47 条第 2 款：商标注册后连续 5 年未在当国实际使用的，任何人可申请撤销，不可抗力除外。

商标无效或撤销申请可向法院提出，在现行审查条件下，一般需耗时 1—2 年。被申请人一般可提供如下证据材料应对他人以"未使用"为由提出的撤销申请：

· 发票	· 标签	· 市场调查结果
· 产品目录	· 报价单	· 基于互联网的使用
· 营业额证据	· 广告	· 持续维护的网站
· 包装、装潢	· 书面声明	

四、其他

立陶宛商标注册时不对"相对理由"进行审查，即官方不会主动审查申请商标是否与在先商标构成近似而主动驳回，因此商标很容易通过并初审予以公告，这就需要权利人即使在申请注册成功后还需要持续关注，进行监测，及时进行异议维权以保护自己的商标权。

列支敦士登公国
(*Liechtenstein*)

一、概述

列支敦士登公国现行商标法规主要基于 1996 年 12 月 12 日颁布，1997 年 3 月 31 日生效的《商标保护法》。由经济局统一负责管理知识产权事务，官方语言为德语。商标专用权需要通过注册取得。商标注册不是强制性的，但为了保护商标或进行续展，就必须依法登记注册。列支敦士登公国商标注册采用"申请在先"原则，但对于驰名商标，也可以按"在先使用"主张商标权。

列支敦士登公国是《商标法条约》《尼斯协定》《巴黎公约》《建立世界知识产权组织公约》《新加坡条约》等国际知识产权条约的缔约国；列支敦士登既是《马德里协定》成员国，又是《马德里议定书》成员国，故商标注册可通过"单国注册"或"马德里国际注册"的方式办理。

二、商标申请

目前，列支敦士登公国采用尼斯分类第 11 版的商品和服务描述，接受一表多类申请。列支敦士登公国可注册为商标的要素有：文字、字母、图形、三维标识、颜色组合等。

若申请人非列支敦士登公国居住的，须委托当地代理机构代为办理。商标申请所需的基本材料为：

1. 商标图样；

2. 具体商品项目；

3. 申请人中文名义及地址；

4. 委托书；

5. 声明优先权的，需提交优先权证明及其德语翻译件。

申请注册列支敦士登公国商标的主要流程为：申请—受理—审查—核准—发证—注册公告。申请递交后经济局审查员先进行形式审查，即审查申请要求和分类信息是否符合规定。受理后审查员将对商标进行实质审查，包括对商标显著性、是否违反禁注禁用条款，审查通过后即可获准注册并颁发注册证；审查不能通过的则会下发驳回通知书并要求申请人在驳回通知载明的时限内予以答复。获证后，将安排公告。列支敦士登国无异议程序。

顺利的情况下，列支敦士登公国商标注册目前需要 6 个月左右；如中途遇到驳回，时间将会延长。

三、商标维护

列支敦士登公国商标注册后 10 年有效，有效期自申请日开始起算；到期日前 12 个月内可以办理续展，宽展期为 6 个月；续展有效期为 10 年。

商标注册后的无效或撤销申请，一般可根据列支敦士登公国商标《保护法》下述条款提出：

《商标保护法》第 32 条：（1）商标权利人主动申请撤销；（2）注册商标有效期届满而未及时进行续展；（3）法院判决商标无效。

四、其他

列支敦士登公国商标注册时不对"相对理由"进行审查，即官方不会主动审查申请商标是否与在先商标构成近似而主动驳回，因此商标很容易通过并初审予以公告，同时，该国目前无异议制度，这就需要权利人即使在申请注册成功后还需要持续关注，进行监测，及时进行维权以保护自己的商标权。

罗马尼亚
（*Romania*）

一、概述

罗马尼亚现行商标法规主要基于 2010 年 5 月 27 公告的第 84/1998 号《商标及地理标志》法令。由国家发明与商标局统一负责管理商标事务,官方语言为罗马尼亚语。商标专用权需要通过注册取得。商标注册不是强制性的,但为了保护商标或进行续展,就必须依法登记注册。罗马尼亚商标注册采用"申请在先"原则,但对于驰名商标,也可以按"在先使用"主张商标权。

罗马尼亚是《内罗毕条约》《商标法条约》《尼斯协定》《巴黎公约》《建立世界知识产权组织公约》《新加坡条约》《维也纳协定》等国际知识产权条约的缔约国;既是《马德里协定》《马德里议定书》成员国,也是欧盟成员国,故商标注册可通过"单国注册""欧盟注册"或"马德里国际注册"的方式办理。

二、商标申请

目前,罗马尼亚国家发明与商标局采用尼斯分类第 11 版的商品和服务描述,接受一表多类申请。罗马尼亚可注册为商标的要素有:文字、字母、数字、图形、三维标识、颜色组合等。

若申请人非罗马尼亚居住的,须委托本地区专门的代理人办理。商标申请所需的基本材料为:

1. 商标图样;

2. 具体类别及商品 / 服务项目;

3. 申请人名义及地址;

4. 委托书;

5. 若声明优先权的,需提供优先权证明文件及对应的罗马尼亚语翻译件。

申请注册罗马尼亚商标的主要流程为:申请—受理—形式审查—公告—实质审查—核准—发证。申请递交后 1 周左右受理。审查员将对申请进行形式审查和实质审查。形式审查主要审查申请要求和分类信息是否符合规定；实质审查包括对商标显著性、是否违反禁注禁用条款。审查不能通过的则会下发驳回通知书并要求申请人在驳回通知载明的时限内予以答复。形式审查后安排公告，公告日起 2 个月为异议期，任何利益相关人或在先权利人均可提出异议，提异议的理由主要有：

1. 与在先商标冲突，如拥有在先的注册商标；

2. 商标缺乏显著性。

顺利的情况下，罗马尼亚商标注册目前需要 12 个月左右；如中途遇到异议或驳回，时间将被延长。

三、商标维护

罗马尼亚商标注册后 10 年有效，有效期自申请日开始起算；到期日前 3 个月内可以办理续展，宽展期为 6 个月；续展有效期为 10 年。

商标注册后的无效或撤销申请，一般可根据罗马尼亚《商标及地理标志》下述条款提出：

1.《商标及地理标志》第 37 条：有效期届满未续展；

2.《商标及地理标志》第 38 条：申请人主动申请撤销；

3.《商标及地理标志》第 39 条：依据第 46 条、第 47 条提出撤销（第 46、47 条主要关于地理标志）。

商标无效或撤销申请可向法院提出，在现行审查条件下，一般需耗时 1—2 年。被申请人一般可提供如下证据材料应对他人以"未使用"为由提出的撤销申请：

- 发票
- 产品目录
- 营业额证据
- 包装、装潢
- 标签
- 报价单
- 广告
- 书面声明
- 市场调查结果
- 基于互联网的使用
- 持续维护的网站

四、其他

罗马尼亚商标注册时不对"相对理由"进行审查，即官方不会主动审查申请商标是否与在先商标构成近似而主动驳回，因此商标很容易通过并初审予以公告，这就需要权利人即使在申请注册成功后还需要持续关注，进行监测，及时进行异议维权以保护自己的商标权。

马耳他

(Malta)

一、概述

马耳他现行商标法规主要基于 2001 年 1 月 1 日的《商标法》。由马耳他国家知识产权局统一负责管理商标事务，官方语言为马耳他语和英语。马耳他商标采用"使用在先"原则。商标注册不是强制性的，但为了更好地保护商标或进行续展，最好依法登记注册。

马耳他是《巴黎公约》《建立世界知识产权组织公约》《商标法条约》《TRIPS 协定》等国际知识产权条约的缔约国；马耳他也是欧盟成员国，商标注册可通过"单国注册"或"欧盟注册"的方式办理。

二、商标申请

目前，马耳他知识产权局采用尼斯分类第 11 版的商品和服务描述，仅接受一表一类申请。马耳他可注册为商标的要素有：文字、字母、数字、图形、人名、三维标志等。

在马耳他没有住所或主要营业场所或真实、有效的工商企业的自然人或法人，若有有效的邮寄地址，可以不必委托该国专门的代理人办理。商标申请所需的基本材料为：

1. 商标图样；

2. 类别及具体商品项目；

3. 申请人名义及地址；

4. 委托书；

5. 若声明优先权的，需提供优先权证明文件。

申请注册马耳他商标的主要流程为：申请—审查—核准发证—注册公告。申请递交后 2 周左右受理。审查员将对申请进行形式审查和实质审查。形式审查主要审查申请要求和分类信息是否符合规定；实质审查包括对商标显著性、是否违反禁注禁用条款以及是否与在先商标形成冲突的审查。审查不能通过的将会下发驳回通知书并要求申请人在驳回通知载明的时限内予以答复，实质审查通过的，可获准注册并颁发注册证。顺利的情况下，马耳他商标注册目前需要 1 年左右；如中途遇到驳回，时间将会大大延长。

三、商标维护

马耳他商标注册后 10 年有效，有效期自申请日开始起算；到期日前 6 个月内可以办理续展，宽展期为 6 个月；续展有效期为 10 年。

商标注册后的撤销 / 无效申请，一般可根据 2001 年 1 月 1 日的马耳他《商标法》的下列条款提出：

1. 依据《商标法》第 42 条提撤销：（1）无正当理由，商标注册后连续 5 年未在该国实际使用；（2）由于注册商标所有人的作为和不作为，使商标成为它所注册的商品或服务的通用名称；（3）商标实际使用可能导致公众对商品 / 服务的性质、质量和地理来源产生误认。

2. 依据《商标法》第 43 条提无效：（1）违反本法规定的；（2）与他人在先申请注册的商标相同或近似的；（3）侵犯他人其他在先权利。

商标撤销 / 无效申请可向马耳他民事法院提出，一般需耗时 1 年半到 2 年。被申请人一般可提供如下证据材料应对他人以"未使用"为由提出的撤销申请：

- 发票　　　　　　　· 包装、装潢　　　　　· 广告
- 产品目录　　　　　· 标签　　　　　　　　· 市场调查结果
- 营业额证据　　　　· 报价单　　　　　　　· 书面声明

四、其他

马耳他商标注册无异议程序，若任何人对某申请商标有异议，只能在该商标注册后提撤销或无效申请，因此更需要商标权利人主动进行监测，及时维权。

摩尔多瓦
(Moldova)

一、概述

摩尔多瓦现行商标法规主要基于 2008 年 2 月 29 日第 38–XVI 号《商标保护法》。由摩尔多瓦知识产权局统一负责管理商标事务，官方语言为摩尔多瓦语。摩尔多瓦商标注册采用"申请在先"原则。商标注册不是强制性的，但为了更好地保护商标或进行续展，最好依法登记注册。

摩尔多瓦是《内罗毕条约》《巴黎公约》《建立世界知识产权组织公约》《TRIPS 协定》《商标法条约》《维也纳协定》等国际知识产权条约的缔约国；摩尔多瓦既是《马德里协定》成员国，也是《马德里议定书》成员国，商标注册可通过"单国注册"或"马德里注册"的方式办理。

二、商标申请

目前，摩尔多瓦知识产权局采用尼斯分类第 11 版的商品和服务描述，接受一表多类申请。摩尔多瓦可注册为商标的要素有：文字、字母、数字、图形、颜色组合、三维标志等。

在摩尔多瓦没有住所或主要营业场所或真实、有效的工商企业的自然人或法人，须委托该国专门的代理人办理。商标申请所需的基本材料为：

1. 商标图样；

2. 类别及具体商品项目；

3. 申请人名义及地址；

4. 委托书；

5. 若声明优先权的，需提供优先权证明文件。

申请注册摩尔多瓦商标的主要流程为：申请—审查—公告—注册。申请递交后 1 周左右受理。审查员将对申请进行形式审查和实质审查。形式审查主要审查申请要求和分类信息是否符合规定；实质审查包括对商标显著性、是否违反禁注禁用条款以及是否与在先商标形成冲突的审查。审查不能通过的将会下发驳回通知书并要求申请人在驳回通知载明的时限内予以答复，实质审查通过的，则将会被安排公告。公告日起3个月为异议期，任何人均可对该商标的注册提出异议，提异议的理由主要有：

1. 与在先商标冲突，如拥有在先的注册商标；

2. 商标缺乏显著性；

3. 商标具有不良影响；

4. 恶意注册；

5. 与在先其他权利冲突，如商号权、外观设计、版权、人名等。

公告期内无人异议或者异议不成立的，可获准注册并颁发注册证。顺利的情况下，摩尔多瓦商标注册目前需要2年左右；如中途遇到驳回或异议，时间将会大大延长。

三、商标维护

摩尔多瓦商标注册后10年有效，有效期自申请日开始起算；到期日前6个月内可以办理续展，宽展期为6个月；续展有效期为10年。

商标注册后连续5年不使用的，任何利益相关人可以申请撤销该注册商标；由于贸易限制、贸易壁垒等不可抗力造成权利人无法正常使用的除外。被申请人一般可提供如下证据材料应对他人以"未使用"为由提出的撤销申请：

- 发票
- 包装、装潢
- 广告
- 产品目录
- 标签
- 市场调查结果
- 营业额证据
- 报价单
- 书面声明

摩纳哥
(Monaco)

一、概述

摩纳哥现行商标法规主要基于 1983 年 6 月 10 日第 1058 号法《商标法》。由摩纳哥专利局统一负责管理商标事务，官方语言为法语；摩纳哥仅次于梵蒂冈，是世界第二小的国家。摩纳哥商标注册采用"申请在先"原则。商标注册不是强制性的，但为了更好地保护商标或进行续展，最好依法登记注册。

摩纳哥是《巴黎公约》《建立世界知识产权组织公约》《尼斯协定》《商标法条约》《维也纳协定》等国际知识产权条约的缔约国；摩纳哥既是《马德里协定》成员国，也是《马德里议定书》成员国，商标注册可通过"单国注册"或"马德里注册"的方式办理。

二、商标申请

目前，摩纳哥专利局采用尼斯分类第 11 版的商品和服务描述，接受一表多类申请。摩纳哥可注册为商标的要素有：文字、字母、数字、图形、标语、颜色、颜色组合、立体形状等。

在摩纳哥没有住所或主要营业场所或真实、有效的工商企业的自然人或法人，须委托该国专门的代理人办理。商标申请所需的基本材料为：

1. 商标图样；

2. 类别及具体商品项目；

3. 申请人名义及地址；

4. 委托书；

5. 若声明优先权的，需提供优先权证明文件。

申请注册摩纳哥商标的主要流程为：申请—审查—核准发证。申请递交后 1—2 个月受理。审查员将对申请进行形式审查和实质审查。形式审查主要审查申请要求和分类信息是否符合规定；实质审查包括对商标显著性以及是否违反禁注禁用条款的审查。审查不能通过的将会下发驳回通知书并要求申请人在驳回通知载明的时限内予以答复，实质审查通过的，则可获准注册并颁发注册证。

顺利的情况下，摩纳哥商标注册目前需要 8 个月左右；如中途遇到驳回，时间将大大延长。

三、商标维护

摩纳哥商标注册后 10 年有效，有效期自申请日开始起算；到期日前 6 个月内可以办理续展，宽展期为 6 个月；续展有效期为 10 年。

四、其他

摩纳哥商标注册无公告程序，不能对申请中的商标提异议申请，只能在该商标注册后提撤销或无效申请，因此更需要商标权利人主动进行监测，及时维权。

挪威

(Norway)

一、概述

挪威现行商标法规主要基于 2010 年 3 月 26 日颁布的第 8 号法令《商标法》。由挪威工业产权局统一负责管理商标事务，官方语言为挪威语。商标专用权需要通过注册取得。挪威商标注册采用"申请在先"原则，但对于已具有较高知名度的商标，也可以按"在先使用"主张商标权。

挪威是《巴黎公约》《尼斯协定》《WIPO 公约》等国际知识产权条约的缔约国，是《马德里议定书》成员国，故商标注册既可以通过"单国注册"方式办理，也可以通过"马德里国际注册"的方式办理。

二、商标申请

目前，挪威官方采用尼斯分类第 11 版的商品和服务描述，接受一表多类申请。挪威可注册为商标的要素有：文字、名称、图形、三维标识、颜色组合、声音、动态图等。

若申请人非挪威居住的,须委托当国专门的代理人办理。商标申请所需的基本材料为：

1. 商标图样；

2. 类别及商品 / 服务项目；

3. 申请人名义及地址；

4. 若声明优先权的，需提供优先权证明文件及对应的挪威语翻译件。

申请注册挪威商标的主要流程为：申请—受理—审查—核准—发证—公告。申请递交后 3 周左右完成受理。审查员将对申请进行形式审查和实质审查。形式审查主要审查申请要求和分类信息是否符合规定；实质审查包括对商标显著性、是否违反禁注禁用条款和是否与在先商标形成冲突的审查。审查通过后即可获准注册并颁发注册证；审查不能通过的则会下发驳回通知书并要求申请人在驳回通知载明的时限内予以答复。核准发证后，将安排公告，公告日起 3 个月为异议期，任何利益相关人或在先权利人均可提出异议，提异议的理由主要有：

1. 与在先商标冲突，如拥有在先的注册商标；

2. 商标缺乏显著性；

3. 商标具有不良影响；

4. 恶意注册；

5. 与在先其他权利冲突，如商号权、外观设计、版权、人名等。

公告期内无人异议或者异议不成立的，商标将正式注册成功。顺利的情况下，挪威商标注册目前需要6—8个月；如中途遇到异议或驳回，时间将会延长。

三、商标维护

挪威商标有效期为10年，2010年7月1日前递交的申请，有效期自注册日开始起算；2010年7月1日后递交的申请，有效期自申请日开始起算；到期日前12个月内可以办理续展，宽展期为6个月；续展有效期为10年。

商标注册后的无效或撤销申请，一般可根据《商标法》第五章下述内容提出：

1. 违反《商标法》"绝对理由"规定的；

2. 违反《商标法》"相对理由"规定的；

3. 商标注册后连续5年未在当国实际使用的，任何人可申请撤销，不可抗力除外。

商标无效或撤销申请可向专利商标局提出，在现行审查条件下，一般需耗时1年左右。被申请人一般可提供如下证据材料应对他人以"未使用"为由提出的撤销申请：

- 发票
- 产品目录
- 营业额证据
- 包装、装潢

- 标签
- 报价单
- 广告
- 书面声明

- 市场调查结果
- 基于互联网的使用
- 持续维护的网站

四、其他

挪威《商标法》第37条对商标常见的使用情况也作出了简要说明：（1）在以"使用"声明或维持注册商标权利时，商标应在注册的商品/服务上有真实试用，不可抗力除外；（2）注册商标权利人授权他人的使用视作实际使用；（3）若实际使用商标与注册商标不一致时，未改变注册商标显著特征的，视为注册商标有实际使用；（4）注册满5年后恢复使用的商标权利可以维持，但在他人"不使用撤销申请"提交前3个

月内的使用，不应视为已实际使用；同时，商标权利人仅仅为了发起维权行动或应对撤销行动而决定投入使用的，也不应视为已实际使用。

此外，挪威商标注册时会先颁发注册证再公告，若在公告期内被异议掉，即使已拿到注册证书商标也不能生效。

欧盟

(*European Union*)

一、概述

欧盟现行商标法规主要基于欧洲议会和理事会 2008 年 10 月 22 日第 2008/95/EC 号指令《关于协调和统一各成员国关于商标的法律》(于 2015 年 12 月 15 日进行修改, 第 2015/2424 号指令)。由欧盟知识产权局统一负责管理商标事务, 官方语言为英语、法语、德语、意大利语和西班牙语。商标专用权需要通过注册取得。商标注册不是强制性的, 但为了保护商标或进行续展, 就必须依法登记注册。欧盟商标注册采用"申请在先"原则。

欧盟是《TRIPS 协定》《世卫组织药草控制框架公约》《奥胡斯条约的基辅议定书》《残疾人权利公约》《赫尔辛基水公约》等国际知识产权条约的缔约国; 欧盟为《马德里议定书》成员国, 故商标注册可通过"欧盟注册"或"马德里注册"的方式办理。

二、商标申请

目前, 欧盟知识产权局采用尼斯分类第 11 版的商品和服务描述, 接受一表多类申请。欧盟可注册为商标的要素有: 文字、图形、记号、颜色组合、立体形状、声音等。

在欧盟成员国内没有住所或主要营业场所或真实、有效的工商企业的自然人或法人, 须委托本地区专门的代理人办理。商标申请所需的基本材料为:

1. 商标图样;

2. 类别及具体商品项目;

3. 申请人名义及地址;

4. 若声明优先权的, 需提供优先权证明文件。

申请注册欧盟商标的主要流程为: 申请—审查 (绝对理由) —公告—注册发证。申请递交后 2—3 天受理。欧盟知识产权局收到申请后会进行形式审查, 形式审查通过会授予该商标申请日。之后欧盟知识产权局会制作一份欧盟商标查询报告, 引证可能对此次欧盟商标提出异议的在先注册的商标。查询报告会提交申请人参考。商标申

请公告后，欧盟知识产权局还会将欧盟商标查询报告提交在先欧盟商标所有人或申请人。与此同时，欧盟知识产权局会依据商标条例进行绝对理由的审查，如果发现问题，将驳回商标申请。如无不妥，则会在查询报告提交申请人后，公告商标申请。公告日起 3 个月为异议期，任何利益相关人或在先权利人均可提出异议，提异议的理由主要有：

1. 在先商标（earlier trade marks）权利。申请商标与异议人在先拥有的商标构成相同或近似商标，且申请的商品 / 服务与在先权利商标指定商品 / 服务属于同一或类似商品 / 服务。这里所指的在先商标包括申请日早于被异议商标的如下商标：

A. 欧盟商标；

B. 在欧盟任一成员国已申请 / 注册的商标；

C. 通过马德里申请在欧盟任一成员国有效的商标；

D. 通过马德里申请指定欧盟的商标。

2. 代理组织、代表人或经销商抢注。

3. 欧盟在先使用但未注册的商标、商用标识。

4. 驰名商标。本条异议理由要求的驰名商标必须为欧盟的驰名商标或欧盟任一成员国内的驰名商标。这一条异议理由主要是用于异议在不同类别上的相同或近似商标申请。

公告期内无人异议或者异议不成立的，欧盟知识产权局会安排注册公告并颁发注册证；需要注意的是，目前欧盟只颁发电子版注册证，并不颁发纸本注册证，在欧盟官网上有电子版注册证供下载。顺利的情况下, 欧盟商标注册目前需要 5 个月左右；如中途遇到驳回或异议，时间可能会延长，往往会耗时 2—3 年。

三、商标维护

欧盟商标注册后 10 年有效，有效期自申请日开始起算；到期日前 6 个月内可以办理续展，宽展期为 6 个月；续展有效期为 10 年。

商标注册后的无效 / 撤销申请，一般可根据欧盟《商标条例》下述条款提出：

1. 依据《商标条例》第 52–54 条提无效：（1）违反禁注条款；（2）申请人在提交商标申请时有恶意；（3）在先商标人或名称权、肖像权、版权、工业产权等在先权利人提出无效请求。

2. 依据《商标条例》第 51 条提撤销：（1）无正当理由，商标注册后连续 5 年未在当地区实际使用;(2)成为通用名称或形状;(3)商标实际使用可能导致公众对商品/服务的性质、质量和产地产生误认。

商标无效/撤销申请可向欧盟知识产权局提出,一般需耗时1年半到2年。被申请人一般可提供如下证据材料应对他人以"未使用"为由提出的撤销申请:

- 发票
- 产品目录
- 营业额证据
- 包装、装潢

- 标签
- 报价单
- 广告
- 书面声明

- 市场调查结果
- 基于互联网的使用
- 持续维护的网站

四、其他

欧盟商标注册时不对"相对理由"进行审查,即官方不会以申请商标与在先商标构成近似而主动驳回,因此商标很容易通过初审并予以公告,这就需要权利人即使在申请注册成功后还需要持续关注,进行监测,及时进行异议维权以保护自己的商标权。

目前,欧盟包括28个成员国(2013年7月1日起):奥地利、法国、意大利、西班牙、比利时、德国、卢森堡、瑞典、丹麦、希腊、荷兰、英国、芬兰、爱尔兰、葡萄牙、匈牙利、波兰、捷克、斯洛文尼亚、斯洛伐克、爱沙尼亚、立陶宛、马耳他、塞浦路斯、拉脱维亚、保加利亚、罗马尼亚、克罗地亚。

英国在2017年3月29日向欧盟正式递交了退出通知,对于英国退出欧盟后原本在其境内有效的欧盟商标的效力及相关问题,欧盟委员会联合欧盟知识产权局于2017年12月1日正式发布了相关通知。若英国和欧盟未再达成其他协议,那么自2019年3月30日欧洲中部时间0时(以下简称"脱欧日")起,英国将正式脱离欧盟(届时欧盟成员国数量将因此减少到27个),欧盟法律将不再对英国适用。目前欧盟与英国仍在就其脱欧后的一系列安排进行谈判。欧盟委员会和欧盟知识产权局曾提醒广大欧盟知识产权的权利人及申请人要注意英国脱欧可能带来的法律影响,并提前做好准备。因此,在相关政策没有最终形成前,若需要到欧洲进行商标注册保护的,编者建议:(1)英国办理单国注册,同时进行欧盟商标注册;(2)对于已经进行了欧盟注册,但英国也是比较重要的市场的,可以考虑及时进行英国单国注册,以应对未来的不确定性。

葡萄牙
(*Portugal*)

一、概述

葡萄牙现行商标法规主要基于 2008 年 10 月 1 日生效的第 143/2008 号《工业产权法》。由葡萄牙工业产权局（INPI）统一负责管理商标事务，官方语言为葡萄牙语。商标专用权需要通过注册取得。商标注册不是强制性的，但为了更好地保护商标或进行续展，就必须依法登记注册。葡萄牙商标注册采用"申请在先"原则，但某些情况下，也可以按"在先使用"主张商标权。

葡萄牙是《TRIPS 协定》《建立世界知识产权组织公约》《巴黎公约》《尼斯协定》《内罗毕条约》《商标法条约》等国际知识产权条约的缔约国；葡萄牙既是《马德里协定》成员国，也是《马德里议定书》成员国，同时也是欧盟成员国，故商标注册可通过"单国注册""欧盟注册"或"马德里注册"的方式办理。

二、商标申请

目前，葡萄牙采用尼斯分类第 11 版的商品和服务描述，接受一表多类申请。葡萄牙可注册为商标的要素有：文字、人名、字母、数字、图形、颜色组合、立体形状、声音等。

在葡萄牙没有住所或主要营业场所或真实、有效的工商企业的自然人或法人，须委托该国专门的代理人办理。商标申请所需的基本材料为：

1. 商标图样；

2. 类别及具体商品项目；

3. 申请人名义及地址；

4. 委托书，原件；

5. 若声明优先权的，需提供优先权证明文件。

申请注册葡萄牙商标的主要流程为：申请—形式审查—公告—实质审查—注册。申请递交后 2 个月左右受理。首先，审查员对商标申请进行形式审查，形式审查主要审查申请要求和分类信息是否符合规定。审查未通过的，须在规定时限内进行补正；形式审查通过的，将会予以公告。公告日起2个月为异议期，任何人可向工业产权局对该商标的注册提出异议，提异议的理由主要有：

1. 与在先商标冲突，如拥有在先的注册商标；

2. 商标缺乏显著性；

3. 商标具有不良影响；

4. 恶意注册；

5. 与在先其他权利冲突，如商号权、外观设计、版权、人名等。

公告期内无人异议或者异议不成立的，审查员对商标申请进行实质审查。实质审查包括对商标显著性、是否违反禁注禁用条款和是否与在先商标形成冲突的的审查。审查不能通过的将会下发驳回通知书并要求申请人在驳回通知载明的时限内予以答复，实质审查通过的，可获准注册并颁发注册证。顺利的情况下，葡萄牙商标注册目前需要半年左右；如中途遇到驳回或异议，时间将大大延长。

三、商标维护

葡萄牙商标注册后10年有效，有效期自注册日开始起算；到期日前6个月内可以办理续展，宽展期为6个月；续展有效期为10年。

商标注册后的无效/撤销申请，一般可根据2008年10月1日生效的第143/2008号《工业产权法》的下述条款提出：

21. 依据《商标法》第265条提无效：（1）违反本法规定的；（2）恶意注册；（3）与他人在先申请注册的商标相同或近似的。

22. 依据《商标法》第269条提撤销：（1）无正当理由，商标注册后连续5年未在该国实际使用；（2）由于注册商标所有人的作为和不作为，使商标成为它所注册的商品或服务的通用名称；（3）商标实际使用可能导致公众对商品/服务的性质、质量和地理来源产生误认。

商标无效/撤销申请可向葡萄牙工业产权局（INPI）提出，一般需耗时1年半到2年。被申请人一般可提供如下证据材料应对他人以"未使用"为由提出的撤销申请：

· 发票　　　　　　· 产品目录　　　　　· 营业额证据

· 包装、装潢　　　　· 广告　　　　　　· 基于互联网的使用

· 标签　　　　　　　· 书面声明　　　　· 持续维护的网站

· 报价单　　　　　　· 市场调查结果

四、其他

在葡萄牙获准注册的商标可在亚速尔群岛（the Azores）、马德拉群岛（Madeira）等葡萄牙属地获得保护。

另外，葡萄牙商标注册采用公告前置程序，通过公告并不代表商标一定可以注册成功，这与国内有较大差异。

前南斯拉夫马其顿

(The former Yugoslav Republic of Macedonia)

一、概述

前南斯拉夫马其顿现行商标法规主要基于 2009 年 2 月 25 日生效的《知识产权法》。由前南斯拉夫马其顿国家知识产权局统一负责管理商标事务，官方语言为马其顿语。前南斯拉夫马其顿商标注册采用"申请在先"原则。商标注册不是强制性的，但为了更好地保护商标或进行续展，最好依法登记注册。

前南斯拉夫马其顿是《巴黎公约》《建立世界知识产权组织公约》《内罗毕条约》《TRIPS 协定》《维也纳协定》等国际知识产权条约的缔约国；前南斯拉夫马其顿是《马德里协定》和《马德里议定书》成员国，商标注册可通过"单国注册"或"马德里注册"的方式办理。

二、商标申请

目前，前南斯拉夫马其顿国家知识产权局采用尼斯分类第 11 版的商品和服务描述，接受一表多类申请。前南斯拉夫马其顿可注册为商标的要素有：文字、字母、数字、图形、图片、颜色组合、立体形状等。

在前南斯拉夫马其顿没有住所或主要营业场所或真实、有效的工商企业的自然人或法人，必须委托该国专门的代理人办理。商标申请所需的基本材料为：

1. 商标图样；

2. 类别及具体商品项目；

3. 申请人名义及地址；

4. 委托书；

5. 若声明优先权的，需提供优先权证明文件。

申请注册前南斯拉夫马其顿商标的主要流程为：申请—审查—公告—核准发证。申请递交后 2 周左右受理。审查员将对申请进行形式审查和实质审查。形式审查主要审查申请要求和分类信息是否符合规定；实质审查包括对商标显著性、是否违反禁注

禁用条款的审查。审查不能通过的将会下发驳回通知书并要求申请人在驳回通知载明的时限内予以答复，实质审查通过的，则将会被安排公告。公告日起 3 个月为异议期，任何人可对该商标的注册提出异议，提异议的理由主要有：

1. 与在先商标冲突，如拥有在先的注册商标；

2. 商标缺乏显著性；

3. 商标具有不良影响；

4. 恶意注册；

5. 与在先其他权利冲突，如商号权、外观设计、版权、人名等。

公告期内无人异议或者异议不成立的，可获准注册并颁发注册证。顺利的情况下，前南斯拉夫马其顿商标注册目前需要 1 年左右；如中途遇到驳回或异议，时间将会大大延长。

三、商标维护

前南斯拉夫马其顿商标注册后 10 年有效，有效期自申请日开始起算；到期日前 1 年内可以办理续展，宽展期为 9 个月；续展有效期为 10 年。

商标注册后，一般可根据前南斯拉夫马其顿 2009 年 2 月 25 日生效的《知识产权法》第 213 条提无效申请：（1）无正当理由，商标注册后连续 5 年未在该国实际使用；（2）由于注册商标所有人的作为和不作为，使商标成为它所注册的商品或服务的通用名称；（3）商标实际使用可能导致公众对商品 / 服务的性质、质量和地理来源产生误认。

商标无效申请可向前南斯拉夫马其顿知识产权局提出，一般需耗时 1 年半到 2 年。被申请人一般可提供如下证据材料应对他人以"未使用"为由提出的撤销申请：

·发票	·包装、装潢	·书面声明
·产品目录	·标签	·市场调查结果
·营业额证据	·广告	·报价单

瑞典

(*Sweden*)

一、概述

瑞典现行商标法规主要基于 1960 年 12 月 2 日第 644 号法律《商标法》,2011 年、2016 年多次修订。由瑞典专利商标局统一负责管理商标事务,官方语言为瑞典语。瑞典商标注册采用"使用和申请兼具"原则。

瑞典是《商标法条约》《TRIPS 协定》《巴黎公约》《尼斯协定》《建立世界知识产权组织公约》《维也纳协定》等国际知识产权条约的缔约国;瑞典是《马德里议定书》成员国,也是欧盟成员国,故商标注册可通过"单国注册""欧盟注册"或"马德里注册"的方式办理。

二、商标申请

目前,瑞典专利商标局采用尼斯分类第 11 版的商品和服务描述,接受一表多类申请。瑞典可注册为商标的要素有:文字、人名、字母、数字、图形、颜色、立体形状等。

在瑞典没有住所或主要营业场所或真实、有效的工商企业的自然人或法人,须委托该国专门的代理人办理。商标申请所需的基本材料为:

1. 商标图样;

2. 类别及具体商品项目;

3. 申请人名义及地址;

4. 委托书,原件;

5. 若声明优先权的,需提供优先权证明文件。

申请注册瑞典商标的主要流程为:申请—审查—核准发证—公告。申请递交后 2 周左右受理。审查员将对申请进行形式审查和实质审查。形式审查主要审查申请要求和分类信息是否符合规定;实质审查包括对商标显著性、是否违反禁注禁用条款和是否与在先商标形成冲突的审查。审查不能通过的将会下发驳回通知书并要求申请人在

驳回通知载明的时限内予以答复；实质审查通过的，则会被核准注册并颁发注册证。核准注册后就会安排公告，公告日起 3 个月为异议期，任何利益相关人或在先权利人均可提出异议，提异议的理由主要有：

1. 与在先商标冲突，如拥有在先的注册商标；

2. 商标缺乏显著性；

3. 具有不良影响；

4. 商标仅直接表示商品的质量、主要原料、功能、用途、数量、重量、价值、原产地、生产日期或商品或服务的其他特征；

5. 商标仅有由商品自身的性质产生的形状、仅有为获得技术效果而需有的形状、仅有使商品具有实质性价值的形状。

公告期内无人异议或者异议不成立的，商标才正式注册成功。顺利的情况下，瑞典商标注册目前需要 1 年左右；如中途遇到驳回或异议，时间将会大大延长。

三、商标维护

瑞典商标注册后 10 年有效，有效期自注册日开始起算；到期日前 1 年内可以办理续展，宽展期为 6 个月；续展有效期为 10 年。

商标注册后，一般可根据瑞典 1960 年 12 月 2 日第 644 号法律《商标法》第 25 条的规定向法院提出撤销申请。提撤销的主要理由有：（1）违反本法规定（缺乏显著性、违反公告秩序或社会公德等）；（2）无正当理由连续 5 年没有在注册时指定的商品或服务上实际使用商标；（3）在商业中成为该商品或服务的通用名称；（4）引人误解，尤其是在商品或服务的性质、质量或地理来源方面；（5）侵犯在先权利（包括：在先注册商标，驰名商标，姓名权等）。

被申请人一般可提供如下证据材料应对他人以"未使用"为由提出的撤销申请：

- 发票
- 产品目录
- 营业额证据
- 包装、装潢

- 标签
- 报价单
- 广告
- 书面声明

- 市场调查结果
- 基于互联网的使用
- 持续维护的网站

四、其他

瑞典实行先颁发注册证再公告的程序，公告期内无人异议或者异议不成立的，商标才正式注册。因此，即使收到了商标注册证也不代表该商标已经在瑞典注册成功。

192

瑞士

(Switzerland)

一、概述

瑞士现行商标法规主要基于 1992 年 8 月 28 日颁布、2011 年 7 月 11 日修订的《关于商标和地理标志保护法》。由瑞士联邦知识产权局统一负责管理商标事务，官方语言为德语、法语、意大利语。商标专用权需要通过注册取得。商标注册不是强制性的，但为了保护商标或进行续展，就必须依法登记注册。瑞士商标注册采用"申请在先"原则，但对于已具有一定知名度的商标，也可以按"在先使用"主张商标权。

瑞士是《新加坡条约》《巴黎公约》《尼斯协定》《WIPO 公约》《商标法条约》等国际知识产权条约的缔约国，是《马德里协定》《马德里议定书》成员国，故商标注册既可以通过"单国注册"方式办理，也可以通过"马德里国际注册"的方式办理。

二、商标申请

目前，瑞士官方采用尼斯分类第 11 版的商品和服务描述，接受一表多类申请。瑞士可注册为商标的要素有：文字、名称、图形、三维标识、颜色组合、声音等。

若申请人非瑞士居住的，须委托当国专门的代理人办理。商标申请所需的基本材料为：

1. 商标图样；

2. 类别及商品 / 服务项目；

3. 申请人名义及地址；

4. 若声明优先权的，需提供优先权证明文件及对应的翻译件。

申请注册瑞士商标的主要流程为：申请—受理—审查—核准—发证—公告。申请递交后 1 周左右完成受理。审查员将对申请进行形式审查和实质审查。形式审查主要审查申请要求和分类信息是否符合规定；实质审查包括对商标显著性和是否违反禁注禁用条款的审查。审查通过后即可获准注册并颁发注册证；审查不能通过的则会下发驳回通知书并要求申请人在驳回通知载明的时限内予以答复。核准发证后，将安排公

告，公告日起 3 个月为异议期，任何利益相关人或在先权利人均可提出异议，提异议的理由主要有：

1. 与在先商标冲突，如拥有在先的注册商标；

2. 商标缺乏显著性；

3. 商标具有不良影响；

4. 恶意注册；

5. 与在先其他权利冲突，如商号权、外观设计、版权、人名等。

公告期内无人异议或者异议不成立的，商标将正式注册成功。顺利的情况下，瑞士商标注册目前需要 12 个月左右；如中途遇到异议或驳回，时间将会延长。

三、商标维护

瑞士商标注册后 10 年有效，有效期自申请日起算；到期日前 12 个月内可以办理续展，宽展期为 6 个月；续展有效期为 10 年。

商标注册后的无效或撤销申请，一般可根据商标法规第三章下述内容提出：

1. 违反本法"绝对理由"规定的；

2. 违反本法"相对理由"规定的；

3. 商标注册后连续 5 年未在当国实际使用的，任何人可申请撤销，不可抗力除外。

商标无效或撤销申请可向专利商标局提出，在现行审查条件下，一般需耗时 1 年左右。被申请人一般可提供如下证据材料应对他人以"未使用"为由提出的撤销申请：

- 发票
- 标签
- 市场调查结果
- 产品目录
- 报价单
- 基于互联网的使用
- 营业额证据
- 广告
- 持续维护的网站
- 包装、装潢
- 书面声明

四、其他

瑞士《商标法》第 11 条对商标常见的使用情况也作出了具体规定：（1）在以"使用"声明或维持注册商标权利时，商标应在注册的商品/服务上有真实试用，不可抗力除外；（2）注册商标权利人授权他人的使用视作实际使用；（3）若实际使用商标与注册商标不一致时，未改变注册商标显著特征的，视为注册商标有实际使用。

　　瑞士商标注册时不对"相对理由"进行审查，即官方不会主动审查申请商标是否与在先商标构成近似而主动驳回，因此商标很容易通过并初审予以公告，这就需要权利即使在申请注册成功后还需要持续关注，进行监测，及时进行异议维权以保护自己的商标权。

　　此外，瑞士商标注册时会先颁发注册证再公告，若在公告期内被异议掉，即使已拿到注册证书商标也不能生效。

塞尔维亚

(*Serbia*)

一、概述

塞尔维亚现行商标法规主要基于 2009 年 12 月 24 日生效的《商标法》，2013 年修订。由塞尔维亚知识产权局统一负责管理商标事务，官方语言为塞尔维亚语。商标专用权需要通过注册取得。商标注册不是强制性的，但为了更好地保护商标或进行续展，就必须依法登记注册。塞尔维亚商标注册采用"申请在先"原则，但某些情况下，也可以按"在先使用"主张商标权。

塞尔维亚是《维也纳协定》《商标法条约》《巴黎公约》《尼斯协定》《内罗毕条约》等国际知识产权条约的缔约国；塞尔维亚既是《马德里协定》成员国，也是《马德里议定书》成员国，故商标注册可通过"单国注册"或"马德里注册"的方式办理。

二、商标申请

目前，塞尔维亚采用尼斯分类第 11 版的商品和服务描述，接受一表多类申请。塞尔维亚可注册为商标的要素有：文字、标语、字母、数字、图形、颜色组合、三维标志、声音等。

在塞尔维亚没有住所或主要营业场所或真实、有效的工商企业的自然人或法人，须委托该国专门的代理人办理。商标申请所需的基本材料为：

1. 商标图样；

2. 类别及具体商品项目；

3. 申请人名义及地址；

4. 委托书；

5. 若声明优先权的，需提供优先权证明文件。

申请注册塞尔维亚商标的主要流程为：申请—审查—核准发证—注册公告。申请递交后 1 周左右受理。审查员将对申请进行形式审查和实质审查。形式审查主要审查申请要求和分类信息是否符合规定；实质审查包括对商标显著性、是否违反禁注禁用条款和是否与在先商标形成冲突的审查。审查不能通过的将会下发驳回通知书并要求申请人在驳回通知载明的时限内予以答复，实质审查通过的，则可颁发注册证并将会被安排公告。注册公告期为 3 个月。

顺利的情况下，塞尔维亚商标注册目前需要 9 个月左右；如中途遇到驳回或异议，时间可能延长至 2—3 年。

三、商标维护

塞尔维亚商标注册后 10 年有效，有效期自申请日开始起算；到期日前 6 个月内可以办理续展，宽展期为 6 个月；续展有效期为 10 年。

商标注册后的无效 / 撤销申请，一般可根据塞尔维亚 2009 年 12 月 24 日生效的《商标法》第 59 条至第 70 条的规定提出。无效 / 撤销的理由有：（1）违反本法规定的；（2）与他人在先申请注册的商标相同或近似的；（3）无正当理由，商标注册后连续 5 年未在该国实际使用等。

被申请人一般可提供如下证据材料应对他人以"未使用"为由提出的撤销申请：

- 发票
- 包装、装潢
- 广告
- 产品目录
- 标签
- 书面声明
- 营业额证据
- 报价单
- 市场调查结果

四、其他

塞尔维亚无异议程序，但任何人可向塞尔维亚知识产权局对申请中的商标提出"第三方观察意见"。"第三方观察意见"仅仅起到提醒审查员的作用，不能作为审查员驳回该商标申请的依据，审查员也不会就该"第三方观察意见"做出任何裁定。

塞浦路斯
(*Cyprus*)

一、概述

塞浦路斯现行商标法规主要基于 1962 年《商标法》，于 1990 年、2000 年、2006 年等历次修订。由塞浦路斯企业注册与破差管理局统一负责管理商标事务，官方语言为希腊语。商标专用权需要通过注册取得。商标注册不是强制性的，但为了更好地保护商标或进行续展，就必须依法登记注册。塞浦路斯商标注册采用"申请在先"原则，但某些情况下，也可以按"在先使用"主张商标权。

塞浦路斯是《TRIPS 协定》《内罗毕条约》《巴黎公约》《尼斯协定》《建立世界知识产权组织公约》等国际知识产权条约的缔约国；塞浦路斯既是《马德里协定》成员国，也是《马德里议定书》成员国，同时也是欧盟成员国，故商标注册可通过"单国注册""欧盟注册"或"马德里注册"的方式办理。

二、商标申请

目前，塞浦路斯采用尼斯分类第 11 版的商品和服务描述，仅接受一表一类申请。塞浦路斯可注册为商标的要素有：文字、人名、字母、数字、图形等。

在塞浦路斯没有住所或主要营业场所或真实、有效的工商企业的自然人或法人，须委托该国专门的代理人办理。商标申请所需的基本材料为：

1. 商标图样；

2. 类别及具体商品项目；

3. 申请人名义及地址；

4. 委托书；

5. 若声明优先权的，需提供优先权证明文件。

申请注册塞浦路斯商标的主要流程为：申请—审查—公告—核准发证。申请递交后 3 个月左右受理。审查员将对申请进行形式审查和实质审查。形式审查主要审查申请要求和分类信息是否符合规定；实质审查包括对商标显著性、是否违反禁注禁用条款和是否与在先商标形成冲突的审查。审查不能通过的将会下发驳回通知书并要求申请人在驳回通知载明的时限内予以答复；实质审查通过的，则会安排公告。

公告日起2个月为异议期，任何利害关系人可向企业注册与破差管理局对该商标的注册提出异议，提异议的理由主要有：

1. 与在先商标冲突，如拥有在先的注册商标；

2. 商标缺乏显著性；

3. 商标具有不良影响；

4. 恶意注册；

5. 与在先其他权利冲突，如商号权、外观设计、版权、人名等。

公告期内无人异议或者异议不成立的，商标即可获准注册并颁发注册证。顺利的情况下，塞浦路斯商标注册目前需要3年左右；如中途遇到驳回或异议，时间将大大延长。

三、商标维护

塞浦路斯商标注册后7年有效，有效期自申请日开始起算；到期日前3个月内可以办理续展；续展有效期为14年。

商标注册后，一般可根据1962年塞浦路斯《商标法》第28条的规定提出撤销申请。

依据《商标法》第28条提撤销的主要理由有：（1）商标申请人非善意注册该商标；（2）无正当理由连续5年没有在注册时指定的商品或服务上实际使用商标；（3）在商业中成为该商品或服务的通用名称。

被申请人一般可提供如下证据材料应对他人以"未使用"为由提出的撤销申请：

· 发票   · 包装、装潢   · 广告

· 产品目录   · 标签   · 书面声明

· 营业额证据   · 报价单   · 市场调查结果

圣马力诺
(San Marino)

一、概述

圣马力诺现行商标法规主要基于 2005 年 05 月 25 日第 79 号《工业产权法》。由圣马力诺专利商标局统一负责管理商标事务，官方语言为意大利语。商标专用权需要通过注册取得。商标注册不是强制性的，但为了更好地保护商标或进行续展，就必须依法登记注册。圣马力诺商标注册采用"申请在先"原则，但某些情况下，也可以按"在先使用"主张商标权。

圣马力诺是《内罗毕条约》《巴黎公约》《建立世界知识产权组织公约》《维也纳协定》等国际知识产权条约的缔约国；圣马力诺既是《马德里协定》成员国，也是《马德里议定书》成员国,故商标注册可通过"单国注册"或"马德里注册"的方式办理。

二、商标申请

目前，圣马力诺专利商标局采用尼斯分类第 11 版的商品和服务描述，接受一表多类申请。圣马力诺可注册为商标的要素有：文字、人名、字母、数字、图形、颜色组合等。

在圣马力诺没有住所或主要营业场所或真实、有效的工商企业的自然人或法人，须委托该国专门的代理人办理。商标申请所需的基本材料为：

1. 商标图样；

2. 类别及具体商品项目；

3. 申请人名义及地址；

4. 委托书；

5. 若声明优先权的，需提供优先权证明文件及相应的意大利语翻译件。

申请注册圣马力诺商标的主要流程为：申请—审查—公告—核准发证。申请递交后 2 周左右受理。审查员将对申请进行形式审查和实质审查。形式审查主要审查申请要求和分类信息是否符合规定；实质审查包括对商标显著性、是否违反禁注禁用条款的审查。审查不能通过的将会下发驳回通知书并要求申请人在驳回通知载明的时限内予以答复，实质审查通过的，则将会被安排公告。目前异议程序并未正式施行。

顺利的情况下，圣马力诺商标注册目前需要 18 个月左右；如中途遇到驳回或异议，时间将被延长。

三、商标维权

圣马力诺商标注册后 10 年有效，有效期自申请日开始起算；到期日前 12 个月内可以办理续展，宽展期为 6 个月；续展有效期为 10 年。

商标注册后的撤销申请，一般可根据圣马力诺《工业产权法》规定向法院提出。撤销的理由有:（1）商标成为通用名称;（2）欺骗公众;（3）违反本法或社会道德;（4）无正当理由，商标注册后连续 5 年未在该国实际使用。

被申请人一般可提供如下证据材料应对他人以"未使用"为由提出的撤销申请:

- 发票
- 产品目录
- 营业额证据
- 包装、装潢

- 标签
- 报价单
- 广告
- 书面声明

- 市场调查结果
- 基于互联网的使用
- 持续维护的网站

四、其他

在圣马力诺获准注册的商标可在意大利受保护，同样，在意大利获准注册的商标同时也可在圣马力诺受保护。

圣马力诺商标注册时不对"相对理由"进行审查，即官方不会主动审查申请商标是否与在先商标构成近似而主动驳回，因此商标很容易通过并初审予以公告，这就需要权利人即使在申请注册成功后还需要持续关注，进行监测，及时进行异议维权以保护自己的商标权。

斯洛伐克

（*Slovak*）

一、概述

斯洛伐克现行商标法规主要基于 2009 年 10 月 28 日制定、2010 年 1 月 1 日生效的第 506/2009 号《商标法》。由斯洛伐克工业产权局统一负责管理商标事务，官方语言为斯洛伐克语。商标专用权需要通过注册取得。商标注册不是强制性的，但为了保护商标或进行续展，就必须依法登记注册。斯洛伐克商标注册采用"申请在先"原则，但对于驰名商标，也可以按"在先使用"主张商标权。

斯洛伐克是《内罗毕条约》《商标法条约》《尼斯协定》《巴黎公约》《建立世界知识产权组织公约》《新加坡条约》等国际知识产权条约的缔约国；是欧盟成员国，也是《马德里协定》及《马德里议定书》成员国，故商标注册可通过"单国注册""欧盟注册"或"马德里国际注册"的方式办理。

二、商标申请

目前，斯洛伐克工业产权局采用尼斯分类第 11 版的商品和服务描述，接受一表多类申请。斯洛伐克可注册为商标的要素有：文字、字母、数字、图形、三维标识等。

若申请人非斯洛伐克居住的，须委托本地区专门的代理人办理。商标申请所需的基本材料为：

1. 商标图样；

2. 具体类别及商品 / 服务项目；

3. 申请人名义及地址；

4. 委托书；

5. 若声明优先权的，需提供优先权证明文件及对应的斯洛伐克语翻译件。

申请注册斯洛伐克商标的主要流程为：申请—受理—审查—公告—核准—发证。申请递交后 2 周左右受理。审查员将对申请进行形式审查和实质审查。形式审查主要审查申请要求和分类信息是否符合规定；实质审查包括对商标显著性、是否违反禁注禁用条款和是否与在先商标形成冲突的审查。审查不能通过的则会下发驳回通知书并要求申请人在驳回通知载明的时限内予以答复。实质审查通过后就会安排公告，公告日起 3 个月为异议期，任何利益相关人或在先权利人均可提出异议，提异议的理由主要有：

1. 与在先商标冲突，如拥有在先的注册商标；

2. 商标缺乏显著性；

3. 恶意注册；

4. 与在先其他权利冲突，如外观设计、版权等。

公告期内无人异议或者异议不成立的，商标将正式注册成功。顺利的情况下，斯洛伐克商标注册目前需要 18 个月左右；如中途遇到异议或驳回，时间将被延长。

三、商标维护

斯洛伐克商标注册后 10 年有效，有效期自申请日开始起算；到期日前 12 个月内可以办理续展，宽展期为 6 个月；续展有效期为 10 年。

商标注册后的无效或撤销申请，一般可根据斯洛伐克《商标法》下述条款提出：

1.《商标法》第 23 条：（1）商标有效期届满未进行续展；（2）商标权利人主动申请撤销。

2.《商标法》第 34 条第 1 款：（a）商标注册后连续 5 年未在当国实际使用的，任何人可申请撤销，不可抗力除外；（b）商标经使用已成为通用名称；（c）商标易对公众产生误导，尤其是在商品的性质、质量及商品或服务来源方面的误导

商标无效或撤销申请可向工业产权局提出，在现行审查条件下，一般需耗时 1—2 年。被申请人一般可提供如下证据材料应对他人以"未使用"为由提出的撤销申请：

・发票	・标签	・市场调查结果
・产品目录	・报价单	・基于互联网的使用
・营业额证据	・广告	・持续维护的网站
・包装、装潢	・书面声明	

斯洛文尼亚

(Slovenia)

一、概述

斯洛文尼亚现行商标法规主要基于 2001 年 5 月 23 日制定的《工业产权法》。由斯洛文尼亚知识产权局统一负责管理商标事务，官方语言为斯洛文尼亚语。商标专用权需要通过注册取得。商标注册不是强制性的，但为了保护商标或进行续展，就必须依法登记注册。斯洛文尼亚商标注册采用"申请在先"原则，但少数情况下，也可以按"在先使用"主张商标权。

斯洛文尼亚是《内罗毕条约》《商标法条约》《尼斯协定》《巴黎公约》《建立世界知识产权组织公约》《维也纳协定》等国际知识产权条约的缔约国；是欧盟成员国，也是《马德里协定》及《马德里议定书》成员国,故商标注册可通过"单国注册""欧盟注册"或"马德里国际注册"的方式办理。

二、商标申请

目前，斯洛文尼亚知识产权局采用尼斯分类第 11 版的商品和服务描述，接受一表多类申请。斯洛文尼亚可注册为商标的要素有：文字、字母、数字、图形、三维标识、颜色组合等。

若申请人非斯洛文尼亚居住的，须委托本地区专门的代理人办理。商标申请所需的基本材料为：

1. 商标图样；

2. 具体类别及商品 / 服务项目；

3. 申请人名义及地址；

4. 委托书；

5. 若声明优先权的，需提供优先权证明文件及对应的斯洛文尼亚语翻译件。

申请注册斯洛文尼亚商标的主要流程为：申请—受理—审查—公告—核准—发证。申请递交后 2 周左右受理。审查员将对申请进行形式审查和实质审查。形式审查主要审查申请要求和分类信息是否符合规定；实质审查包括对商标显著性、是否违反禁注禁用条款。审查不能通过的则会下发驳回通知书并要求申请人在驳回通知载明的时限内予以答复。实质审查通过后就会安排公告，公告日起3个月为异议期，任何利益相关人或在先权利人均可提出异议，提异议的理由主要有：

1. 与在先商标冲突，如拥有在先的注册商标；

2. 商标缺乏显著性；

3. 商标仅仅直接表示商品的质量、主要原料、功能、用途、数量、重量、价值、原产地、生产日期或商品或服务的其他特征；

4. 商标仅有由商品自身的性质产生的形状、仅有为获得技术效果而需有的形状、仅有使商品具有实质性价值的形状；

5. 商标具有欺骗性。

公告期内无人异议或者异议不成立的，商标将正式注册成功。顺利的情况下，斯洛文尼亚商标注册目前需要12个月左右；如中途遇到异议或驳回，时间将被延长。

三、商标维护

斯洛文尼亚商标注册后10年有效，有效期自申请日开始起算；到期日前12个月内可以办理续展，宽展期为6个月；续展有效期为10年。

商标注册后的无效或撤销申请，一般可根据斯洛文尼亚《工业产权法》下述条款提出：

《商标法》第119条第1款:(a)恶意注册;(b)商标经使用已成为通用名称;(c)商标易对公众产生误导，尤其是在商品的性质、质量及商品或服务来源方面的误导。

商标无效或撤销申请可向法院提出，在现行审查条件下，一般需耗时1—2年。被申请人一般可提供如下证据材料应对他人以"未使用"为由提出的撤销申请：

- 发票
- 标签
- 市场调查结果
- 产品目录
- 报价单
- 基于互联网的使用
- 营业额证据
- 广告
- 持续维护的网站
- 包装、装潢
- 书面声明

四、其他

斯洛文尼亚商标注册时不对"相对理由"进行审查，即官方不会主动审查申请商标是否与在先商标构成近似而主动驳回，因此商标很容易通过并初审予以公告，这就需要权利人即使在申请注册成功后还需要持续关注，进行监测，及时进行异议维权以保护自己的商标权。

土耳其

(Turkey)

一、概述

土耳其现行商标法规主要基于 1995 年 11 月 5 日颁布的《商标法》，最新修订生效于 2017 年 1 月 10 日。由土耳其专利商标局统一负责管理商标事务，官方语言为土耳其语。商标注册不是强制性的，但为了保护商标或进行续展，就必须依法登记注册。土耳其商标注册采用"使用在先"原则。

土耳其是《TRIPS 协定》《商标法条约》《巴黎公约》《尼斯协定》《WIPO 公约》《新加坡条约》《维也纳协定》等国际知识产权条约的缔约国；土耳其已加入《马德里议定书》，故商标注册也可通过"马德里注册"的方式办理。

二、商标申请

目前，土耳其采用尼斯分类第 11 版的商品和服务描述，接受一表多类申请。土耳其可注册为商标的要素有：文字、名称、图形、三维标识、颜色组合、标语、声音、气味、外观、动态图等，其中，三维标识、颜色组合、声音在申请注册时需要满足特定的要求。

若申请人非土耳其居住的，须委托本国专门的代理人办理。商标申请所需的基本材料为：

1. 商标图样；

2. 具体商品 / 服务项目；

3. 申请人名义及地址；

4. 委托书；

5. 若声明优先权的，需提供优先权证明文件及对应的土耳其语翻译件。

申请注册土耳其商标的主要流程为：申请—审查—公告—核准—发证。申请递交后 1 周左右受理，土耳其专利商标局会进行形式审查和实质审查，审查不能通过的则会下发驳回通知书并要求申请人在驳回通知载明的时限内予以答复；审查通过的即安

排公告，公告日起 3 个月为异议期（申请日在 2017 年 1 月 10 日之后的公告日起 2 个月为异议期），任何利益相关人或在先权利人均可提出异议，提异议的理由主要有：

1. 与在先商标冲突，如拥有在先的注册商标或在先使用的未注册商标；

2. 商标具有描述性；

3. 商标缺乏显著性；

4. 商标具有不良影响；

5. 驰名商标；

6. 恶意注册；

7. 与在先其他权利冲突，如商号权、外观设计、版权、人名等；

8. 通用名称；

9. 地理标识。

公告期内无人异议或者异议不成立的，商标将会被核准注册。顺利的情况下，土耳其商标注册目前需要 1 年左右。顺利的情况下，如中途遇到异议或驳回，时间将会有所延长。

三、商标维护

土耳其商标注册后 10 年有效，有效期自申请日开始起算；到期日前 6 个月内可以办理续展，宽展期为 6 个月；续展有效期为 10 年。

商标注册后的无效或撤销申请，一般可根据下述理由提出：

（1）违反《商标法》规定的；

（2）商标注册后连续 5 年未在当国实际使用的，任何人可申请撤销，不可抗力除外。

商标无效或撤销申请需向法院提出，在现行审查条件下，一般需耗时 2—3 年。被申请人一般可提供如下证据材料应对他人以"未使用"为由提出的撤销申请：

- 发票
- 标签
- 市场调查结果
- 产品目录
- 报价单
- 基于互联网的使用
- 营业额证据
- 广告
- 持续维护的网站
- 包装、装潢
- 书面声明

四、其他

在办理转让时，还需要对转让协议进行公证。

乌克兰
（ *Ukraine* ）

一、概述

乌克兰现行商标法规主要基于 1993 年 12 月 23 日颁布、2015 年 4 月 9 日修订的《商品和服务商标保护法》。由国家知识产权局统一负责管理商标事务，官方语言为乌克兰语、俄罗斯语。商标专用权需要通过注册取得。乌克兰商标注册采用"申请在先"原则，但某些情况下，也可以按"在先使用"主张商标权。

乌克兰是《TRIPS 协定》《商标法条约》《巴黎公约》《尼斯协定》《WIPO 公约》《新加坡条约》《内罗毕条约》等国际知识产权条约的缔约国，也加入了《马德里协定》《马德里议定书》，故商标注册可通过"单国注册"或"马德里国际注册"的方式办理。

二、商标申请

目前，乌克兰国家知识产权局采用尼斯分类第 11 版的商品和服务描述，接受一表多类申请。俄罗斯可注册为商标的要素有：文字、名称、图形、三维标识、颜色组合、声音等。

若申请人非乌克兰居住的，须委托本国专门的代理人办理。商标申请所需的基本材料为：

1. 商标图样；

2. 具体商品项目；

3. 申请人名义及地址；

4. 委托书；

5. 若声明优先权的，需提供优先权证明文件及对应的翻译件。

申请注册乌克兰商标的主要流程为：申请—受理—审查—核准—发证—公告（注册公告）。申请递交后官方先进行形式审查，即审查申请要求和分类信息是否符合规定，一般 3 周左右完成受理。受理后将对商标进行实质审查，包括对商标显著性、是否违反禁注禁用条款和是否与在先商标形成冲突的审查，审查通过后即获准注册并颁发注册证；审查不能通过的则会下发驳回通知书并要求申请人在驳回通知载明的时限内予

以答复。顺利的情况下，乌克兰商标注册目前需要 1 年半左右。

乌克兰目前并无异议程序，任何人认为某一注册商标损害了自己的权利，可通过对该注册商标提无效或撤销申请以维护自己的商标权利。基于"相对理由"的无效申请或撤销申请需在公告后 5 年内提出，基于"绝对理由"的无效申请或撤销申请可在商标注册后任何时间提出。

三、商标维权

乌克兰商标注册后 10 年有效，有效期自申请日开始起算；到期日前 12 个月内可以办理续展，宽展期为 6 个月；续展有效期为 10 年。

商标注册后的无效或撤销申请，一般可根据下述理由提出：

1. 与在先商标冲突，如拥有在先的注册商标和已使用的未注册商标；

2. 恶意注册；

3. 驰名商标；

4. 与在先其他权利冲突，如商号权、外观设计、版权、人名等；

5. 商标缺乏显著性；

6. 商标具有描述性；

7. 行业内的通用名称或词汇；

8. 商标具有不良影响。

商标注册后连续 3 年未在当国实际使用的，任何人可申请撤销，不可抗力除外。被申请人一般可提供如下证据材料应对他人以"未使用"为由提出的撤销申请：

- 发票
- 标签
- 市场调查结果
- 产品目录
- 报价单
- 基于互联网的使用
- 营业额证据
- 广告
- 持续维护的网站
- 包装、装潢
- 书面声明

四、其他

乌克兰目前无异议制度，这与国内差别较大，因此就需要商标权利人主动进行监测，及时维权。

同时，虽然乌克兰商标法规中无正式的异议制度，但被抢注人可以在审查的过程中采用警告函或声明函的方式向审查员予以申诉，若审查员予以采信，则会以答复审查意见的方式要求抢注人予以应答。由于该过程并非法定程序，是否有效往往要取决于当值审查员的判断，但相比于后期撤销程序的复杂性，若被抢注人能提供对自己有利的充分证据，则值得尝试。

西班牙

(Spain)

一、概述

西班牙现行商标法规主要基于 2001 年 12 月 7 日第 17/2001 号《商标法》,2011 年 3 月 4 日第 2/2011 号法予以修订。由西班牙专利商标局统一负责管理商标事务,官方语言为西班牙语。商标专用权需要通过注册取得。商标注册不是强制性的,但为了更好地保护商标或进行续展,就必须依法登记注册。西班牙商标注册采用"申请在先"原则,但某些情况下,也可以按"在先使用"主张商标权。

西班牙是《TRIPS 协定》《日内瓦公约》《巴黎公约》《尼斯协定》《内罗毕条约》等国际知识产权条约的缔约国;西班牙既是《马德里协定》成员国,也是《马德里议定书》成员国,同时也是欧盟成员国,故商标注册可通过"单国注册""欧盟注册"或"马德里注册"的方式办理。

二、商标申请

目前,西班牙专利商标局采用尼斯分类第 11 版的商品和服务描述,接受一表多类申请。西班牙可注册为商标的要素有:文字、人名、字母、数字、图形、颜色组合、立体形状、声音等。

在西班牙没有住所或主要营业场所或真实、有效的工商企业的自然人或法人,须委托该国专门的代理人办理。商标申请所需的基本材料为:

1. 商标图样;

2. 类别及具体商品项目;

3. 申请人名义及地址;

4. 委托书,原件;

5. 若声明优先权的,需提供优先权证明文件。

申请注册西班牙商标的主要流程为:申请—审查(绝对理由)—公告—核准发证。申请递交后 3—5 个工作日受理。审查员将对申请进行形式审查和实质审查。

形式审查主要审查申请要求和分类信息是否符合规定；实质审查包括对商标显著性、是否违反禁注禁用条款的审查。审查不能通过的将会下发驳回通知书并要求申请人在驳回通知载明的时限内予以答复，实质审查通过的，则将会被安排公告。

公告日起 2 个月为异议期，任何人可向注册局长对该商标的注册提出异议，提异议的理由主要有：

1. 与在先商标冲突，如拥有在先的注册商标；

2. 商标缺乏显著性；

3. 商标具有不良影响；

4. 恶意注册；

5. 与在先其他权利冲突，如商号权、外观设计、版权、人名等。

公告期内无人异议或者异议不成立的，可获准注册并颁发注册证。顺利的情况下，西班牙商标注册目前需要 12 个月左右；如中途遇到驳回或异议，时间将会延长，往往可能会耗时 2—3 年。

三、商标维护

西班牙商标注册后 10 年有效，有效期自申请日开始起算；到期日前 6 个月内可以办理续展，宽展期为 6 个月；续展有效期为 10 年。

商标注册后的撤销申请，一般可根据 2001 年 12 月 7 日西班牙《商标法》第 51 条及第 52 条的规定向法院提出。撤销的理由有：(1)违反本法规定的；(2)恶意注册；（3）与他人在先申请注册的商标相同或近似的；（4）无正当理由，商标注册后连续 5 年未在该国实际使用。

被申请人一般可提供如下证据材料应对他人以"未使用"为由提出的撤销申请：

· 发票　　　　　· 标签　　　　　· 市场调查结果

· 产品目录　　　· 报价单　　　　· 基于互联网的使用

· 营业额证据　　· 广告　　　　　· 持续维护的网站

· 包装、装潢　　· 书面声明

四、其他

在西班牙获准注册的商标可在巴利阿里群岛（the Balearic Islands）、加那利群岛（the Canary Islands）、位于北非的休达自治市和梅利利亚自治市（the territories of Ceuta and Melilla in Northern Africa）等西班牙属地获得保护。

西班牙商标注册时不对"相对理由"进行审查，即官方不会主动审查申请商标是否与在先商标构成近似而主动驳回，因此商标很容易通过并初审予以公告，这就需要权利人即使在申请注册成功后还需要持续关注，进行监测，及时进行异议维权以保护自己的商标权。

希腊
(Greece)

一、概述

希腊现行商标法规主要基于 2012 年 4 月 11 日颁布的第 4072/2014 号法令《商标法》，并在 2013 年通过第 4155/2013 号法令予以修订。由希腊工业和产业产权局商标局统一负责管理商标事务，官方语言为希腊语。商标专用权需要通过注册取得。商标注册不是强制性的，但为了更好地保护商标或进行续展，就必须依法登记注册。希腊商标注册采用"申请在先"原则，但某些情况下，也可以按"在先使用"主张商标权。

希腊是《TRIPS 协定》《巴黎公约》《尼斯协定》《WIPO 公约》等国际知识产权条约的缔约国；希腊是《马德里议定书》成员国，也是欧盟成员国，故商标注册可通过"单国注册""欧盟注册"或"马德里注册"的方式办理。

二、商标申请

目前，希腊采用尼斯分类第 11 版的商品和服务描述，接受一表多类申请。希腊可注册为商标的要素有：文字、人名、字母、数字、图形、三维标志、声音、标语及上述要素的组合等。

在希腊没有住所或主要营业场所或真实、有效的工商企业的自然人或法人，须委托该国专门的代理人办理。商标申请所需的基本材料为：

1. 商标图样；

2. 类别及具体商品项目；

3. 申请人名义及地址；

4. 委托书；

5. 若声明优先权的，需提供优先权证明文件。

申请注册希腊商标的主要流程为：申请—受理—审查—公告—核准—发证。申请递交后 1 个月左右完成受理，审查员会对申请进行形式审查和实质审查。形式审查主要审查申请要求和分类信息是否符合规定；实质审查包括对商标显著性、是否违反禁注禁用条款和是否与在先商标形成冲突的审查。审查不能通过的将会下发驳回通知书并要求申请人在驳回通知载明的时限内予以答复，审查通过则予以公告。

公告日起 3 个月为异议期，任何利害关系人可对初审公告的商标提出异议，提异议的理由主要有：

1. 与在先商标冲突，如拥有在先的注册商标；

2. 商标缺乏显著性；

3. 商标具有不良影响；

4. 恶意注册；

5. 与在先其他权利冲突，如商号权、外观设计、版权、人名等。

公告期内无人异议或者异议不成立的，则正式核准注册并颁发注册证。顺利的情况下，希腊商标注册需要 10 个月左右；如中途遇到驳回或异议，时间将大大延长。

三、商标维护

希腊商标注册后 10 年有效，有效期自申请日开始起算；到期日前 12 个月内可以办理续展，宽展期为 6 个月；续展有效期为 10 年。

商标注册后连续 5 年不使用的，任何利益相关人可以申请撤销该注册商标；由于贸易限制、贸易壁垒等不可抗力造成权利人无法正常使用的除外。被申请人一般可提供如下证据材料应对他人以"未使用"为由提出的撤销申请：

- 发票
- 标签
- 市场调查结果
- 产品目录
- 报价单
- 基于互联网的使用
- 营业额证据
- 广告
- 持续维护的网站
- 包装、装潢
- 书面声明

四、其他

由于深陷经济危机，2012 年希腊《商标法》中还引进了"希腊商标"的概念，虽然与证明商标不完全一样，但其旨在提振其国内市场的本土消费、提升希腊品牌的国际竞争力，向消费者保证相应的产品/服务来自希腊。

匈牙利
(*Hungary*)

一、概述

匈牙利现行商标法规主要基于 1997 年《商标和地理标志保护法》，以及根据实践不断更新补充的相关政府法令，如 2007 年第 147 号政府法令规定了电子申请相关的内容。由匈牙利知识产权局统一负责管理商标事务，官方语言为匈牙利语。匈牙利商标注册采用"申请在先"原则。商标注册不是强制性的，但为了更好地保护商标或进行续展，就必须依法登记注册。

匈牙利是《巴黎公约》《商标法条约》《内罗毕条约》《建立世界知识产权组织公约》《TRIPS 协定》等国际知识产权条约的缔约国；匈牙利既是《马德里协定》成员国，也是《马德里议定书》成员国，同时也是欧盟成员国，故商标注册可通过"单国注册""欧盟注册"或"马德里注册"的方式办理。

二、商标申请

目前，匈牙利知识产权局采用尼斯分类第 11 版的商品和服务描述，接受一表多类申请。匈牙利可注册为商标的要素有：文字、字母、图形、数字、标语、颜色组合、立体形状、声音等。

在匈牙利没有住所或主要营业场所或真实、有效的工商企业的自然人或法人，须委托该国专门的代理人办理。商标申请所需的基本材料为：

1. 商标图样；

2. 类别及具体商品项目；

3. 申请人名义及地址；

4. 委托书；

5. 若声明优先权的，需提供优先权证明文件。

申请注册匈牙利商标的主要流程为：申请—审查（绝对理由）—公告—核准发证。申请递交后 2 周左右受理。审查员将对申请进行形式审查和实质审查。形式审查主要审查申请要求和分类信息是否符合规定；实质审查包括对商标显著性、是否违反禁注禁用条款的审查。审查不能通过的将会下发驳回通知书并要求申请人在驳回通知载明的时限内予以答复，实质审查通过的，则将会被安排公告。

公告日起3个月为异议期，任何人可对该商标的注册提出异议，提异议的理由主要有：

1. 与在先商标冲突，如拥有在先的注册商标；

2. 商标缺乏显著性；

3. 商标具有不良影响；

4. 恶意注册；

5. 与在先其他权利冲突，如商号权、外观设计、版权、人名等。

公告期内无人异议或者异议不成立的，可获准注册并颁发注册证。顺利的情况下，匈牙利商标注册目前需要1年左右；如中途遇到驳回或异议，时间将会延长，往往可能会耗时2—3年。

三、商标维护

匈牙利商标注册后10年有效，有效期自申请日开始起算；到期日前12个月内可以办理续展，宽展期为6个月；续展有效期为10年。

商标注册后的撤销/无效申请，一般可根据1997年匈牙利《商标和地理标志保护法》的下述条款提出：

1. 依据《商标法》第33条提撤销：（1）违反本法规定的；（2）与他人在先申请注册的商标相同或近似的；（3）侵犯他人在先权利。

2. 依据《商标法》第34条及第35条提无效：（1）无正当理由，商标注册后连续5年未在该国实际使用；（2）由于注册商标所有人的作为和不作为，使商标成为它所注册的商品或服务的通用名称；（3）商标实际使用可能导致公众对商品/服务的性质、质量和地理来源产生误认。

商标撤销/无效申请可向匈牙利知识产权局提出，一般需耗时1年半到2年。被申请人一般可提供如下证据材料应对他人以"未使用"为由提出的撤销申请：

- 发票
- 营业额证据
- 标签
- 产品目录
- 包装、装潢
- 报价单

- 广告
- 书面声明
- 市场调查结果
- 基于互联网的使用
- 持续维护的网站

四、其他

匈牙利商标注册时不对"相对理由"进行审查，即官方不会主动审查申请商标是否与在先商标构成近似而主动驳回，因此商标很容易通过并初审予以公告，这就需要权利人即使在申请注册成功后还需要持续关注，进行监测，及时进行异议维权以保护自己的商标权。

亚美尼亚
（Armenia）

一、概述

亚美尼亚现行商标法规主要基于 2010 年 7 月 1 日施行的《商标法》，2011 年、2014 年予以修订。由亚美尼亚商标局统一负责管理商标事务，官方语言为亚美尼亚语。商标专用权需要通过注册取得。商标注册不是强制性的，但为了保护商标或进行续展，就必须依法登记注册。亚美尼亚商标注册采用"申请在先"原则，但某些情况下，也可以按"在先使用"主张商标权。

亚美尼亚是《尼斯协定》《TRIPS 协定》《WIPO 公约》《维也纳协定》《巴黎公约》等国际知识产权条约的缔约国；已加入《马德里协定》《马德里议定书》，故商标注册可通过"单国注册"或"马德里注册"的方式办理。

二、商标申请

目前，亚美尼亚商标局采用尼斯分类的商品和服务描述，接受一表多类申请。亚美尼亚可注册为商标的要素有：文字、名称、图形、三维标识、颜色组合、声音等。

若申请人非亚美尼亚居住的，须委托本国专门的代理人办理。商标申请所需的基本材料为：

1. 商标图样；

2. 具体商品 / 服务项目；

3. 申请人名义及地址；

4. 委托书；

5. 若声明优先权的，需提供优先权证明文件及对应的翻译件。

申请注册亚美尼亚商标的主要流程为：申请—受理—形式审查—公告—实质审查—注册。申请递交后 1 周左右受理，亚美尼亚商标局会进行形式审查，审查不能通过的则会下发补正通知书并要求申请人在补正通知载明的时限内予以答复；形式审查通过的即安排公告，公告日起 2 个月为异议期，任何利益相关人或在先权利人均可提出异议，提异议的理由主要有：

1. 与在先商标冲突，如拥有在先的注册商标；

2. 商标具有描述性；

3. 商标缺乏显著性；

4. 商标具有不良影响；

5. 驰名商标；

6. 通用名称；

7. 地理标识；

8. 未经授权使用的标志；

9. 有违公序良俗。

公告期内无人异议或者异议不成立的，商标局将对商标进行实质审查，包括对商标显著性、是否违反禁注禁用条款和是否与在先商标形成冲突的审查，审查通过后即可获准注册并颁发注册证；审查不能通过的则会下发驳回通知书并要求申请人在驳回通知载明的时限内予以答复。

顺利的情况下，亚美尼亚商标注册目前需要 1 年左右。如中途遇到异议或驳回，时间将会有所延长。

三、商标维权

亚美尼亚商标注册后 10 年有效，有效期自申请日开始起算；到期日前 1 年内可以办理续展，宽展期为 6 个月；续展有效期为 10 年。

商标注册后的无效或撤销申请，一般可根据下述理由提出：

1. 违反《商标法》规定的；

2. 商标注册后连续 5 年未在当国实际使用的，任何人可申请撤销，不可抗力除外。

商标撤销或无效申请需向法院提出，在现行审查条件下，一般需耗时 2—3 年。被申请人一般可提供如下证据材料应对他人以"未使用"为由提出的撤销申请：

- 发票
- 产品目录
- 营业额证据
- 包装、装潢
- 标签
- 报价单
- 广告
- 书面声明
- 市场调查结果
- 基于互联网的使用
- 持续维护的网站

四、其他

中文商标在亚美尼亚缺乏显著性，这一点比较特殊，国内申请人在申请保护有中文的商标时要注意。

意大利
（Italy）

一、概述

意大利现行商标法规主要基于2005年2月10日制定，2010年9月2日施行的《工业产权法典》。由意大利专利商标局或者商会统一负责管理商标事务，官方语言为意大利语。商标专用权需要通过注册取得。商标注册不是强制性的，但为了保护商标或进行续展，就必须依法登记注册。意大利商标注册采用"申请在先"原则，但少数情况下，也可以按"在先使用"主张商标权。

意大利是《巴黎公约》《尼斯协定》《内罗毕条约》《商标法条约》《新加坡条约》《维也纳协定》等国际知识产权条约的缔约国；是欧盟成员国，也是《马德里协定》及《马德里议定书》成员国，故商标注册可通过"单国注册""欧盟注册"或"马德里国际注册"的方式办理。

二、商标申请

目前，意大利专利商标局采用尼斯分类第11版的商品和服务描述，接受一表多类申请。意大利可注册为商标的要素有：文字、字母、数字、图形、三维标识、颜色组合等。

若申请人非意大利居住的，须委托本地区专门的代理人办理。商标申请所需的基本材料为：

1.商标图样；

2.具体类别及商品/服务项目；

3.申请人名义及地址；

4.委托书；

5.若声明优先权的，需提供优先权证明文件及对应的意大利语翻译件。

申请注册意大利商标的主要流程为：申请—受理—审查—公告—核准—发证。申请递交后1周左右受理。审查员将对申请进行形式审查和实质审查。形式审查主要审查申请要求和分类信息是否符合规定；实质审查包括对商标显著性、是否违反禁注禁

用条款的审查。审查不能通过的则会下发驳回通知书并要求申请人在驳回通知载明的时限内予以答复。实质审查通过后就会安排公告，公告日起 3 个月为异议期，任何利益相关人或在先权利人均可提出异议，提异议的理由主要有：

1. 与在先商标冲突，如拥有在先的注册商标；

2. 商标缺乏显著性；

3. 商标具有不良影响；

4. 恶意注册；

5. 与在先其他权利冲突，如商号权、外观设计、版权、人名等。

公告期内无人异议或者异议不成立的，商标将正式注册成功。顺利的情况下，意大利商标注册目前需要 10 个月左右；如中途遇到异议或驳回，时间将被延长。

三、商标维护

意大利商标注册后 10 年有效，有效期自申请日开始起算；到期日前 12 个月内可以办理续展，宽展期为 6 个月；续展有效期为 10 年。

商标注册后的无效或撤销申请，一般可根据意大利《工业产权法典》下述条款提出：

《工业产权法典》第 26 条：违反本法第 13 条第 4 款，商标成为行业通用名称；违反本法第 14 条第 2 款，商标易对公众产生误导，尤其是在商品的质量及商品或服务来源方面的误导；违反本法第 24 条，商标注册后连续 5 年未在当国实际使用的，任何人可申请撤销，不可抗力除外。

商标无效或撤销申请可向商标局提出，在现行审查条件下，一般需耗时 1—2 年。被申请人一般可提供如下证据材料应对他人以"未使用"为由提出的撤销申请：

· 发票	· 标签	· 市场调查结果
· 产品目录	· 报价单	· 基于互联网的使用
· 营业额证据	· 广告	· 持续维护的网站
· 包装、装潢	· 书面声明	

四、其他

意大利注册商标可以在圣马力诺受到保护。

意大利商标注册时不对"相对理由"进行审查，即官方不会主动审查申请商标是否与在先商标构成近似而主动驳回，因此商标很容易通过并初审予以公告，这就需要权利人即使在申请注册成功后还需要持续关注，进行监测，及时进行异议维权以保护自己的商标权。

英国

(The United Kingdom)

一、概述

英国现行商标法规主要基于 1994 年 7 月 10 日的《商标法》。由英国知识产权局统一负责管理商标事务，官方语言为英语。英国商标注册采用"使用在先"原则。商标注册不是强制性的，但为了更好地保护商标或进行续展，就必须依法登记注册。

英国是《巴黎公约》《伯尔尼公约》《罗马公约》《专利合作条约》《TRIPS 协定》等国际知识产权条约的缔约国；英国为《马德里协定》成员国和欧盟成员国，故商标注册可通过"单国注册""欧盟注册"或"马德里注册"的方式办理。

二、商标申请

目前，英国知识产权局采用尼斯分类第 11 版的商品和服务描述，接受一表多类申请。英国可注册为商标的要素有：文字、字母、图形、记号、动态图、颜色组合、立体形状、声音、气味等。

在英国没有住所或主要营业场所或真实、有效的工商企业的自然人或法人，须委托该国专门的代理人办理。商标申请所需的基本材料为：

1. 商标图样；

2. 类别及具体商品项目；

3. 申请人名义及地址；

4. 若声明优先权的，需提供优先权证明文件。

申请注册英国商标的主要流程为：申请—审查（绝对理由）—公告—核准发证。申请递交后 1 周左右受理。审查员将对申请进行形式审查和实质审查。形式审查主要审查申请要求和分类信息是否符合规定；实质审查包括对商标显著性、是否违反禁注禁用条款的审查。审查不能通过的将会下发驳回通知书并要求申请人在驳回通知载明的时限内予以答复，实质审查通过的，则将会被安排公告。

公告日起 2 个月为异议期，任何人可向注册局对该商标的注册提出异议，提异

议的理由主要有：

1. 与在先商标冲突，如拥有在先的注册商标；

2. 商标缺乏显著性；

3. 商标具有不良影响；

4. 恶意注册；

5. 与在先其他权利冲突，如商号权、外观设计、版权、人名等。

公告期内无人异议或者异议不成立的，可获准注册并颁发注册证。顺利的情况下，英国商标注册目前需要 6 个月左右；如中途遇到驳回或异议，时间可能延长至 2—3 年。

三、商标维护

英国商标注册后 10 年有效，有效期自申请日开始起算；到期日前 6 个月内可以办理续展，宽展期为 6 个月，另外还有 6 个月的恢复期；续展有效期为 10 年。

商标注册后的撤销 / 无效申请，一般可根据 1994 年英国《商标法》下述条款提出：

1. 依据《商标法》第 46 条提撤销：（1）无正当理由，商标注册后连续 5 年未在该国实际使用；（2）由于注册商标所有人的作为和不作为，使商标成为它所注册的商品或服务的通用名称；（3）商标实际使用可能导致公众对商品 / 服务的性质、质量和地理来源产生误认。

2. 依据《商标法》第 47 条提无效：（1）违反本法规定的；（2）恶意注册；（3）与他人在先申请注册的商标相同或近似的。

商标撤销 / 无效申请可向英国知识产权局提出，一般需耗时 1 年半到 2 年。被申请人一般可提供如下证据材料应对他人以"未使用"为由提出的撤销申请：

· 发票	· 标签	· 市场调查结果
· 产品目录	· 报价单	· 基于互联网的使用
· 营业额证据	· 广告	· 持续维护的网站
· 包装、装潢	· 书面声明	

四、其他

在英国获准注册的商标可在英属印度洋领地（the British Indian Ocean Territory）、福克兰群岛（the Falkland Islands）、马恩岛（the Isle of Man）等英属地自动延伸保护。另外，基于英国商标可申请在众多英属地延伸保护，例如开曼群岛（Cayman Islands）、根西岛（Guernsey）、安圭拉（Anguilla）、百慕大（Bermuda）、泽西岛（Jersey）、英属维尔京群岛（British Virgin Islands）、直布罗陀（Gibraltar）、蒙特塞拉特（Montserrat）、圭亚那（Guyana）、基里巴斯（Kiribati）、圣赫勒拿（Saint Helena）、所罗门群岛（Solomon Islands）、图瓦卢（Tuvalu）。

　　英国商标注册时不对"相对理由"进行审查，即官方不会以申请商标与在先商标构成近似而主动驳回，因此商标很容易通过初审并予以公告，这就需要权利人即使在申请注册成功后还需要持续关注，进行监测，及时进行异议维权以保护自己的商标权。

泽西岛
(Jersey Island)

一、概述

泽西岛又名玑瑁洲，是英国三大皇家属地之一。地处英国群岛与欧洲大陆之中，位于诺曼底半岛外海 20 千米处的海面上，面积 45 平方英里（116.2 平方千米），人口 7.6 万，是英吉利海峡靠近法国海岸线的海峡群岛里，面积与人口数都最大的一座。

泽西岛现行商标法规主要基于 2000 年的《商标法》。泽西岛官方语言为英语、法语。商标专用权需要通过注册取得。泽西岛的商标保护只能通过基于已有的英国注册基础申请保护。

泽西岛尚未加入任何国际知识产权条约。

二、商标申请

基于已有的英国注册基础提交申请的，必须基于英国单国申请。欧盟注册商标或马德里指定英国的商标可自动在泽西岛获准保护。泽西岛可注册为商标的要素有：文字、字母、图形、记号、动态图、颜色组合、立体形状等。若申请人非该地区居住的，须委托该地区专门的代理人办理。商标申请所需的基本材料为：

1. 商标图样；

2. 具体类别及商品项目，必须与英国注册基础相同；

3. 申请人名义及地址，必须与英国注册基础相同；

4. 委托书；

5. 英国知识产权局下发的注册证明原件；

6. 不能声明优先权。

基于已有的英国基础申请注册泽西岛商标的主要流程为：申请—受理—审查—核准—发证。申请递交后 2—3 周受理。审查员将对申请进行形式审查和实质审查。形式审查主要审查申请要求和分类信息是否符合规定。实质审查主要审查该商标是否违反《商标法》的禁止性规定。审查不通过的，会被驳回；审查通过的则可获准注册并颁发注册证。无公告制度。顺利的情况下，基于已有的英国注册基础在泽西岛申请注册商标目前需要 1 年左右。

三、商标维护

泽西岛商标基于已有的英国注册基础注册后有效期同英国基础注册，到期日前 6 个月内可以办理续展，宽展期为 6 个月，续展有效期亦同英国基础注册。

商标注册后，一般可根据《商标法》第 10 条的规定向泽西岛法院提出商标撤销申请。在现行审查条件下，一般需耗时 3—5 年。

四、其他

基于已有的英国注册基础申请的泽西岛注册，转让、变更、续展均必须提供英国基础注册的转让、变更、续展证明。若英国基础注册因为撤销、未续展无效的，泽西岛注册也将无效。

直布罗陀

(*Gibraltar*)

一、概述

直布罗陀是欧洲伊比利亚半岛南端的城市和港口。直布罗陀现行商标法规主要基于 1949 年 1 月 1 日生效的第 1948-31 号《商标法》。由直布罗陀商标注册处统一负责管理商标事务，官方语言为英语。商标专用权需要通过注册取得。商标注册不是强制性的，但为了保护商标或进行续展，就必须依法登记注册。

直布罗陀尚未加入任何国际知识产权条约。

二、商标申请

直布罗陀必须基于已有的英国注册基础提交申请，马德里指定英国或欧盟申请不能视为有效基础。若申请人非直布罗陀居住的，须委托本地区专门的代理人办理。商标申请所需的基本材料为：

1. 商标图样；

2. 具体类别及商品项目，必须与英国注册基础相同；

3. 申请人名义及地址，必须与英国注册基础相同；

4. 委托书；

5. 英国知识产权局下发的注册证明原件；

6. 不能声明优先权。

基于已有的英国基础申请注册直布罗陀商标的主要流程为：申请—受理—形式审查—核准—发证。申请递交后 2—3 周受理。审查员将对申请进行形式审查。形式审查主要审查申请要求和分类信息是否符合规定。无实质审查和公告制度。顺利的情况下，直布罗陀申请注册目前需要 3 个月左右。

三、商标维护

直布罗陀商标有效期同英国基础注册，提前 6 个月可以办理续展，宽展期为 6 个月，续展有效期亦同英国基础注册。

商标注册后连续 5 年未在该地区实际使用的，任何人可申请撤销，不可抗力除外。被申请人一般可提供如下证据材料应对他人以"未使用"为由提出的撤销申请：

- 发票
- 产品目录
- 营业额证据
- 包装、装潢
- 标签
- 报价单
- 广告
- 书面声明
- 市场调查结果

四、其他

直布罗陀注册商标的转让、变更、续展均必须提供英国单国基础注册的转让、变更、续展证明。若英国基础注册因为撤销、未续展无效的，直布罗陀注册也将无效。

第四部分
美洲

阿根廷

(*Argentina*)

一、概述

阿根廷现行商标法规主要基于 1980 年 12 月 26 日颁布的《商标和标记法》，于 2015 年 11 月 25 日修订，目前修订正在推进中。由阿根廷国家工业产权局统一负责管理知识产权事务，官方语言为西班牙语。商标专用权需要通过注册取得。商标注册不是强制性的，但为了保护商标或进行续展，就必须依法登记注册。阿根廷商标注册采用"申请在先"原则，但某些情况下，也可以按"在先使用"主张商标权。

阿根廷是《TRIPS 协定》《巴黎公约》《尼斯协定》《WIPO 公约》《内罗毕条约》等国际知识产权条约的缔约国，暂未加入《马德里协定》或《马德里议定书》，故商标注册只能通过"单国注册"的方式办理。

二、商标申请

目前，阿根廷国家工业产权局采用尼斯分类第 11 版的商品和服务描述，不接受一表多类申请。阿根廷可注册为商标的要素有：文字、名称、图形、三维标识、颜色组合、标语、声音、气味、动态图等，其中，声音、气味和动态图在申请注册时需要满足特定的要求。

若申请人非阿根廷居住的，须委托本国专门的代理人办理。商标申请所需的基本材料为：

1. 商标图样；

2. 类别及具体商品项目；

3. 申请人名义及地址；

4. 委托书使馆认证；

5. 若声明优先权的，需提供优先权证明文件及对应的西班牙语翻译件，翻译件还须经该国有翻译资质的专业译员签字确认。

申请注册阿根廷商标的主要流程为：申请—受理—公告—审查—核准—发证。申

请递交后工业产权局先进行形式审查，即审查申请材料和分类信息是否符合规定，一般 2 周左右完成受理。受理后就会安排公告，公告日起 30 天内为异议期，任何利益相关人或在先权利人均可提出异议，提异议的理由主要有：

1. 与在先商标冲突，如拥有在先的注册商标；

2. 商标缺乏显著性；

3. 商标具有不良影响；

4. 恶意注册；

5. 与在先其他权利冲突，如商号权、外观设计、版权、人名等；

6. 标语商标缺乏原创性。

公告期内无人异议或者异议不成立的，工业产权局将对商标进行实质审查，包括对商标显著性、是否违反禁注禁用条款和是否与在先商标形成冲突的审查，审查通过后即可获准注册并颁发注册证；审查不能通过的则会下发驳回通知书并要求申请人在驳回通知载明的时限内予以答复。顺利的情况下，阿根廷商标注册目前需要 1 年半左右；如中途遇到异议或驳回，时间将会大大延长，往往可能会耗时 3—5 年。

三、商标维护

阿根廷商标注册后 10 年有效，有效期自注册日开始起算；到期日前 2 个月内可以办理续展，无宽展期；续展有效期为 10 年。

商标注册后的无效或撤销申请，一般可根据阿根廷《商标法》（1980 年第 22362 号法令）下述两个条款提出：

1.《商标法》第 24 条：（1）违反本法规定的；（2）申请商标时已知或应知有他人权利在先的，可申请无效。

2.《商标法》第 26 条：商标注册后连续 5 年未在当国实际使用的，任何人可申请撤销，不可抗力除外。

商标无效或撤销申请可向联邦法院民商案件一审厅提出，在现行审查条件下，一般需耗时 4—5 年。被申请人一般可提供如下证据材料应对他人以"未使用"为由提出的撤销申请：

· 发票	· 营业额证据	· 标签
· 产品目录	· 包装、装潢	· 报价单

- 广告
- 市场调查结果
- 持续维护的网站
- 书面声明
- 基于互联网的使用

四、其他

阿根廷采用公告前置程序，即先公告供第三方异议，再进行实质审查，所以即使顺利通过异议程序也不代表商标一定能够注册成功，这与国内区别较大。

另外，截至审稿时的最新进展，阿根廷《商标法》最新修订将结束具有 120 多年历史的由法院审理商标异议的程序，同时增加注册后使用证据和使用宣誓提交等要求，但对于续展时限仍没有明确的规定。

阿鲁巴
(Aruba)

一、概述

阿鲁巴是位于加勒比海南部小安的列斯群岛最西端的荷兰海外领地，由于是个独立的自治区，阿鲁巴下面并没有更小的次行政区划分，在它的东方紧邻两座荷属安地列斯群岛的岛屿库拉索、波内赫也是荷兰属地，三座岛屿经常被合称为"ABC 群岛"。

阿鲁巴 1986 年实现自治，现行商标法规主要基于 1989 年的第 46 号法案《国家商标条例》和 1997 年的第 31 号法令，由知识产权局统一负责管理商标事务，官方语言为荷兰语。

二、商标申请及维护

申请人可以在当地进行"单国注册"，若申请人非阿鲁巴居住的，须委托当地专门的代理人办理。商标申请所需的基本材料为：

1. 商标图样；

2. 具体商品项目；

3. 申请人名义及地址；

4. 委托书；

5. 若声明优先权的，需提供优先权证明文件及对应的荷兰语翻译件。

阿鲁巴采用尼斯分类，接受一表多类申请，商标注册一般需要 3 个月左右，核准后颁发当地注册证。商标公告注册后 6 个月为异议期，任何人可以向官方提出异议。

阿鲁巴商标注册后 10 年有效，有效期自申请日开始起算；到期日前 6 个月内可以办理续展，宽展期为 3 个月；续展有效期为 10 年。

三、其他

阿鲁巴商标注册采用"使用在先"原则，但专用权仅限在 3 年内已实际使用的产品或服务上。最先申请注册商标者也视为商标的在先使用者，但专用权仅限在过去 3 年以上没有使用且已申请注册的类别上。

安圭拉
（*Anguilla*）

一、概述

安圭拉是英国海外领土，位于东加勒比海背风群岛的北端，距圣基茨岛西北 113 千米，邻近英属处女岛。属亚热带气候，年平均气温 27℃。现行商标法规主要基于 2002 年的第 8 号法案《商标法》，官方语言为英语。

由于安圭拉属于英国海外自治领地，当地商标注册有两种方式，既可以直接向当地商标注册局申请注册保护，也可以通过基于英国注册请求延伸保护。

二、商标申请及维护

（一）基于英国注册请求延伸保护

若基于英国注册请求延伸保护的，申请人可以在英国商标有效期内任何时间申请在安圭拉的延伸保护，若申请人非安圭拉居住的，须委托当地专门的代理人办理。商标申请所需的基本材料为：

1.商标图样；

2.具体商品项目；

3.申请人名义及地址；

4.委托书，需公证；

5.英国商标注册证明；

6.若声明优先权的，需提供优先权证明文件及对应的英语翻译件。

基于英国注册请求延伸保护的，注册一般需要半年左右，商标核准后颁发注册证书。商标权自英国注册日开始生效，但在该地区遇到商标侵权纠纷时，只有在安圭拉当地政府也核准保护的情况下才能发起维权。若基于英国注册延伸保护，商标有效期和英国的基础注册保持一致。

（二）直接在当国申请保护

申请人也可以在当地进行"单国注册"，若申请人非安圭拉居住的，须委托当地

专门的代理人办理。商标申请所需的基本材料为：

1. 商标图样；

2. 具体商品项目；

3. 申请人名义及地址；

4. 委托书，需公证；

5. 若声明优先权的，需提供优先权证明文件及对应的英语翻译件。

安圭拉采用尼斯分类，接受一表多类申请，商标注册一般需要 3 个月左右，核准后颁发当地注册证。安圭拉商标注册后 10 年有效，有效期自申请日开始起算；到期日前 6 个月内可以办理续展，宽展期为 6 个月；续展有效期为 10 年。商标注册后满 5 年连续不使用的，任何人可以申请撤销。

三、其他

安圭拉"单国注册"采用尼斯分类，而基于英国注册请求延伸保护时商品和服务以英国注册证载明的为限。于 2003 年之前注册的商标，由于当时未采用尼斯国际分类，在办理续展时需要重新予以分类。

基于英国注册请求延伸保护的商标，在办理转让时，除了要提供经公证的转让声明外，还需提供在英国已办理该转让的证明文件。

安提瓜和巴布达

(*Antigua and Barbuda*)

一、概述

安提瓜和巴布达现行商标法规主要基于 2006 年 10 月 1 日生效的《商标法》。由知识产权局负责管理商标事务，官方语言为英语。商标专用权需要通过注册取得。商标注册不是强制性的，但为了保护商标或进行续展，就必须依法登记注册。安提瓜和巴布达商标注册采用"申请在先"原则。

安提瓜和巴布达是《巴黎公约》《WIPO 公约》等国际知识产权条约的缔约国；是《马德里议定书》成员国，故商标注册可通过"单国注册"或"马德里国际注册"的方式办理。

二、商标申请

目前，安提瓜和巴布达采用尼斯分类第 11 版的商品和服务描述，接受一表多类申请。安提瓜和巴布达可注册为商标的要素有：文字、图形、字母、数字等。

若申请人非安提瓜和巴布达居住的，须委托本国专门的代理人办理。商标申请所需的基本材料为：

1. 商标图样；

2. 具体类别及商品 / 服务项目；

3. 申请人名义及地址；

4. 若声明优先权的，需提供优先权证明文件及对应的英语翻译件。

申请注册安提瓜和巴布达商标的主要流程为：申请—受理—审查—公告—核准—发证。申请递交后 1—2 周受理。审查员将对申请进行形式审查和实质审查。形式审查主要审查申请要求和分类信息是否符合规定；实质审查包括对商标显著性、是否违反禁注禁用条款和是否与在先商标形成冲突的审查。审查不能通过的将会下发驳回通知书并要求申请人在驳回通知载明的时限内予以答复，实质审查通过的，则将会被安排公告。

公告日起 3 个月为异议期，任何利益相关人或在先权利人均可提出异议，提异议的理由主要有：

1. 与在先商标冲突，如拥有在先的注册商标或在先使用的未注册商标；

2. 商标缺乏显著性；

3. 商标具有描述性；

4. 商标具有欺骗性；

5. 商标具有不良影响；

6. 驰名商标；

7. 与在先其他权利冲突，如商号权、外观设计、版权、人名等。

公告期内无人异议或者异议不成立的，可获准注册并颁发注册证。顺利的情况下，安提瓜和巴布达商标注册目前需要 1 年左右；如中途遇到异议或驳回，时间将会大大延长。

三、商标维护

安提瓜和巴布达商标注册后 10 年有效，有效期自申请日开始起算；到期日前 6 个月可以办理续展，宽展期为 6 个月；续展有效期为 10 年。

商标注册后的无效或撤销申请，一般可根据安提瓜和巴布达《商标法》下述条款提出：

1. 违反本法规定的；

2. 恶意抢注；

3. 商标注册后连续 3 年未在当国实际使用的，任何人可申请撤销，不可抗力除外。

商标无效或撤销申请可向安提瓜和巴布达商标局提出，在现行审查条件下，一般需耗时 2—3 年。被申请人一般可提供如下证据材料应对他人以"未使用"为由提出的撤销申请：

- 发票
- 包装、装潢
- 广告
- 产品目录
- 标签
- 书面声明
- 营业额证据
- 报价单
- 市场调查结果

巴巴多斯

(*Barbados*)

一、概述

巴巴多斯独立于 1966 年 11 月 30 日，有稳固的民主政体，是英联邦成员。位于东加勒比海小安的列斯群岛最东端，为珊瑚石灰岩海岛，是小安的列斯群岛的一员，也是加勒比海的旅游胜地。

现行商标法规主要基于 1981 年《商标法》，并通过 2001 年 7 月 26 号的第 16/2001 号法案予以修订，由巴巴多斯公司事务及知识产权注册局统一负责管理商标事务，官方语言为英语。

二、商标申请及维护

申请人可以在当地进行"单国注册"，若申请人非巴巴多斯居住的，须委托当地专门的代理人办理。商标申请所需的基本材料为：

1. 商标图样；

2. 具体商品项目；

3. 申请人名义及地址；

4. 委托书，需公证 / 盖公章；

5. 若声明优先权的，需提供优先权证明文件及对应的英语翻译件。

巴巴多斯采用尼斯分类，不接受一表多类申请，商标注册一般需要 2 年左右，商标初审公告后 90 天为异议期，公告期内无人异议或异议不成立则核准并颁发注册证。巴巴多斯商标注册后 10 年有效，有效期自注册日起算；到期日前 6 个月内可以办理续展，宽展期为 6 个月；续展有效期为 10 年。商标注册后满 5 年连续不使用的，任何人可以申请撤销。

三、其他

巴巴多斯商标转让时除了需要经公证 / 签字盖章的委托书外，还需提交转让声明，需原件或公证件。

巴哈马

(Bahamas)

一、概述

巴哈马现行商标法规主要基于 1906 年 5 月 29 日颁布的《商标法 1906》（最新修改至 1987 年第 5 号法）。由巴哈马商标局统一负责管理商标事务，官方语言为英语。商标专用权需要通过注册取得。商标注册不是强制性的，但为了保护商标或进行续展，就必须依法登记注册。巴哈马商标注册采用"申请在先"的原则。

巴哈马是《巴黎公约》《WIPO 公约》《日内瓦公约》等国际知识产权条约的缔约国；巴哈马暂时未加入《马德里协定》或《马德里议定书》，故商标注册只能通过"单国注册"的方式办理。

二、商标申请

目前，巴哈马商标局采用当国分类，不接受一表多类申请，按类收费。巴哈马构成注册商标的要素有：图形、品牌、标签、名字、签名、文字、字母或上述组合等。

若申请人非巴哈马居住的，须委托本国专门的代理人办理。商标申请所需的基本材料为：

1. 商标图样；

2. 具体类别及商品 / 服务项目；

3. 申请人名义及地址；

4. 委托书原件，需签字盖章；

5. 若声明优先权的，需提供优先权证明文件。

申请注册巴哈马商标的主要流程为：申请—受理—审查—公告—核准—发证。申请递交后一般 1—2 个月决定是否受理。审查员将对申请进行形式审查和实质审查。形式审查，即审查申请要求和分类信息是否符合规定；而实质审查，包括对商标显著性、是否违反禁注禁用条款和是否与在先商标形成冲突的审查。审查通过后就会安排公告，公告日起 1 个月为异议期，任何利益相关人或在先权利人均可提出异议，提异议的理由主要有：

1. 与在先商标冲突，如拥有在先的注册商标；

2. 商标缺乏显著性；

3. 商标具有不良影响；

4. 恶意注册；

5. 与在先其他权利冲突，如商号权、外观设计、版权、人名等；

6. 标语商标缺乏原创性。

公告期内无人异议或者异议不成立的，即可获准注册并颁发注册证。审查不能通过的则会下发驳回通知书并要求申请人在驳回通知载明的时限内予以答复。顺利的情况下，巴哈马商标注册目前需要 3 年左右；如中途遇到异议或驳回，时间将会大大延长，往往可能会耗时 8 年左右。

三、商标维护

巴哈马商标注册后 14 年有效，有效期自注册日开始起算；到期日前 6 个月可以办理续展，宽展期为 1 个月；续展有效期为 14 年。

商标注册后的无效或撤销申请，一般可根据巴哈马《商标法》下列条款提出：

1.《商标法》第 34 条：（1）违反本法规定的；（2）商标注册后连续 5 年未在当国使用的，任何人可申请无效。

2.《商标法》第 40 条：申请商标时已知或应知有他人权利在先的，可申请无效。

商标撤销或无效申请可向巴哈马最高法院提出，在现行审查条件下，一般需耗时 4—5 年。被申请人一般可提供如下证据材料应对他人以"未使用"为由提出的撤销申请：

·发票	·标签	·市场调查结果
·产品目录	·报价单	·基于互联网的使用
·营业额证据	·广告	·持续维护的网站
·包装、装潢	·书面声明	

四、其他

巴哈马的商标注册申请采用当国分类，与国际尼斯分类不同。

巴拉圭
(*Paraguay*)

一、概述

巴拉圭现行商标法规主要基于 1998 年 10 月 1 日颁布的《商标法》。由巴拉圭国家工业产权局统一负责管理商标事务，官方语言为西班牙语。商标专用权需要通过注册取得。商标注册不是强制性的，但为了保护商标或进行续展，就必须依法登记注册。巴拉圭商标注册采用"申请在先"原则，但某些情况下，也可以按"在先使用"主张商标权。

巴拉圭是《TRIPS 协定》《巴黎公约》《WIPO 公约》等国际知识产权条约的缔约国；暂未加入《马德里协定》或《马德里议定书》，故商标注册只能通过"单国注册"的方式办理。

二、商标申请

目前，巴拉圭国家工业产权局采用尼斯分类第 11 版的商品和服务描述，不接受一表多类申请。巴拉圭可注册为商标的要素有：文字、名称、图形、三维标识、颜色组合等。

若申请人非巴拉圭居住的，须委托本国专门的代理人办理。商标申请所需的基本材料为：

1. 商标图样；

2. 具体商品 / 服务项目；

3. 申请人名义及地址；

4. 公证的委托书；

5. 若声明优先权的，需提供优先权证明文件及对应的西班牙语翻译件。

申请注册巴拉圭商标的主要流程为：申请—受理—形式审查—公告—实质审查—核准—发证。申请递交 1 周左右受理，工业产权局先进行形式审查，即审查申请要求和分类信息是否符合规定。

形式审查通过后即安排公告，公告日起 60 个工作日为异议期，任何利益相关人或在先权利人均可提出异议，提异议的理由主要有：

1. 与在先商标冲突，如拥有在先的注册商标；

2. 商标缺乏显著性；

3. 商标具有不良影响；

4. 驰名商标；

5. 恶意注册；

6. 与在先其他权利冲突，如商号权、外观设计、版权、人名等；

7. 禁止使用的徽章、标志。

公告期内无人异议或者异议不成立的，工业产权局将对商标进行实质审查，包括对商标显著性、是否违反禁注禁用条款和是否与在先商标形成冲突的审查，审查通过后即可获准注册并颁发注册证；审查不能通过的则会下发驳回通知书并要求申请人在驳回通知载明的时限内予以答复。

顺利的情况下，巴拉圭商标注册目前需要 1 半左右；如中途遇到异议或驳回，时间将会大大延长，往往可能会耗时 2—3 年。

三、商标维护

巴拉圭商标注册后 10 年有效，有效期自注册日开始起算；到期日前 6 个月内可以办理续展，宽展期为 6 个月；续展有效期为 10 年。

商标注册后的无效或撤销申请，一般可根据下述理由提出：

1. 违反《商标法》规定的；

2. 商标注册后连续 5 年未实际使用的，任何人可申请撤销，不可抗力除外。

在现行审查条件下，一般需耗时 2—3 年。被申请人一般可提供如下证据材料应对他人以"未使用"为由提出的撤销申请：

·发票	·包装、装潢	·书面声明
·产品目录	·标签	·市场调查结果
·营业额证据	·广告	·报价单

四、其他

巴拉圭采用公告前置程序，即先公告供第三方异议，再进行实质审查，所以即使顺利通过异议程序也不代表商标一定能够注册成功，这与国内区别较大。办理商标转让，需公证认证的转让协议及公证的受让人委托书。

巴拿马

（*Panama*）

一、概述

巴拿马现行商标法规主要基于 1996 年 11 月 10 日颁布的《工业产权法》，于 2012 年和 2017 年修订。由巴拿马商务及工业部工业产权注册中心统一负责管理商标事务，官方语言为西班牙语。商标专用权需要通过注册取得。商标注册不是强制性的，但为了保护商标或进行续展，就必须依法登记注册。巴拿马商标注册采用"使用在先"原则，巴拿马是《巴黎公约》《WIPO 公约》《商标法条约》等国际知识产权条约的缔约国；既不是《马德里协定》成员国，也不是《马德里议定书》成员国，故商标注册只可以通过"单国注册"方式办理。

二、商标申请

目前，巴拿马商标申请采用尼斯分类第 11 版的商品和服务描述，接受一表多类申请。巴拿马可注册为商标的要素有：文字、名称、图形、颜色组合、声音、气味等。

若申请人非巴拿马居住的，须委托本国专门的代理人办理。商标申请所需的基本材料为：

1. 商标图样；

2. 具体类别及商品／服务项目；

3. 申请人名义及地址；

4. 委托书；

5. 说明商标在该国是意向使用或实际使用；

6. 若声明优先权的，需提供优先权证明文件。

申请注册巴拿马商标的主要流程为：申请—受理—审查—公告—核准—发证。申请递交后 2—3 周受理。审查员将对申请进行形式审查和实质审查。形式审查主要审查申请要求和分类信息是否符合规定；实质审查包括对商标显著性、是否违反禁注禁用条款和是否与在先商标形成冲突的审查。审查不能通过的将会下发驳回通知书并要求申请人在驳回通知载明的时限内予以答复，实质审查通过的，则将会被安排公告。公告日起 2 个月为异议期，任何利益相关人或在先权利人均可提出异议，提异议的理由主要有：

1. 与在先商标冲突，如拥有在先的注册商标；

2. 商标缺乏显著性；

3. 商标具有不良影响；

4. 恶意注册；

5. 与在先其他权利冲突，如商号权、外观设计、版权、人名等。

公告期内无人异议或者异议不成立的，可获准注册并颁发注册证。顺利的情况下，巴拿马商标注册目前需要 1 年左右；如中途遇到异议或驳回，时间将会延长至 2—3 年。

三、商标维护

巴拿马商标注册后 10 年有效，有效期自申请日起算；到期日前 12 个月内需办理续展，宽展期为 6 个月。续展有效期为 10 年。

商标注册后的无效或撤销申请，一般可根据下述理由提出：

1. 违反《商标法》规定的；申请商标时已知或应知有他人权利在先的。

2. 商标注册后连续 5 年未在当国实际使用的，任何人可申请撤销，不可抗力除外。

商标无效或撤销申请可向巴拿马国家法院提出，在现行审查条件下，一般需耗时 2—3 年。被申请人一般可提供如下证据材料应对他人以"未使用"为由提出的撤销申请：

- 发票
- 包装、装潢
- 广告
- 产品目录
- 标签
- 书面声明
- 营业额证据
- 报价单
- 市场调查结果

巴西
(*Brazil*)

一、概述

巴西现行商标法规主要基于 1997 年 5 月 15 日生效的《知识产权法》。由巴西工业产权局统一负责管理商标事务，官方语言为葡萄牙语。商标专用权需要通过注册取得。商标注册不是强制性的，但为了保护商标或进行续展，就必须依法登记注册。巴西商标注册采用"申请在先"原则。

巴西是《巴黎公约》《WIPO 公约》等国际知识产权条约的缔约国；暂未加入《马德里协定》或《马德里议定书》，故商标注册只能通过"单国注册"的方式办理。

二、商标申请

目前，巴西采用尼斯分类第 11 版的商品和服务描述，不接受一表多类申请。巴西可注册为商标的要素有：文字、名称、图形、字母、颜色、三维标志等。

若申请人非巴西居住的，须委托本国专门的代理人办理。商标申请所需的基本材料为：

1. 商标图样；

2. 具体类别及商品 / 服务项目；

3. 申请人名义及地址；

4. 若声明优先权的，需提供优先权证明文件及对应的葡萄牙语翻译件；

5. 委托书。

申请注册巴西商标的主要流程为：申请—受理—公告—审查—核准—发证。申请递交后 1—2 周受理，工业产权局会先进行形式审查，即审查申请要求和分类信息是否符合规定，审查完毕后会安排公告，公告日起 60 天为异议期，任何利益相关人或在先权利人均可提出异议，提异议的理由主要有：

1. 与在先商标冲突，如拥有在先的注册商标或在先使用的未注册商标；

2. 商标缺乏显著性；

3. 商标具有描述性；

4. 商标具有欺骗性；

5. 商标具有不良影响；

6. 驰名商标。

公告期内无人异议或者异议不成立的，工业产权局将对商标进行实质审查，包括对商标显著性、是否违反禁注禁用条款和是否与在先商标形成冲突的审查，审查通过后即可获准注册并颁发注册证；审查不能通过的则会下发驳回通知书并要求申请人在驳回通知载明的时限内予以答复。顺利的情况下，商标注册目前需要约 2—3 年；如中途遇到异议或驳回，时间将会大大延长。

三、商标维护

巴西商标注册后 10 年有效，有效期自注册日起算；到期日前 1 年可以办理续展，宽展期为 6 个月；续展有效期为 10 年。

商标注册后的无效或撤销申请，一般可根据巴西《商标法》下述条款提出：

1. 违反《商标法》规定的；

2. 恶意抢注；

3. 商标注册后连续 5 年未在当国实际使用的，任何人可申请撤销，不可抗力除外。

商标无效或撤销申请可向巴西工业产权局提出，在现行审查条件下，一般需耗时 2—3 年。被申请人一般可提供如下证据材料应对他人以"未使用"为由提出的撤销申请：

- 发票
- 包装、装潢
- 广告
- 产品目录
- 标签
- 书面声明
- 营业额证据
- 报价单
- 市场调查结果

四、其他

巴西采用公告前置程序，即先公告供第三方异议，再进行实质审查，所以即使顺利通过异议程序也不代表商标一定能够注册成功，这与国内区别较大。

同时，巴西也在筹备加入马德里体系，根据官方对外公开的信息，巴西很可能在 2019 年加入马德里体系。

百慕大
(*Bermuda*)

一、概述

百慕大位于北大西洋，是英国的自治海外领地。现行商标法规主要基于 1974 年颁布的《商标法》。由注册总局知识产权办公室统一负责商标事务，官方语言为英语。商标专用权需要通过注册取得。商标注册不是强制性的，但为了保护商标或进行续展，就必须依法登记注册。百慕大商标注册采用"申请在先"原则。

百慕大未加入关于商标保护的国际组织，故商标保护只能通过"单国注册"的方式办理。

二、商标申请

目前，百慕大商标申请采用尼斯分类第 11 版的商品和服务描述，不接受一表多类申请。百慕大可注册为商标的要素有：文字、名称、图形、颜色组合、标语等。

若申请人非百慕大居住的，须委托本国专门的代理人办理。商标申请所需基本材料为：

1. 商标图样；

2. 具体类别和商品 / 服务项目；

3. 申请人名义及地址；

4. 委托书，需签署；

5. 不可要求优先权：该国不是《巴黎公约》缔约国，申请时无法要求优先权。

申请注册百慕大商标的主要流程为：申请—受理—审查—公告—核准—发证。申请递交后 3—4 周受理。审查员将对申请进行形式审查和实质审查。形式审查主要审查申请要求和分类信息是否符合规定；实质审查包括对商标显著性、是否违反禁注禁用条款和是否与在先商标形成冲突的审查。审查不能通过的将会下发驳回通知书并要求申请人在驳回通知载明的时限内予以答复，实质审查通过的，则将会被安排公告。公告日起 2 个月为异议期，任何利益相关人或在先权利人均可提出异议，提异议的理

由主要有：

1. 与在先商标冲突，如拥有在先的注册商标；

2. 商标缺乏显著性；

3. 商标具有不良影响；

4. 恶意注册。

公告期内无人异议或者异议不成立的，可获准注册并颁发注册证。顺利的情况下，百慕大商标注册目前需要 2 年左右；如中途遇到异议或驳回，时间将会延长至 3—4 年。

三、商标维护

百慕大商标注册后 7 年有效，有效期自注册日起算；到期日前 3 个月内需办理续展，宽展期为 6 个月。续展有效期为 14 年。

商标注册后的无效或撤销申请，一般可以下述理由提出：

1.《商标法》第 29 条：商标注册后连续 5 年未在当国实际使用的，任何人可申请撤销，不可抗力除外。

2. 违反《商标法》规定的；恶意抢注。

商标无效 / 撤销申请可向百慕大法院提出，在现行审查条件下，一般需耗时 2 年左右。被申请人一般可提供如下证据材料应对他人以"未使用"为由提出的撤销申请：

- 发票
- 书面声明
- 包装、装潢
- 广告
- 营业额证据
- 报价单
- 产品目录
- 市场调查结果
- 标签

秘鲁
(Peru)

一、概述

秘鲁现行商标法规主要基于 2000 年 12 月 1 日生效的《安第斯共同体委员会第 486 号决议》和 2009 年 2 月 1 日《第 1075 号法令》。由秘鲁工业产权局负责管理商标事务，官方语言为西班牙语。商标专用权需要通过注册取得。商标注册不是强制性的，但为了保护商标或进行续展，就必须依法登记注册。秘鲁商标注册采用"申请在先"原则。

秘鲁是《巴黎公约》《WIPO 公约》等国际知识产权条约的缔约国；暂未加入《马德里协定》或《马德里议定书》，故商标注册只能通过"单国注册"的方式办理。

二、商标申请

目前，秘鲁采用尼斯分类第 11 版的商品和服务描述，接受一表多类申请。秘鲁可注册为商标的要素有：文字、名称、图形、字母、颜色、三维标志等。

若申请人非秘鲁居住的，须委托本国专门的代理人办理。商标申请所需的基本材料为：

1. 商标图样；

2. 具体类别及商品 / 服务项目；

3. 申请人名义及地址；

4. 若声明优先权的，需提供优先权证明文件及对应的西班牙语翻译件；

5. 委托书。

申请注册秘鲁商标的主要流程为：申请—受理—公告—审查—核准—发证。申请递交后 1—2 周受理，工业产权局会先进行形式审查，即审查申请要求和分类信息是否符合规定，审查完毕后会安排公告，公告日起 30 个工作日为异议期，任何利益相关人或在先权利人均可提出异议，提异议的理由主要有：

1. 与在先商标冲突，如拥有在先的注册商标或在先使用的未注册商标；

2. 商标缺乏显著性；

3. 商标具有描述性；

4. 商标具有欺骗性；

5. 商标具有不良影响；

6. 驰名商标；

7. 与在先其他权利冲突，如商号权、外观设计、版权、人名等。

公告期内无人异议或者异议不成立的，工业产权局将对商标进行实质审查，包括对商标显著性、是否违反禁注禁用条款和是否与在先商标形成冲突的审查，审查通过后即可获准注册并颁发注册证；审查不能通过的则会下发驳回通知书并要求申请人在驳回通知载明的时限内予以答复。

顺利的情况下，商标注册目前需要 1 年左右；如中途遇到异议或驳回，时间将会大大延长。

三、商标维护

秘鲁商标注册后 10 年有效，有效期自注册日起算；到期日前 6 个月可以办理续展，宽展期为 6 个月；续展有效期为 10 年。

商标注册后的无效或撤销申请，一般可根据秘鲁《商标法》下述条款提出：

1. 违反《商标法》规定的；

2. 恶意抢注；

3. 商标注册后连续 3 年未在当国实际使用的，任何人可申请撤销，不可抗力除外。

商标无效 / 撤销申请可向秘鲁商标局提出，在现行审查条件下，一般需耗时 2—3 年。被申请人一般可提供如下证据材料应对他人以"未使用"为由提出的撤销申请：

- 发票
- 包装、装潢
- 广告
- 产品目录
- 标签
- 书面声明
- 营业额证据
- 报价单
- 市场调查结果

四、其他

秘鲁采用公告前置程序，即先公告供第三方异议，再进行实质审查，所以即使顺利通过异议程序也不代表商标一定能够注册成功，这与国内区别较大。

波内赫、圣尤斯特歇斯和萨巴群岛
(BES Islands)

一、概述

波内赫、圣尤斯特歇斯和萨巴群岛是荷兰的特别行政区，原属加勒比海中荷属安的列斯群岛部分，现行商标法规主要基于 2012 年 3 月 26 日最新修订的《商标法》。由比荷卢知识产权局下属的商标局统一负责管理商标事务，官方语言为荷兰语。商标专用权需要通过注册取得。商标注册不是强制性的，但为了保护商标或进行续展，就必须依法登记注册。波内赫、圣尤斯特歇斯和萨巴群岛商标注册采用"申请在先"的原则。

波内赫、圣尤斯特歇斯和萨巴群岛是《巴黎公约》等知识产权条约的缔约国。波内赫、圣尤斯特歇斯和萨巴群岛已加入《马德里议定书》，故商标注册可以通过"单国注册"或"马德里注册"的方式办理。

二、商标申请

目前，波内赫、圣尤斯特歇斯和萨巴群岛商标局采用尼斯分类第 11 版的商品和服务描述，接受一表多类的申请，按类收费，但前三个类费用不增加。波内赫、圣尤斯特歇斯和萨巴群岛构成注册商标的要素有：名字、图形、印章、字母、数字、商业外观 / 装潢等。

若申请人非波内赫、圣尤斯特歇斯和萨巴群岛居住的，须委托本国专门的代理人办理。商标申请所需的基本材料为：

1. 商标图样；

2. 具体类别及商品 / 服务项目；

3. 申请人名义及地址；

4. 委托书；

5. 若声明优先权的，需提供优先权证明文件。

申请递交后，审查员将对申请进行形式审查和实质审查。形式审查，即审查申请要求和分类信息是否符合规定；而实质审查，包括对商标显著性、是否违反禁注禁用条款和是否与在先商标形成冲突的审查。审查通过后就会安排公告，公告日起1个月为异议期，任何利益相关人或在先权利人均可提出异议，提异议的理由主要有：

1. 与在先商标冲突，如拥有在先的注册商标；

2. 商标缺乏显著性；

3. 商标具有不良影响；

4. 恶意注册；

5. 与在先其他权利冲突，如商号权、外观设计、版权、人名等；

6. 标语商标缺乏原创性。

公告期内无人异议或者异议不成立的即可获准注册并颁发注册证；审查不能通过的则会下发驳回通知书并要求申请人在驳回通知载明的时限内予以答复。顺利的情况下，波内赫、圣尤斯特歇斯和萨巴群岛商标注册目前需要 1—2 个月；如中途遇到异议或驳回，时间将大大延长，可能会耗时半年左右。

三、商标维护

波内赫、圣尤斯特歇斯和萨巴群岛商标注册后 10 年有效，有效期自申请日开始起算；到期日前 3 个月内可以办理续展，宽展期为 6 个月；续展有效期为 10 年。另外，2011 年 10 月 10 日以前在荷属安列斯群岛注册的商标，在续展之前，需要在荷兰加勒比地区重新确认。

商标注册后的撤销或无效申请，一般可根据《商标法》第 25 条提出：

1. 商标注册后连续 5 年未在当国实际使用的，任何人可申请撤销，不可抗力除外。

2.（1）违反本法规定的；（2）申请商标时已知或应知有他人权利在先的，可申请无效。

商标撤销或无效申请可向波内赫、圣尤斯特歇斯和萨巴群岛一审法院提出，被申请人一般可提供如下证据材料应对他人以"未使用"为由提出的撤销申请：

- 发票
- 标签
- 市场调查结果
- 产品目录
- 报价单
- 基于互联网的使用
- 营业额证据
- 广告
- 持续维护的网站
- 包装、装潢
- 书面声明

四、其他

1．在波内赫、圣尤斯特歇斯和萨巴群岛申请注册商标，3 个类以内费用不增加。

2．2011 年 10 月 10 日以前在荷属安列斯群岛注册的商标，在续展之前，需要在荷兰加勒比地区重新确认。

玻利维亚
(Bolivia)

一、概述

玻利维亚现行商标法规主要基于 1918 年颁布的《商标法》，最新修改于 2000 年 12 月。由玻利维亚国家工业产权局统一负责管理商标事务，官方语言为西班牙语。商标专用权需要通过注册取得。商标注册不是强制性的，但为了保护商标或进行续展，就必须依法登记注册。玻利维亚商标注册采用"申请在先"原则，但某些情况下，也可以按"在先使用"主张商标权。

玻利维亚是《TRIPS 协定》《巴黎公约》《WIPO 公约》《安第斯条约》《内罗毕条约》等国际知识产权条约的缔约国；暂未加入《马德里协定》或《马德里议定书》，故商标注册只能通过"单国注册"的方式办理。

二、商标申请

目前，玻利维亚国家工业产权局采用尼斯分类第 11 版的商品和服务描述，不接受一表多类申请。玻利维亚可注册为商标的要素有：文字、名称、图形、三维标识、颜色组合、标语、声音、商业外观（包装）、气味等，其中声音、气味、颜色组合和商业外观（包装）在申请注册时需要满足特定的要求。

若申请人非玻利维亚居住的，须委托本国专门的代理人办理。商标申请所需的基本材料为：

1. 商标图样；

2. 具体商品项目；

3. 申请人名义及地址；

4. 公证认证的委托书；

5. 若声明优先权的，需提供优先权证明文件及对应的西班牙语翻译件。

申请注册玻利维亚商标的主要流程为：申请—受理—形式审查—公告—实质审查—核准—发证。申请递交后 1 周左右受理，工业产权局受理后会进行形式审查，

即审查申请要求和分类信息是否符合规定，符合规定的就会安排公告，公告日起 30 个工作日为异议期，任何利益相关人或在先权利人均可提出异议，提异议的理由主要有：

1. 与在先商标冲突，如拥有在先的注册商标；

2. 商标缺乏显著性；

3. 商标具有不良影响；

4. 商标具有欺骗性、歧视性；

5. 驰名商标；

6. 恶意注册；

7. 与在先其他权利冲突，如商号权、外观设计、版权、人名等；

8. 有违公序良俗；

9. 通用名称；

10. 地理标识。

公告期内无人异议或者异议不成立的，工业产权局将对商标进行实质审查，包括对商标显著性、是否违反禁注禁用条款和是否与在先商标形成冲突的审查，审查通过后即可获准注册并颁发注册证；审查不能通过的则会下发驳回通知书并要求申请人在驳回通知载明的时限内予以答复。顺利的情况下，玻利维亚商标注册目前需要 1 年左右；如中途遇到异议或驳回，时间将会大大延长，往往可能会耗时 2—3 年。

三、商标维护

玻利维亚商标注册后 10 年有效，有效期自注册日开始起算；到期日前 6 个月内可以办理续展，宽展期为 6 个月；续展有效期为 10 年。

商标注册后的无效或撤销申请，一般可根据下述理由提出：

1. 违反《商标法》规定的；

2. 商标注册后连续 3 年未在任一安第斯条约成员国使用的，任何人可申请撤销，不可抗力除外。

商标无效或撤销申请在现行审查条件下，一般需耗时 2—3 年。被申请人一般可提供如下证据材料应对他人以"未使用"为由提出的撤销申请：

- 发票
- 产品目录
- 营业额证据
- 包装、装潢

- 标签
- 报价单
- 广告
- 书面声明

- 市场调查结果
- 基于互联网的使用
- 持续维护的网站

四、其他

玻利维亚采用公告前置程序，即先公告供第三方异议，再进行实质审查，所以即使顺利通过异议程序也不代表商标一定能够注册成功，这与国内区别较大。在办理转让时，还需要对转让协议进行认证。

伯利兹

(*Belize*)

一、概述

伯利兹位于中美洲东北部，北和西北邻墨西哥，西和南与危地马拉接壤，东濒加勒比海。现行商标法规主要基于 2000 年 6 月 22 日颁布的《商标法》。由伯利兹知识产权局统一负责管理商标事务，官方语言为英语。商标专用权需要通过注册取得。商标注册不是强制性的，但为了保护商标或进行续展，就必须依法登记注册。伯利兹商标注册采用"申请在先"原则，

伯利兹是《巴黎公约》《WIPO 公约》等国际知识产权条约的缔约国；既不是《马德里议定书》成员国，也不是《马德里协定》成员国，故商标注册只可以通过"单国注册"方式办理。

二、商标申请

目前，伯利兹商标申请采用尼斯分类第 11 版的商品和服务描述，接受一表多类申请,但一份申请最多只能包含 5 个类别。伯利兹可注册为商标的要素有：文字、名称、图形、颜色组合、标语等。

若申请人非伯利兹居住的，需委托本国专门的代理人办理。商标申请所需的基本材料为：

1. 商标图样；

2. 具体类别及商品 / 服务项目；

3. 申请人名义及地址；

4. 委托书；

5. 说明商标在该国是意向使用或实际使用；

6. 若声明优先权的，需提供优先权证明文件。

申请注册伯利兹商标的主要流程为：申请—受理—审查—公告—核准—发证。申请递交后 2—3 周受理。审查员将对申请进行形式审查和实质审查。形式审查主要审

查申请要求和分类信息是否符合规定；实质审查包括对商标显著性、是否违反禁注禁用条款和是否与在先商标形成冲突的审查。审查不能通过的将会下发驳回通知书并要求申请人在驳回通知载明的时限内予以答复，实质审查通过的，则将会被安排公告。公告日起3个月为异议期，任何利益相关人或在先权利人均可提出异议，提异议的理由主要有：

1. 与在先商标冲突，如拥有在先的注册商标；

2. 商标缺乏显著性；

3. 商标具有不良影响；

4. 恶意注册；

5. 与在先其他权利冲突，如商号权、外观设计、版权、人名等。

公告期内无人异议或者异议不成立的，可获准注册并颁发注册证。顺利的情况下，伯利兹商标注册目前需要1年左右；如中途遇到异议或驳回，时间将会延长至2—3年。

三、商标维权

伯利兹商标注册后10年有效，有效期自注册日起算；到期日前任何时候均可办理续展，宽展期为6个月，续展有效期为10年。

商标注册后的无效或撤销申请，一般可根据下述条款提出：

1.《商标法》第46条：商标注册后连续5年未在当国实际使用的，任何人可申请撤销，不可抗力除外。

2.《商标法》第47条：违反本法规定的；申请商标时已知或应知有他人权利在先的。

商标无效或撤销申请可向伯利兹知识产权局或高等法院提出，在现行审查条件下，一般需耗时2—3年。被申请人一般可提供如下证据材料应对他人以"未使用"为由提出的撤销申请：

- 发票
- 包装、装潢
- 广告
- 产品目录
- 标签
- 书面声明
- 营业额证据
- 报价单
- 市场调查结果

多米尼加

(*Dominican*)

一、概述

多米尼加现行商标法规主要基于 2000 年 4 月 4 日颁布的《第 20–00 号法，关于工业产权》。由多米尼加商标局统一负责管理商标事务，官方语言为英语。商标专用权需要通过注册取得。商标注册不是强制性的，但为了保护商标或进行续展，就必须依法登记注册。多米尼加商标注册采用"申请在先"的原则。

多米尼加是《巴黎公约》《WIPO 公约》《TRIPS 协定》《日内瓦公约》等国际知识产权条约的缔约国；多米尼加尚未加入《马德里协定》或《马德里议定书》，故商标注册只能通过"单国注册"的方式办理。

二、商标申请

目前，多米尼加商标局采用尼斯分类第 11 版的商品和服务描述，接受一表多类申请，按类收费。多米尼加构成注册商标的要素有：文字、名字、图形、三维标志、颜色、标语、声音、气味（嗅觉商标）、商业外观 / 装潢、全息图等。

若申请人非多米尼加居住的，须委托本国专门的代理人办理。商标申请所需的基本材料为：

1. 商标图样；

2. 具体类别及商品 / 服务项目；

3. 申请人名义及地址；

4. 委托书；

5. 若声明优先权的，需提供优先权证明文件。

申请注册多米尼加商标的主要流程为：申请—受理—审查（绝对理由）—公告—核准注册。申请递交后一般 2 个月左右决定是否受理。审查员将对申请进行形式审查和实质审查。形式审查，即审查申请要求和分类信息是否符合规定；而实质审查，包括对商标显著性和是否违反禁注禁用条款的审查。审查通过后就会安排公告，公告日

起 45 天为异议期,任何利益相关人或在先权利人均可提出异议,提异议的理由主要有:

1. 与在先商标冲突，如拥有在先的注册商标;

2. 商标缺乏显著性;

3. 商标具有不良影响;

4. 恶意注册;

5. 与在先其他权利冲突，如商号权、外观设计、版权、人名等;

6. 标语商标缺乏原创性。

公告期内无人异议或者异议不成立的即可获准注册并颁发注册证;审查不能通过的则会下发驳回通知书并要求申请人在驳回通知载明的时限内予以答复。顺利的情况下，多米尼加商标注册目前需要 6—12 个月;如中途遇到异议或驳回，时间将会大大延长，往往可能会耗时 2 年左右。

三、商标维护

多米尼加商标注册后 10 年有效，有效期自注册日开始起算;到期日前 6 个月内可以办理续展，宽展期为 6 个月;续展有效期为 10 年。

商标注册后的无效或撤销申请，一般可根据《多米尼加工业产权法》下述两个条款提出:

1.《工业产权法》第 92 条:（1）违反本法规定的;（2）申请商标时已知或应知有他人权利在先的，相关权利人可申请无效。

2.《工业产权法》第 93 条:商标注册后连续 3 年未在当国实际使用的，任何人可申请撤销，不可抗力除外。

商标撤销或无效申请可向多米尼加工业产权总局提出，在现行审查条件下，一般需耗时 5—6 年。被申请人一般可提供如下证据材料应对他人以"未使用"为由提出的撤销申请:

- 发票
- 标签
- 市场调查结果
- 产品目录
- 报价单
- 基于互联网的使用
- 营业额证据
- 广告
- 持续维护的网站
- 包装、装潢
- 书面声明

四、其他

1. 在多米尼加提交转让或许可申请时，转让协议、许可合同都需要进行公证

263

认证。

2. 由于多米尼加商标注册时不对"相对理由"进行审查，即官方不会主动审查申请商标是否与在先商标构成近似而主动驳回,因此商标很容易通过并初审予以公告，这就需要权利人即使在申请注册成功后还需要持续关注，进行监测，及时进行异议维权以保护自己的商标权。

多米尼克
(*Dominica*)

一、概述

多米尼克现行商标法规主要基于 2009 年 2 月 2 日生效的《商标、集体商标和商品名称法》。由多米尼克商标注册处统一负责管理商标事务，官方语言为英语。商标专用权需要通过注册取得。商标注册不是强制性的，但为了保护商标或进行续展，就必须依法登记注册。多米尼克商标注册采用"申请在先"原则。

多米尼克是《尼斯协定》《巴黎公约》《WIPO 公约》等国际知识产权条约的缔约国；暂未加入《马德里协定》或《马德里议定书》，故商标注册只能通过"单国注册"的方式办理。

二、商标申请

目前，多米尼克采用尼斯分类第 11 版的商品和服务描述，接受一表多类申请。多米尼克可注册为商标的要素有：文字、图形等可视性标识。

若申请人非多米尼克居住的，须委托本国专门的代理人办理。商标申请所需的基本材料为：

1. 商标图样；

2. 具体类别及商品 / 服务项目；

3. 申请人名义及地址；

4. 若声明优先权的，需提供优先权证明文件及对应的英语翻译件。

申请注册多米尼克商标的主要流程为：申请—受理—审查—公告—核准—发证。申请递交后 1—2 周受理。审查员将对申请进行形式审查和实质审查。形式审查主要审查申请要求和分类信息是否符合规定；实质审查包括对商标显著性、是否违反禁注禁用条款和是否与在先商标形成冲突的审查。审查不能通过的将会下发驳回通知书并要求申请人在驳回通知载明的时限内予以答复，实质审查通过的，则将会被安排公告。公告日起 2 个月为异议期，任何利益相关人或在先权利人均可提出异议，提异议的理

由主要有：

1. 与在先商标冲突，如拥有在先的注册商标或在先使用的未注册商标；

2. 商标缺乏显著性；

3. 商标具有描述性；

4. 商标具有欺骗性；

5. 商标具有不良影响；

6. 驰名商标；

7. 与在先其他权利冲突，如商号权、外观设计、版权、人名等。

公告期内无人异议或者异议不成立的，可获准注册并颁发注册证。顺利的情况下，多米尼克商标注册目前需要约 12 个月；如中途遇到异议或驳回，时间将大大延长。

三、商标维护

多米尼克商标注册后 10 年有效，有效期自申请日起算；到期日前 6 个月可以办理续展，宽展期为 6 个月；续展有效期为 10 年。

商标注册后的无效或撤销申请，一般可根据多米尼克《商标法》下述条款提出：

1. 违反《商标法》规定的；

2. 恶意抢注；

3. 商标注册后连续 3 年未在当国实际使用的，任何人可申请撤销，不可抗力除外。

商标无效或撤销申请可向多米尼克商标注册处提出，在现行审查条件下，一般需耗时 1 年左右。被申请人一般可提供如下证据材料应对他人以"未使用"为由提出的撤销申请：

- 发票
- 包装、装潢
- 广告
- 产品目录
- 标签
- 书面声明
- 营业额证据
- 报价单
- 市场调查结果

厄瓜多尔
（*Ecuador*）

一、概述

厄瓜多尔现行商标法规主要基于 1998 年 5 月 19 日生效的《知识产权法》《安第斯共同体委员会第 486 号决议》。由厄瓜多尔知识产权局负责管理商标事务，官方语言为西班牙语。商标专用权需要通过注册取得。商标注册不是强制性的，但为了保护商标或进行续展，就必须依法登记注册。厄瓜多尔商标注册采用"申请在先"原则。

厄瓜多尔是《巴黎公约》《WIPO 公约》等国际知识产权条约的缔约国；暂未加入《马德里协定》或《马德里议定书》，故商标注册只能通过"单国注册"的方式办理。

二、商标申请

目前，厄瓜多尔采用尼斯分类第 11 版的商品和服务描述，不接受一表多类申请。厄瓜多尔可注册为商标的要素有：文字、名称、图形、字母、颜色、三维标志等。

若申请人非厄瓜多尔居住的，须委托本国专门的代理人办理。商标申请所需的基本材料为：

1. 商标图样；

2. 具体类别及商品 / 服务项目；

3. 申请人名义及地址；

4. 若声明优先权的，需提供优先权证明文件及对应的西班牙语翻译件；

5. 委托书，需认证。

申请注册厄瓜多尔商标的主要流程为：申请—受理—公告—审查—核准—发证。申请递交后 1—2 周受理，知识产权局会先进行形式审查，即审查申请要求和分类信息是否符合规定，审查完毕后会安排公告，公告日起 30 个工作日为异议期，任何利益相关人或在先权利人均可提出异议，提异议的理由主要有：

1. 与在先商标冲突，如拥有在先的注册商标或在先使用的未注册商标；

2. 商标缺乏显著性；

3. 商标具有描述性；

4. 商标具有欺骗性；

5. 商标具有不良影响；

6. 驰名商标。

公告期内无人异议或者异议不成立的，知识产权局将对商标进行实质审查，包括对商标显著性、是否违反禁注禁用条款和是否与在先商标形成冲突的审查，审查通过后即可获准注册并颁发注册证；审查不能通过的则会下发驳回通知书并要求申请人在驳回通知载明的时限内予以答复。顺利的情况下，商标注册目前需要约 1 年半；如中途遇到异议或驳回，时间将大大延长。

三、商标维护

厄瓜多尔商标注册后 10 年有效，有效期自注册日起算；到期日前 6 个月可以办理续展，宽展期为 6 个月；续展有效期为 10 年。

商标注册后的无效或撤销申请，一般可根据厄瓜多尔《商标法》下述条款提出：

1. 违反《商标法》规定的；

2. 恶意抢注；

3. 商标注册后连续 3 年未在当国实际使用的，任何人可申请撤销，不可抗力除外。

商标无效或撤销申请可向厄瓜多尔知识产权局提出，在现行审查条件下，一般需耗时 2—3 年。被申请人一般可提供如下证据材料应对他人以"未使用"为由提出的撤销申请：

· 发票　　　　　　· 包装、装潢　　　　· 广告

· 产品目录　　　　· 标签　　　　　　　· 书面声明

· 营业额证据　　　· 报价单　　　　　　· 市场调查结果

四、其他

厄瓜多尔采用公告前置程序，即先公告供第三方异议，再进行实质审查，所以即使顺利通过异议程序也不代表商标一定能够注册成功，这与国内区别较大。

福克兰群岛
(Falkland Islands)

一、概述

福克兰群岛（又称马尔维纳斯群岛），是一个位于南大西洋的群岛。主岛地处南美洲巴塔哥尼亚南部海岸以东约 500 千米，整个群岛包括索莱达岛、大马尔维纳岛和776 个小岛，总面积 12200 平方千米。1982 年，阿根廷对岛上实施军事占领，马岛战争爆发，之后阿根廷战败，英国再次拥有群岛主权。福克兰群岛是英国海外领土，拥有内部自治权，英国负责其国防和外交事务。群岛首府是斯坦利，位于索莱达岛。福克兰群岛官方语言为英语。

二、商标申请

福克兰群岛无独立的商标注册体系，英国商标注册后则自动延伸保护至该区域，无须另行申请。同时，英国注册还会自动延伸至马恩岛、英属印度洋领地（包含了印度洋上查戈斯群岛里总数达 2300 个的大小热带岛屿）。

哥伦比亚
(Colombia)

一、概述

哥伦比亚现行商标法规主要基于 2000 年 12 月 13 日生效的《安第斯共同体委员会第 486 号决议》。由哥伦比亚工业产权局负责管理商标事务，官方语言为西班牙语。商标专用权需要通过注册取得。商标注册不是强制性的，但为了保护商标或进行续展，就必须依法登记注册。哥伦比亚商标注册采用"申请在先"原则。

哥伦比亚是《巴黎公约》《WIPO 公约》等国际知识产权条约的缔约国；是《马德里议定书》成员国，故商标注册可通过"单国注册"或"马德里国际注册"的方式办理。

二、商标申请

目前，哥伦比亚采用尼斯分类第 11 版的商品和服务描述，接受一表多类申请。哥伦比亚可注册为商标的要素有：文字、名称、图形、字母、颜色、三维标志等。

若申请人非哥伦比亚居住的，须委托本国专门的代理人办理。商标申请所需的基本材料为：

1. 商标图样；

2. 具体类别及商品 / 服务项目；

3. 申请人名义及地址；

4. 若声明优先权的，需提供优先权证明文件及对应的西班牙语翻译件；

5. 委托书。

申请注册哥伦比亚商标的主要流程为：申请—受理—公告—审查—核准—发证。申请递交后 1—2 周受理，工业产权局会先进行形式审查，即审查申请要求和分类信息是否符合规定，审查完毕后会安排公告，公告日起 30 个工作日为异议期，任何利益相关人或在先权利人均可提出异议，提异议的理由主要有：

1. 与在先商标冲突，如拥有在先的注册商标或在先使用的未注册商标；

2. 商标缺乏显著性；

3. 商标具有描述性；

4. 商标具有欺骗性；

5. 商标具有不良影响；

6. 驰名商标；

7. 与在先其他权利冲突，如商号权、外观设计、版权、人名等。

公告期内无人异议或者异议不成立的，工业产权局将对商标进行实质审查，包括对商标显著性、是否违反禁注禁用条款和是否与在先商标形成冲突的审查，审查通过后即可获准注册并颁发注册证；审查不能通过的则会下发驳回通知书并要求申请人在驳回通知载明的时限内予以答复。顺利的情况下，商标注册目前需要 1 年；如中途遇到异议或驳回，时间将会大大延长。

三、商标维护

哥伦比亚商标注册后 10 年有效，有效期自注册日起算；到期日前 6 个月可以办理续展，宽展期为 6 个月；续展有效期为 10 年。

商标注册后的无效或撤销申请，一般可根据哥伦比亚《商标法》下述条款提出：

1. 违反《商标法》规定的；

2. 恶意抢注；

3. 商标注册后连续 3 年未在当国实际使用的，任何人可申请撤销，不可抗力除外。

商标无效 / 撤销申请可向哥伦比亚商标局提出，在现行审查条件下，一般需耗时 2—3 年。被申请人一般可提供如下证据材料应对他人以"未使用"为由提出的撤销申请：

· 发票	· 包装、装潢	· 广告
· 产品目录	· 标签	· 书面声明
· 营业额证据	· 报价单	· 市场调查结果

四、其他

哥伦比亚采用公告前置程序，即先公告供第三方异议，再进行实质审查，所以即使顺利通过异议程序也不代表商标一定能够注册成功，这与国内区别较大。

哥斯达黎加
(Costa Rica)

一、概述

哥斯达黎加现行商标法规主要基于 2000 年 2 月 1 日颁布的《商标和其他显著性标志法》。由哥斯达黎加国家注册中心工业产权注册处统一负责管理商标事务，官方语言为西班牙语。商标专用权需要通过注册取得。商标注册不是强制性的，但为了保护商标或进行续展，就必须依法登记注册。哥斯达黎加商标注册采用"使用在先"原则。

哥斯达黎加是《商标法条约》《巴黎公约》《WIPO 公约》《商标法新加坡条约》等国际知识产权条约的缔约国；既不是《马德里议定书》成员国，也不是《马德里协定》成员国，故商标注册只可以通过"单国注册"方式办理。

二、商标申请

目前，哥斯达黎加商标申请采用尼斯分类第 11 版的商品和服务描述，接受一表多类申请。哥斯达黎加可注册为商标的要素有：文字、名称、图形、颜色组合、标语、声音等。

若申请人非哥斯达黎加居住的，需委托本国专门的代理人办理。商标申请所需的基本材料为：

1. 商标图样；

2. 具体类别及商品 / 服务项目；

3. 申请人名义及地址；

4. 委托书，需公证；

5. 若声明优先权的，需提供优先权证明文件，需公证认证。

申请注册哥斯达黎加商标的主要流程为：申请—受理—审查—公告—核准—发证。申请递交后 1—2 周受理。审查员将对申请进行形式审查和实质审查。形式审查主要审查申请要求和分类信息是否符合规定；实质审查包括对商标显著性、是否违反禁注禁用条款和是否与在先商标形成冲突的审查。审查不能通过的将会下发驳回通知书并要求申请人在驳回通知载明的时限内予以答复，实质审查通过的，则将会被安排公告。公告日起 2 个月为异议期，任何利益相关人或在先权利人均可提出异议，提异议的理由主要有：

1. 与在先商标冲突，如拥有在先的注册商标；

2. 商标缺乏显著性；

3. 商标具有不良影响；

4. 恶意注册；

5. 与在先其他权利冲突，如商号权、外观设计、版权、人名等。

公告期内无人异议或者异议不成立的，可获准注册并颁发注册证。顺利的情况下，哥斯达黎加商标注册目前需要 8—12 个月；如中途遇到异议或驳回，时间将会延长至 1 年半至 2 年。

三、商标维护

哥斯达黎加商标注册后 10 年有效，有效期自注册日起算；到期日前 6 个月内需办理续展，宽展期为 6 个月。续展有效期为 10 年。

商标注册后的无效或撤销申请，一般可根据下述条款提出：

1.《商标法》第 37 条：违反本法规定的；申请商标时已知或应知有他人权利在先的。

2.《商标法》第 39 条：商标注册后连续 5 年未在当国实际使用的，任何人可申请撤销，不可抗力除外。

商标无效 / 撤销申请可向哥斯达黎加法院提出，在现行审查条件下，一般需耗时 2—3 年。被申请人一般可提供如下证据材料应对他人以"未使用"为由提出的撤销申请：

- 发票
- 包装、装潢
- 广告
- 产品目录
- 标签
- 书面声明
- 营业额证据
- 报价单
- 市场调查结果

四、其他

哥斯达黎加商标变更或转让需提供经公证认证的相关证明文件。

格林纳达
(Grenada)

一、概述

格林纳达位于东加勒比海向风群岛的最南端,北纬12度,国土面积344平方千米。由主岛格林纳达及卡里亚库岛、小马提尼克岛等组成,南距委内瑞拉海岸约160千米和特立尼达、多巴哥隔海相望,东临大西洋,东北是巴巴多斯。

格林纳达现行商标法规主要基于2012年8月1日生效的《商标法》,由最高法院注册处统一负责管理商标事务,官方语言为英语。

二、商标申请及维护

申请人可以在当地进行"单国注册",若申请人非格林纳达居住的,须委托当地专门的代理人办理。商标申请所需的基本材料为:

1.商标图样;

2.具体商品项目;

3.申请人名义及地址;

4.委托书,需公证或盖公章;

5.若声明优先权的,需提供优先权证明文件及对应的英语翻译件。

格林纳达采用尼斯分类,接受一表多类申请,商标注册一般需要半年左右,商标初审公告后1个月为异议期,公告期内无人异议或异议不成立则核准并颁发注册证。格林纳达商标注册后10年有效,有效期自申请日起算;到期日前6个月内可以办理续展,宽展期为6个月;续展有效期为10年。商标注册后满3年连续不使用的,任何人可以申请撤销。

三、其他

格林纳达新法实施前,商标注册有两种方式,一是基于英国注册延伸保护,二是当地直接申请注册;自2012年8月1日起在当地进行商标注册基于英国注册的方式已不再适用。

古巴
(*Cuba*)

一、概述

古巴现行商标法规主要基于 2000 年 5 月 2 日生效的《第 203 号法令，关于商标和其他区别性标志》。由古巴工业产权局统一负责管理商标事务，官方语言为西班牙语。商标权利需要通过注册取得。商标专用权不是强制性的，但为了保护商标或进行续展，就必须依法登记注册。古巴商标注册采用"申请在先"的原则。

古巴是《内罗毕条约》《尼斯协定》《巴黎公约》《WIPO 公约》《维也纳协定》《TRIPS 协定》《日内瓦公约》等国际知识产权条约的缔约国；古巴已经加入《马德里协定》《马德里议定书》，故商标注册可以通过"单国注册"或"马德里注册"的方式办理。

二、商标申请

目前，古巴采用尼斯分类第 11 版的商品和服务描述，接受一表多类申请。古巴构成注册商标的要素有：图形、数字、文字、字母、颜色、三维标志或上述组合等。

若申请人非古巴居住的，须委托本国专门的代理人办理。商标申请所需的基本材料为：

1. 商标图样；

2. 具体类别及商品 / 服务项目；

3. 申请人名义及地址；

4. 委托书；

5. 若声明优先权的，需提供优先权证明文件。

申请注册古巴商标的主要流程为：申请—受理—审查—公告—核准—发证。申请递交后一般 1—2 个月决定是否受理。审查员将对申请进行形式审查和实质审查。形式审查，即审查申请要求和分类信息是否符合规定；而实质审查，包括对商标显著性、是否违反禁注禁用条款和是否与在先商标形成冲突的审查。审查通过后就会安排公告，

公告日起 2 个月为异议期，任何利益相关人或在先权利人均可提出异议，提异议的理由主要有：

1. 与在先商标冲突，如拥有在先的注册商标；

2. 商标缺乏显著性；

3. 商标具有不良影响；

4. 恶意注册；

5. 与在先其他权利冲突，如商号权、外观设计、版权、人名等；

6. 标语商标缺乏原创性。

公告期内无人异议或者异议不成立的，即可获准注册并颁发注册证。审查不能通过的则会下发驳回通知书并要求申请人在驳回通知载明的时限内予以答复。顺利的情况下，古巴商标注册目前需要 18—24 个月；如中途遇到异议或驳回，时间将大大延长，可能耗时 4 年左右。

三、商标维护

古巴商标注册后 10 年有效，有效期自申请日开始起算；到期日前 6 个月可以办理续展，宽展期为 6 个月；续展有效期为 10 年。

商标注册后的无效 / 撤销申请，一般可根据古巴《商标法》下列条款提出：

1.（1）违反《商标法》规定的；（2）商标注册后连续 3 年未在当国使用的，任何人可申请无效。

2. 申请商标时已知或应知有他人权利在先的，可申请无效。

商标撤销或无效申请可向古巴法院提出，在现行审查条件下，一般需耗时 6—7 年。被申请人一般可提供如下证据材料应对他人以"未使用"为由提出的撤销申请：

- 发票
- 包装、装潢
- 书面声明
- 产品目录
- 标签
- 市场调查结果
- 营业额证据
- 广告
- 报价单

圭亚那
（Guyana）

一、概述

圭亚那现行商标法规主要基于 1952 年制定的《商标法》。由圭亚那注册处负责管理商标事务，官方语言为英语。商标专用权需要通过注册取得。商标注册方式分为当国直接注册和基于英国注册两种方式。圭亚那商标注册采用"申请在先"原则。

圭亚那是《巴黎公约》《WIPO 公约》等国际知识产权条约的缔约国；暂未加入《马德里协定》或《马德里议定书》，故商标注册只能通过"单国注册"的方式办理。

二、商标申请及维护

（一）基于英国注册

基于英国注册接受一表多类申请，可以保护商品和服务。若申请人非圭亚那居住的，须委托本国专门的代理人办理。商标申请所需的基本材料为：

1. 商标图样；

2. 具体类别及商品 / 服务项目；

3. 申请人名义及地址；

4. 若声明先权的，需提供优先权证明文件及对应的英语翻译件；

5. 委托书；

6. 经公证的英国商标注册证。

基于英国注册一般需要 1 年左右，商标核准后颁发注册证书。注册后有效期同英国注册，续展时需要英国注册续展后才能办理。

（二）当国直接注册

当国直接注册不接受一表多类申请，只能保护商品项目，服务类别暂不能申请。若申请人非圭亚那居住的，须委托本国专门的代理人办理。商标申请所需的基本材料为：

1. 商标图样；

2.具体类别及商品 / 服务项目；

3.申请人名义及地址；

4.委托书；

5.若声明先权的，需提供优先权证明文件及对应的英语翻译件。

当国直接注册一般需要 12—18 个月，商标核准后颁发注册证书。注册后 7 年有效，有效期自申请日起算；到期日前 1 个月可以办理续展，宽展期为 1 个月，续展有效期为 14 年。

三、其他

圭亚那商标注册分为直接注册和基于英国注册两种注册方式，两种注册方式的商品服务选择要求不同，商标有效期也有较大区别。

海地

（*Haiti*）

一、概述

海地现行商标法规主要基于 1954 年 11 月 16 日生效的《商标法》，后经多次修订。由工商局负责管理商标事务，官方语言为法语、克里奥尔语。商标权利需要通过注册取得。商标注册不是强制性的（第 5 类医药制剂除外），但为了保护商标或进行续展，就必须依法登记注册。海地商标注册采用"申请在先"原则。

海地是《巴黎公约》《WIPO 公约》等国际知识产权条约的缔约国；暂未加入《马德里协定》或《马德里议定书》，故商标注册只能通过"单国注册"的方式办理。

二、商标申请

目前，海地采用尼斯分类第 11 版的商品和服务描述，不接受一表多类申请。海地可注册为商标的要素有：文字、图形、字母、数字等。

若申请人非海地居住的，须委托本国专门的代理人办理。商标申请所需的基本材料为：

1. 商标图样；

2. 具体类别及商品 / 服务项目；

3. 申请人名义及地址；

4. 若声明优先权的，需提供优先权证明文件及对应的翻译件。

申请注册海地商标的主要流程为：申请—受理—审查—公告—核准—发证。申请递交后 1—2 周受理。审查员将对申请进行形式审查和实质审查。形式审查主要审查申请要求和分类信息是否符合规定；实质审查包括对商标显著性、是否违反禁注禁用条款和是否与在先商标形成冲突的审查。审查不能通过的将会下发驳回通知书并要求申请人在驳回通知载明的时限内予以答复，实质审查通过的，则将会被安排公告。

公告日起 2 个月为异议期，任何利益相关人或在先权利人均可提出异议，提异议的理由主要有：

1. 与在先商标冲突，如拥有在先的注册商标或在先使用的未注册商标；

2. 商标缺乏显著性；

3. 商标具有描述性；

4. 商标具有欺骗性；

5. 商标具有不良影响；

6. 驰名商标；

7. 与在先其他权利冲突，如商号权、外观设计、版权、人名等。

公告期内无人异议或者异议不成立的，可获准注册并颁发注册证。顺利的情况下，海地商标注册目前需要 1 年左右；如中途遇到异议或驳回，时间将大大延长。

三、商标维护

海地商标注册后 10 年有效，有效期自异议期结束之日起算；到期日前 6 个月可以办理续展，宽展期为 6 个月；续展有效期为 10 年。

商标注册后的无效或撤销申请，一般可根据海地《商标法》下述条款提出：

1. 违反《商标法》规定的；

2. 恶意抢注；

3. 商标注册后连续 3 年未在当国实际使用的，任何人可申请撤销，不可抗力除外。

商标无效／撤销申请可向海地工商局提出，在现行审查条件下，一般需耗时 2—3 年。被申请人一般可提供如下证据材料应对他人以"未使用"为由提出的撤销申请：

- 发票
- 包装、装潢
- 广告
- 产品目录
- 标签
- 书面声明
- 营业额证据
- 报价单
- 市场调查结果

四、其他

海地商标注册后需要提交使用证据。《商标法》规定商标注册人应在商标核准注册后第 5—6 年提交相关使用证据，无正当理由未提交使用宣誓或未使用宣誓的，商标将自动失效。

洪都拉斯

(Honduras)

一、概述

洪都拉斯现行商标法规主要基于 2000 年 2 月 28 日生效的《工业产权法》。由洪都拉斯知识产权局统一负责管理商标事务，官方语言为西班牙语。商标专用权需要通过注册取得。商标注册不是强制性的，但为了保护商标或进行续展，就必须依法登记注册。洪都拉斯商标注册采用 "申请在先" 原则。

洪都拉斯是《商标法条约》《巴黎公约》《WIPO 公约》等国际知识产权条约的缔约国；既不是《马德里协定》成员国，也不是《马德里议定书》成员国，故商标注册只可以通过 "单国注册" 方式办理。

二、商标申请

目前，洪都拉斯商标申请采用尼斯分类第 11 版的商品和服务描述，不接受一表多类申请。洪都拉斯可注册为商标的要素有：文字、名称、图形、颜色组合、标语等。

若申请人非洪都拉斯居住的，需委托本国专门的代理人办理。商标申请所需的基本材料为：

1. 商标图样；

2. 具体类别及商品 / 服务项目；

3. 申请人名义及地址；

4. 委托书，需公证认证；

5. 若声明优先权的，需提供优先权证明文件，需公证认证。

申请注册洪都拉斯商标的主要流程为：申请—受理—审查—公告—核准—发证。申请递交后 1—2 周受理。审查员将对申请进行形式审查和实质审查。形式审查主要审查申请要求和分类信息是否符合规定；实质审查包括对商标显著性、是否违反禁注禁用条款和是否与在先商标形成冲突的审查。审查不能通过的将会下发驳回通知书并要求申请人在驳回通知载明的时限内予以答复，实质审查通过的，则将会被安排公告。

公告将每隔 10 天在官方报纸刊登一次，自最后一次公告日起 30 个工作日为异议期，任何利益相关人或在先权利人均可提出异议，提异议的理由主要有：

1. 与在先商标冲突，如拥有在先的注册商标；

2. 商标缺乏显著性；

3. 商标具有不良影响；

4. 恶意注册；

5. 与在先其他权利冲突，如商号权、外观设计、版权、人名等。

公告期内无人异议或者异议不成立的，可获准注册并颁发注册证。顺利的情况下，洪都拉斯商标注册目前需要 2 年左右；如中途遇到异议或驳回，时间将延长至 3—4 年。

三、商标维权

洪都拉斯商标注册后 10 年有效，有效期自注册日起算；到期日前 12 个月内需办理续展，宽展期为 6 个月。续展有效期为 10 年。

商标注册后的无效或撤销申请，一般可根据下述理由提出：

1. 违反《商标法》规定的；申请商标时已知或应知有他人权利在先的。

2. 商标注册后连续 3 年未在当国实际使用的，任何人可申请撤销，不可抗力除外。

商标无效 / 撤销申请可向洪都拉斯国家法院提出，在现行审查条件下，一般需耗时 2—3 年。被申请人一般可提供如下证据材料应对他人以"未使用"为由提出的撤销申请：

- 发票
- 产品目录
- 营业额证据
- 包装、装潢
- 标签
- 报价单
- 广告
- 书面声明
- 市场调查结果

四、其他

1. 注册人可在商标注册后向官方缴纳"恢复税"（Rehabilitation taxes），以阻止商标被他人以不使用为由提出撤销；向官方缴纳该费用可视作实际使用。

2. 洪都拉斯商标注册后每年需缴纳年费（annual fees），未缴纳的在商标续展的时候可一次性付清，否则不予续展。

加拿大

(Canada)

一、概述

加拿大现行商标法规主要基于 1985 年颁布的《商标法》。由加拿大知识产权局统一负责管理商标事务，官方语言为英语。商标注册不是强制性的，但为了保护商标或进行续展，就必须依法登记注册。加拿大商标注册采用"使用在先"原则。

加拿大是《巴黎公约》等国际知识产权条约的缔约国；既不是《马德里议定书》成员国，也不是《马德里协定》成员国，故商标注册只可以通过"单国注册"方式办理。

二、商标申请

目前，加拿大商标申请尚未正式采用国际通用的尼斯分类商品和服务描述，但目前新申请可以按尼斯分类的类别提交，一份申请可包含多个类别。加拿大可注册为商标的要素有：文字、名称、图形、颜色组合、标语、动态图、声音等。

若申请人非加拿大居住的，可直接向加拿大知识产权局提交申请，但需提供一个当国通信地址。商标申请所需的基本材料为：

1. 商标图样。

2. 具体商品 / 服务项目。

3. 申请人名义及地址。

4. 申请基础（意向使用、实际使用、在加拿大当国驰名或其他国家注册和实际使用）：

• 意向使用，在提交商标申请后，获取商标注册证前需提交申请人签字的使用宣誓书；

• 实际使用，在提交商标申请的同时，需说明在加拿大首次使用的时间；

• 在加拿大驰名，需提供相应的证明文件及日期；

• 在其他国家注册和实际使用，需提交该国商标受理通知书或注册证复印件。

5. 若声明优先权的，需提供优先权证明文件。

申请注册加拿大商标的主要流程为：申请—受理—审查—公告—核准—发证。申请递交后 1 周左右受理。审查员将对申请进行形式审查和实质审查。形式审查主要审查申请是否符合规定；实质审查包括对商标显著性、是否违反禁注禁用条款和是否与在先商标形成冲突的审查。审查不能通过的将会下发驳回通知书并要求申请人在驳回通知载明的时限内予以答复，实质审查通过的，则将会被安排公告。公告日起 2 个月为异议期，任何利益相关人或在先权利人均可提出异议，提异议的理由主要有：

1. 与在先商标冲突，如拥有在先的注册商标；拥有在先的未注册商标，但在加拿大有在先使用等；

2. 商标缺乏显著性；

3. 商标具有不良影响；

4. 恶意注册；

5. 与在先其他权利冲突，如商号权、外观设计、版权、人名等。

公告期内无人异议或者异议不成立的，可获准注册并颁发注册证。顺利的情况下，加拿大商标注册目前需要 1 年半左右；如中途遇到异议或驳回，时间将会延长至 2—3 年。

三、商标维护

加拿大商标注册后 15 年有效，有效期自注册日起算；到期日前任何时候均可办理续展，宽展期为 6 个月，续展有效期为 15 年。

商标注册后的无效或撤销申请，一般可根据下述条款提出：

1.《商标法》第 45 条：商标注册后连续 3 年未在当国实际使用的，任何人可申请撤销，不可抗力除外。

2. 违反《商标法》规定的；申请商标时已知或应知有他人权利在先的。

商标无效／撤销申请可向加拿大法院提出，在现行审查条件下，一般需耗时 1—2 年。被申请人一般可提供如下证据材料应对他人以"未使用"为由提出的撤销申请：

- 发票
- 包装、装潢
- 广告
- 产品目录
- 标签
- 书面声明
- 营业额证据
- 报价单
- 市场调查结果

四、其他

由于加拿大不是采用国际通用的尼斯分类，没有固定的分类表，所以商品或服务描述的要求与国内的完全不同，需要尽可能地对商品或服务进行具体描述。一般应尽量采用商业中的通用术语，对于宽泛商品应具体描述商品的功能用途，性质等特征。此外，在商品描述中，应尽量避免使用模糊词语，如"and the like""and similar goods""in the nature of ""such as""including""comprising""related to""related wares""containing"，"etc.""featuring"而使用确切的词语"Namely""Consisting of""Specifically"；对于"医药商品"，应具体说明药品名，或治疗的疾病名称；"零售服务"可以在加拿大注册，但需具体说明销售的商品。

　　另外，加拿大《商标法》修改草案已进入尾声，预计 2019 年能够正式实施新《商标法》。

开曼群岛
(*Cayman Islands*)

一、概述

开曼群岛是英国在西加勒比群岛的一块海外属地，由大开曼、小开曼和开曼布拉克 3 个岛组成。是著名的离岸金融中心和"避税天堂"，亦是世界著名的潜水胜地、旅游度假圣地。商标法规主要基于 2017 年 8 月 1 日实施的《商标法》，由开曼群岛知识产权局统一负责管理商标事务，官方语言为英语。

二、商标申请

自 2017 年 8 月 1 日起，申请人只能在当地进行单国注册，申请人不能再基于已有的英国注册、或马德里指定英国的注册、或欧盟注册请求延伸保护。之前已经获得保护的商标注册继续有效，并且适用于上述新《商标法》。此外，开曼群岛商标申请不能要求优先权。

目前，开曼群岛商标申请采用尼斯分类，接受一表多类申请。申请人须委托当地专门的代理人办理申请注册事宜。商标申请所需的基本材料为：

1. 商标图样（如果是文字图形组合商标，或者图形商标需要图片格式的商标图样，如果指定颜色需要彩色图样）；

2. 具体类别及商品 / 服务项目；

3. 申请人名义、地址和邮箱地址（其中邮箱地址为非必要项）；

4. 申请人类型（例如个人、注册公司、有限公司、合伙、信托公司或其他等）；

5. 申请注册的商标类型（例如标准商标、证明商标或集体商标）；

6. 如商标中含有非英文或者非罗马字的文字，需要翻译和音译。

申请注册开曼群岛商标的主要流程为：申请—受理—审查（绝对理由和相对理由）—公告—核准—发证。

申请递交后，审查员将对申请进行形式审查。形式审查主要审查申请要求和分类信息是否符合规定；实质审查包括对商标显著性、是否违反禁注禁用条款和是否与在先商标形成冲突的审查。审查不能通过的将会下发驳回通知书并要求申请人在驳回通知书载明的时限内予以答复。审查通过的，将会被安排公告。自公告日起60天为异议期，任何人均可对该商标的注册提出异议。

公告期内无人异议或者异议不成立的，可获准注册并颁发注册证。在顺利的情况下，开曼群岛商标注册目前需要6个月左右；如中途遇到驳回或异议，时间将大大延长。

三、商标维护

开曼群岛商标注册后10年有效，有效期自申请日起算；到期日前6个月可以办理续展手续，宽展期为6个月；续展有效期为10年。

商标注册后的无效或撤销申请，一般可根据下述条款提出：

1. 违反《商标法》第23条的禁注性规定；

2. 违反《商标法》第25条，与在先商标的冲突；

3. 恶意抢注的。

开曼群岛目前没有不使用而撤销商标的程序。

四、其他

商标在开曼群岛一经核准注册，每年1月份必须向开曼群岛缴纳年费，可以一次性安排缴纳多年的年费，每年4月1日前未缴纳年费的将依法收取罚金；自4月1日起直至最终缴纳年费和相应罚金之前，商标权利暂时中止。如续展时未缴纳年费的可一次性付清，否则不予续展。

库拉索
(Curacao)

一、概述

库拉索是荷兰的自治国，原属加勒比海中荷属安的列斯群岛部分，现行商标法规是 1996 年 12 月 16 日颁布的《国家商标条例》。由库拉索知识产权局统一负责管理商标事务，官方语言为荷兰语。商标专用权需要通过注册取得。商标注册不是强制性的，但为了保护商标或进行续展，就必须依法登记注册。库拉索商标注册采用"申请在先"的原则。

库拉索是《巴黎公约》等国际知识产权条约的缔约国。库拉索已加入《马德里协定》，故商标注册可以通过"单国注册"或"马德里注册"的方式办理。

二、商标申请

目前，库拉索知识产权局采用尼斯分类第 11 版的商品和服务描述，接受一表多类的申请，按类收费，但前三个类费用不增加。库拉索构成注册商标的要素有：文字、名字、图形、三维标志、颜色、标语、商业外观/装潢等。

若申请人非库拉索居住的，须委托本国专门的代理人办理。商标申请所需的基本材料为：

1. 商标图样；

2. 具体类别及商品/服务项目；

3. 申请人名义及地址；

4. 委托书；

5. 若声明优先权的，需提供优先权证明文件。

申请注册库拉索商标的主要流程为：申请—受理—审查—公告—核准—发证。申请递交后，审查员将对申请进行形式审查和实质审查。形式审查，即审查申请要求和分类信息是否符合规定；而实质审查，包括对商标显著性、是否违反禁注禁用条款和是否与在先商标形成冲突的审查。审查通过后就会安排公告，公告日起 1 个月为异议期，任何利益相关人或在先权利人均可提出异议，提异议的理由主要有：

1. 与在先商标冲突，如拥有在先的注册商标；

2. 商标缺乏显著性；

3. 商标具有不良影响；

4. 恶意注册；

5. 与在先其他权利冲突，如商号权、外观设计、版权、人名等；

6. 标语商标缺乏原创性。

公告期内无人异议或者异议不成立的即可获准注册并颁发注册证；审查不能通过的则会下发驳回通知书并要求申请人在驳回通知载明的时限内予以答复。顺利的话，库拉索商标注册目前需要 1—2 个月；如中途遇到异议或驳回，时间将延长至 6 个月左右。

三、商标维护

库拉索商标注册后 10 年有效，有效期自申请日开始起算；到期日前 3 个月内可以办理续展，宽展期为 6 个月；续展有效期为 10 年。

商标注册后的撤销申请，一般可根据下述条款提出：

商标注册后连续 5 年未在当国实际使用的，任何人可申请撤销，不可抗力除外。

商标撤销申请可向库拉索一审法院提出，被申请人一般可提供如下证据材料应对他人以"未使用"为由提出的撤销申请：

- 发票
- 标签
- 市场调查结果
- 产品目录
- 报价单
- 基于互联网的使用
- 营业额证据
- 广告
- 持续维护的网站
- 包装、装潢
- 书面声明

四、其他

库拉索可以接受一表多类的申请，按类收费，但前三个类费用不增加。

美国

(*The United States*)

一、概述

美国现行商标法规主要基于 1946 年 7 月 5 日生效的《商标法》(也译为《兰哈姆法案》)。由美国专利商标局统一负责管理商标事务，官方语言为英语。商标专用权需要通过使用取得。商标注册不是强制性的，但为了更好地保护商标或进行续展，就必须依法登记注册。美国商标注册采用"使用在先"原则。

美国是《TRIPS 协定》《日内瓦公约》《巴黎公约》《尼斯协定》《建立世界知识产权组织公约》等国际知识产权条约的缔约国；美国是《马德里议定书》成员国，商标注册可通过"单国注册"或"马德里注册"的方式办理。

二、商标申请

目前，美国专利商标局采用尼斯分类，但是其商品或服务项目往往比尼斯分类中的商品或服务项目要求更加细化，接受一表多类申请。美国可注册为商标的要素有：文字、字母、数字、图形、颜色组合、立体形状、声音等。

在美国没有住所或主要营业场所或真实、有效的工商企业的自然人或法人，须委托该国专门的代理人办理。商标申请所需的基本材料为：

1.商标图样；

2.类别及具体商品项目；

3.申请人名义及地址；

4.申请基础（意向使用、实际使用或国内注册），若为意向使用，在提交商标申请后，获取商标注册证前需提交在美国的使用证据；若为实际使用，在提交商标申请的同时，需说明在美国首次使用的时间并提交在美国使用该商标的使用证据；若以国内注册为基础提交美国申请，需提交国内商标受理通知书或注册证复印件；

5.若声明优先权的，需提供优先权证明文件。

申请注册美国商标的主要流程为：申请—审查（绝对理由及相对理由）—公告—

核准发证。申请递交后1—2周受理。审查员将对申请进行形式审查和实质审查。形式审查主要审查申请要求和分类信息是否符合规定；实质审查包括对商标显著性、是否违反禁注禁用条款和是否与在先商标形成冲突的审查。审查不能通过的将会下发驳回通知书并要求申请人在驳回通知载明的时限内予以答复。实质审查通过的，将会被安排公告。公告日起30天为异议期，任何人可向专利商标局对该商标的注册提出异议，提异议的理由主要有：

1. 与在先商标冲突，如拥有在先的注册商标或拥有在先的未注册商标在美国有在先使用等；

2. 商标缺乏显著性；

3. 商标具有不良影响；

4. 恶意注册；

5. 与在先其他权利冲突，如商号权、外观设计、版权、人名等。

公告期内无人异议或者异议不成立的，可获准注册并颁发注册证。顺利的情况下，美国商标注册目前需要12个月左右；如中途遇到驳回或异议，时间将延长至2—3年。

三、商标维护

美国商标注册后10年有效，有效期自注册日开始起算；到期日前12个月内可以办理续展，宽展期为6个月；续展有效期为10年。

商标注册后的撤销/无效申请，一般可根据美国1946年7月5日生效的《商标法》第1064条的规定提出。撤销的理由有：

1. 违反《商标法》有关注册商标的规定；

2. 注册是以欺骗性手段获得；

3. 注册商标成为指定的商品或服务的通用名称；

4. 注册人使用注册商标时，或在他人经注册人允许使用商标时，虚假地表示了该注册商标使用或与其相关的商品或服务的产源；

5. 无正当理由，商标注册后连续3年未在该国实际使用。

被申请人一般可提供如下证据材料应对他人以"未使用"为由提出的撤销申请：

- 发票
- 营业额证据
- 标签
- 产品目录
- 包装、装潢
- 报价单

· 广告　　　　　　　· 市场调查结果　　　　　　· 持续维护的网站

· 书面声明　　　　　· 基于互联网的使用

四、其他

美国商标注册后，注册人应于注册后第 6 年届满前 1 年内（即商标注册后的第 5—6 年间）向美国专利商标局提交使用声明，声明该商标在商业中继续使用在指定商品 / 服务上，或声明注册人未使用该商标是基于其他特别事由，并且这种未使用并没有放弃该商标的意思。否则，在自注册公布之日起第 6 年届满时，美国专利商标局将撤销该商标注册。

另外，注册商标所有人提交续展申请时，还需要提交使用声明，声明该商标在商业中继续使用在指定商品 / 服务上，或声明注册人未使用该商标是基于特别事由，并且这种未使用并没有放弃该商标的意思。否则，美国专利商标局将撤销该商标注册。

同时，需要注意的是：自 2017 年 3 月 21 日起，美国专利商标局开始执行在续展申请时对继续使用声明进行严格审查的永久程序。根据这项新程序，注册商标在提交第 8 条（单国注册）或第 71 条（马德里注册指定美国）的使用声明时，若每个类上注册的产品或服务项目超过一个，约 10% 的商标将被要求提供在额外商品、服务上的使用证明。在大多数情况下，这需要提交额外的材料以证明该商标一直使用在指定的所有商品、服务上，而不只是在某一项商品、服务上。这一要求将会以审查意见的形式发送到商标注册人，商标注册人可在答复通知发出日起的 6 个月内答复。如果商标所有人不能提供额外的商品、服务的使用证据，相应的已注册商品或服务项目将会被官方删除。如果商标注册人不答复官方审查意见，整个商标注册将会被专利商标局依法撤销。

蒙特塞拉特
（ *Montserrat* ）

一、概述

蒙特塞拉特是英国海外领土，位于西印度群岛中背风群岛南部的火山岛，由哥伦布在 1493 年以西班牙内同名的山命名。该岛长 18 公里，宽 11 公里。蒙特塞拉特原本盛产海岛棉、香蕉、糖和蔬菜等。因为 1995 年 7 月 18 日开始的火山爆发，所以本岛多处被毁灭而三分之二人口逃往外国。现行商标法规主要基于 2002 年 1 月 1 日协定的《商标法》，安圭拉官方语言为英语。

由于蒙特塞拉特属于英国海外自治领地，当地商标注册有两种方式，既可以直接向当地商标注册局申请注册保护，也可以通过基于英国注册请求延伸保护。

二、商标申请及维护

（一）基于英国注册请求延伸保护

若基于英国注册请求延伸保护的，申请人可以在英国商标有效期内任何时间申请在蒙特塞拉特的延伸保护，若申请人非蒙特塞拉特居住的，须委托当地专门的代理人办理。商标申请所需的基本材料为：

1. 商标图样；

2. 具体商品项目；

3. 申请人名义及地址；

4. 委托书，需公证；

5. 英国商标注册证明；

6. 若声明优先权的，需提供优先权证明文件及对应的英语翻译件。

基于英国注册请求延伸保护的，注册一般需要 3 个月左右，商标核准后颁发注册证书。商标权自英国注册日开始生效，但在该地区遇到商标侵权纠纷时，只有在蒙特塞拉特当地政府也核准保护的情况下才能发起维权。若基于英国注册延伸保护，商标有效期和英国的基础注册保持一致。

（二）直接在当国申请保护

申请人也可以在当地进行"单国注册"，若申请人非蒙特塞拉特居住的，须委托当地专门的代理人办理。商标申请所需的基本材料为：

1. 商标图样；

2. 具体商品项目；

3. 申请人名义及地址；

4. 委托书，需公证；

5. 若声明优先权的，需提供优先权证明文件及对应的英语翻译件。

蒙特塞拉特采用尼斯分类，接受一表多类申请，商标注册一般需要 3 个月左右，核准后颁发当地注册证。蒙特塞拉特商标注册后 10 年有效，有效期自注册日起算；到期日前 6 个月内可以办理续展，宽展期为 3 个月；续展有效期为 10 年。

三、其他

蒙特塞拉特"单国注册"采用尼斯分类，而基于英国注册请求延伸保护时商品和服务以英国注册证载明的为限。基于英国注册请求延伸保护的商标在办理续展时，需要该商标在英国已完成续展。

根据蒙特塞拉特《商标法》第 17 条的规定，注册商标是私权（A registered trade mark is personal property）。

墨西哥

（ *Mexico* ）

一、概述

墨西哥现行商标法规主要基于 1991 年 6 月 27 日生效的《工业产权法》，2016 年修订。由墨西哥工业产权局负责管理商标事务，官方语言为西班牙语。商标专用权需要通过注册取得。商标注册不是强制性的，但为了保护商标或进行续展，就必须依法登记注册。墨西哥商标注册采用"申请在先"原则。

墨西哥是《巴黎公约》《尼斯条约》《WIPO 公约》等国际知识产权条约的缔约国；是《马德里议定书》成员国，故商标注册可通过"单国注册"或"马德里国际注册"的方式办理。

二、商标申请

目前，墨西哥采用尼斯分类第 11 版的商品和服务描述，不接受一表多类申请。墨西哥可注册为商标的要素有：文字、名称、图形、颜色、三维标志等。

若申请人非墨西哥居住的，须委托本国专门的代理人办理。商标申请所需的基本材料为：

1. 商标图样；

2. 具体类别及商品 / 服务项目；

3. 申请人名义及地址；

4. 若声明优先权的，需提供优先权证明文件及对应的西班牙语翻译件；

5. 委托书。

申请注册墨西哥商标的主要流程为：申请—受理—公告—审查—核准—发证。申请递交后约 10 个工作日内受理，工业产权局会先进行形式审查，即审查申请要求和分类信息是否符合规范，审查完毕后会对商标申请予以公告（"申请公告"），自商标"申请公告"之日起 1 个月为异议期，异议期内任何人可对该申请提出异议，提异议的理由主要有：

1. 与在先商标冲突，如拥有在先的注册商标；

2. 商标缺乏显著性；

3. 商标具有描述性；

4. 商标具有欺骗性；

5. 商标具有不良影响；

6. 与在先其他权利冲突，如商号权、外观设计、版权、人名等。

公告期内无人异议或者异议不成立的，工业产权局将对商标进行实质审查，包括对商标显著性、是否违反禁注禁用条款和是否与在先商标形成冲突的审查，审查通过后，即可获准注册并颁发注册证；审查不能通过的则会下发驳回通知书并要求申请人在驳回通知载明的时限内予以答复。顺利的情况下，墨西哥商标注册目前需要 12 个月左右。

三、商标维护

墨西哥商标注册后 10 年有效，有效期自申请日起算；到期日前 6 个月可以办理续展，宽展期为 6 个月；续展有效期为 10 年。

商标注册后的无效或撤销申请，一般可根据墨西哥《商标法》下述条款提出：

1. 违反《商标法》规定的；

2. 恶意抢注；

3. 商标注册后连续 3 年未在当国实际使用的，任何人可申请撤销，不可抗力除外。

商标无效 / 撤销申请可向墨西哥商标局提出，在现行审查条件下，一般需耗时 2—3 年。被申请人一般可提供如下证据材料应对他人以"未使用"为由提出的撤销申请：

- 发票
- 包装、装潢
- 广告
- 产品目录
- 标签
- 书面声明
- 营业额证据
- 报价单
- 市场调查结果

四、其他

墨西哥于 2016 年 6 月 1 日颁布了《工业产权法〈修订案〉》，该修订案引入了商标异议制度且并于 2016 年 8 月 30 日开始实施。

墨西哥采用公告前置程序，即先公告供第三方异议，再进行实质审查，所以即使顺利通过异议程序也不代表商标一定能够注册成功，这与国内区别较大。

尼加拉瓜

（*Nicaragua*）

一、概述

尼加拉瓜现行商标法规主要基于 2001 年 4 月 16 日颁布的《商标及其他显著性标志法》，2006 年修订。由尼加拉瓜工商发展部知识产权注册司统一负责管理商标事务，官方语言为西班牙语。商标专用权需要通过注册取得。商标注册不是强制性的，但为了保护商标或进行续展，就必须依法登记注册。尼加拉瓜商标注册采用"申请在先"原则。

尼加拉瓜是《巴黎公约》《WIPO 公约》《商标法条约》等国际知识产权条约的缔约国；既不是《马德里协定》成员国，也不是《马德里议定书》成员国，故商标注册只可以通过"单国注册"方式办理。

二、商标申请

目前，尼加拉瓜商标申请采用尼斯分类第 11 版的商品和服务描述，接受一表多类申请。尼加拉瓜可注册为商标的要素有：文字、名称、图形、颜色组合、声音、气味等。

若申请人非尼加拉瓜居住的，可委托本国专门的代理人办理，也可直接向尼加拉瓜知识产权注册司提交申请。商标申请所需的基本材料为：

1. 商标图样；

2. 具体类别及商品 / 服务项目；

3. 申请人名义及地址；

4. 委托书，需公证认证；

5. 若声明优先权的，需提供优先权证明文件，需公证认证。

申请注册尼加拉瓜商标的主要流程为：申请—受理—审查—公告—核准—发证。申请递交后 2—3 周受理。审查员将对申请进行形式审查和实质审查。形式审查主要审查申请要求和分类信息是否符合规定；实质审查包括对商标显著性、是否违反禁注

297

禁用条款和是否与在先商标形成冲突的审查。审查不能通过的将会下发驳回通知书并要求申请人在驳回通知载明的时限内予以答复,实质审查通过的,则将会被安排公告。公告日起 2 个月为异议期,任何利益相关人或在先权利人均可提出异议,提异议的理由主要有:

1. 与在先商标冲突,如拥有在先的注册商标;

2. 商标缺乏显著性;

3. 商标具有不良影响;

4. 恶意注册;

5. 与在先其他权利冲突,如商号权、外观设计、版权、人名等。

公告期内无人异议或者异议不成立的,可获准注册并颁发注册证。顺利的情况下,尼加拉瓜商标注册目前需要 2 年左右;如中途遇到异议或驳回,时间将会延长至 3—4 年。

三、商标维护

尼加拉瓜商标注册后 10 年有效,有效期自注册日起算;到期日前 12 个月内需办理续展,宽展期为 6 个月;续展有效期为 10 年。

商标注册后的无效或撤销申请,一般可根据下述理由提出:

1. 违反《商标法》规定的;申请商标时已知或应知有他人权利在先的。

2. 商标注册后连续 3 年未在当国实际使用的,任何人可申请撤销,不可抗力除外。

商标无效/撤销申请可向尼加拉瓜法院提出,在现行审查条件下,一般需耗时 2—3 年。被申请人一般可提供如下证据材料应对他人以"未使用"为由提出的撤销申请:

· 发票	· 包装、装潢	· 广告
· 产品目录	· 标签	· 书面声明
· 营业额证据	· 报价单	· 市场调查结果

萨尔瓦多
(*El Salvador*)

一、概述

萨尔瓦多现行商标法规主要基于 2002 年 7 月 17 日生效的《商标法》，2005 年修订。由萨尔瓦多国家注册中心统一负责管理商标事务，官方语言为西班牙语。商标专用权需要通过注册取得。商标注册不是强制性的，但为了保护商标或进行续展，就必须依法登记注册。萨尔瓦多商标注册采用"申请在先"原则，萨尔瓦多是《商标法条约》《巴黎公约》《WIPO 公约》等国际知识产权条约的缔约国；既不是《马德里议定书》成员国，也不是《马德里协定》成员国，故商标注册只可以通过"单国注册"方式办理。

二、商标申请

目前，萨尔瓦多商标申请采用尼斯分类第 11 版的商品和服务描述，接受一表多类申请。萨尔瓦多可注册为商标的要素有：文字、名称、图形、颜色组合、标语、声音、气味等。

若申请人非萨尔瓦多居住的，须委托本国专门的代理人办理。商标申请所需的基本材料为：

1. 商标图样；

2. 具体类别及商品 / 服务项目；

3. 申请人名义及地址；

4. 委托书，需公证认证；

5. 若声明优先权的，需提供优先权证明文件，需公证认证。

申请注册萨尔瓦多商标的主要流程为：申请—受理—审查—公告—核准—发证。申请递交后 1—2 周受理。审查员将对申请进行形式审查和实质审查。形式审查主要审查申请要求和分类信息是否符合规定；实质审查包括对商标显著性、是否违反禁注禁用条款和是否与在先商标形成冲突的审查。审查不能通过的将会下发驳回通知书并要求申请人在驳回通知载明的时限内予以答复，实质审查通过的，则将会被安排公告。

公告日起 2 个月为异议期，任何利益相关人或在先权利人均可提出异议，提异议的理由主要有：

1. 与在先商标冲突，如拥有在先的注册商标；

2. 商标缺乏显著性；

3. 商标具有不良影响；

4. 恶意注册；

5. 与在先其他权利冲突，如商号权、外观设计、版权、人名等。

公告期内无人异议或者异议不成立的，可获准注册并颁发注册证。顺利的情况下，萨尔瓦多商标注册目前需要 1—2 年；如中途遇到异议或驳回，时间将会延长至 3—4 年。

三、商标维护

萨尔瓦多商标注册后 10 年有效，有效期自注册日起算；到期日前 12 个月内需办理续展，宽展期为 6 个月；续展有效期为 10 年。

商标注册后的无效或撤销申请，一般可根据下述理由提出：

1.《商标法》第 39 条：违反《商标法》第 8 条、第 9 条规定的：主要是商标缺乏显著性；与在先商标冲突的；与他人驰名商标冲突的等。基于第 9 条提出的撤销申请，需在注册日起 5 年内提出。

2.《商标法》第 41-A 条：商标注册后连续 5 年未在当国实际使用的，任何利益第三方可申请撤销，不可抗力除外。

商标无效／撤销申请可向萨尔瓦多地方法院提出，在现行审查条件下，一般需耗时 2—3 年。被申请人一般可提供如下证据材料应对他人以"未使用"为由提出的撤销申请：

- 发票
- 包装、装潢
- 广告
- 产品目录
- 标签
- 书面声明
- 营业额证据
- 报价单
- 市场调查结果

圣巴托洛缪岛
(Saint-Barthélemy)

一、概述

圣巴托洛缪岛，全名为圣巴托洛缪行政区，是法国在加勒比海上西印度背风群岛的四个属地之一，其辖区主要包括圣巴托洛缪本岛和离岸的几个小岛，是法国海外属地。法国政府于 2007 年 2 月 22 日宣布该岛自法属瓜德罗普分离，成为直辖于巴黎中央政府的海外行政区。圣巴托洛缪岛也是欧盟的一部分，官方货币是欧元，官方语言为法语。

二、商标申请

圣巴托洛缪岛无独立的商标注册体系，法国或欧盟商标注册后则自动延伸保护至该区域，无须另行申请。同时，法国注册还会自动延伸至下列地方：

1. 自 2011 年起，法属瓜德罗普岛、马提尼克岛、法属圭亚那、法属留尼汪岛和马约特岛。

2. 法国海外属地，新喀里多尼亚、法属圣马丁岛、圣皮埃尔和密克隆、瓦利斯及富图纳群岛和法属南半球及南极领地（圣巴托洛缪岛也是海外属地之一）。

在上述地区中，法属瓜德罗普岛、马提尼克岛、法属留尼汪岛、圣巴托洛缪岛和法属圣马丁岛这几个地区可以通过欧盟注册自动延伸保护。

圣基茨和尼维斯
(St. Kitts & Nevis)

一、概述

圣基茨和尼维斯位于东加勒比海背风群岛，北部是一个由圣克里斯多福岛（圣基茨岛）与尼维斯岛所组成的联邦制岛国，在 1983 年 9 月 19 日独立，现为英联邦成员国之一，面积 267 平方千米。

圣基茨和尼维斯现行商标法规主要基于 2002 年 12 月 31 日版本的《商标、集体商标和商号法》，由知识产权局统一负责管理商标事务。圣基茨和尼维斯是《WIPO 公约》《巴黎公约》《TRIPS 协定》《尼斯协定》缔约方，官方语言为英语。

二、商标申请及维护

申请人可以在当地进行"单国注册"，若申请人非圣基茨和尼维斯居住的，须委托当地专门的代理人办理。商标申请所需的基本材料为：

1. 商标图样；

2. 具体商品项目；

3. 申请人名义及地址；

4. 委托书，需公证；

5. 使用声明；

6. 若声明优先权的，需提供优先权证明文件及对应的英语翻译件。

圣基茨和尼维斯采用尼斯分类，接受一表多类申请，商标注册一般需要半年左右，核准后颁发注册证。

圣基茨和尼维斯商标注册后 10 年有效，有效期自申请日起算；到期日前 6 个月内可以办理续展，宽展期为 6 个月；续展有效期为 10 年。

三、其他

圣基茨和尼维斯商标转让需要提供经公证的转让声明和委托书。若想申请无效或撤销注册商标，需向法院提交申请。

圣卢西亚

(*St. Lucia*)

一、概述

圣卢西亚是东加勒比海邻近大西洋的岛国，位于东加勒比海向风群岛中部，北邻马提尼克岛，西南邻圣文森特岛。圣卢西亚是座火山岛，国土面积为616平方千米。1967年3月，圣卢西亚实行内部自治，成为英国联系邦。1979年2月22日宣布独立，为英联邦成员国。1997年9月1日圣卢西亚与中国建交。2007年5月5日中华人民共和国政府宣布，自即日起与之断交。

圣卢西亚现行商标法规主要基于2001年10月26日的《商标法》和2003年的《商标条例》，由公司和知识产权注册处统一负责管理商标事务。圣卢西亚是《WIPO公约》《巴黎公约》《尼斯协定》缔约方，官方语言为英语。

二、商标申请及维护

申请人可以在当地进行"单国注册"，若申请人非圣卢西亚居住的，须委托当地专门的代理人办理。商标申请所需的基本材料为：

1. 商标图样；

2. 具体商品项目；

3. 申请人名义及地址；

4. 委托书，需公证或盖公章；

5. 若声明优先权的，需提供优先权证明文件及对应的英语翻译件。

圣卢西亚采用尼斯分类，接受一表多类申请，商标注册一般需要半年左右，核准后颁发注册证。

圣卢西亚商标注册后10年有效，有效期自申请日起算；到期日前6个月内可以办理续展，宽展期为12个月；续展有效期为10年。

三、其他

根据《商标法》第24条的规定，申请注册的商标无法通过图样予以体现的不予核准。同时，圣卢西亚商标转让需要提供经公证的转让声明，委托书公证或盖公章即可。

圣马丁
(Sint Maarten)

一、概述

圣马丁是荷兰的自治国，原属加勒比海中荷属安的列斯群岛部分，现行商标法规是 1996 年 12 月 16 日颁布的《国家商标条例》。由圣马丁知识产权局统一负责管理商标事务，官方语言为荷兰语。商标专用权需要通过注册取得。商标注册不是强制性的，但为了保护商标或进行续展，就必须依法登记注册。圣马丁商标注册采用"申请在先"的原则。

圣马丁已加入《马德里协定》，故商标注册可以通过"单国注册"或"马德里注册"的方式办理。

二、商标申请

目前，圣马丁采用尼斯分类第 11 版的商品和服务描述，接受一表多类的申请，按类收费，但前三个类费用不增加。圣马丁构成注册商标的要素有：文字、名字、图形、三维标志、颜色、标语、商业外观 / 装潢等。

若申请人非圣马丁居住的，须委托本国专门的代理人办理。商标申请所需的基本材料为：

1. 商标图样；

2. 具体类别及商品 / 服务项目；

3. 申请人名义及地址；

4. 委托书；

5. 若声明优先权的，需提供优先权证明文件。

申请注册圣马丁商标的主要流程为：申请—受理—审查—公告—核准—发证。申请递交后，审查员将对申请进行形式审查和实质审查。形式审查，即审查申请要求和分类信息是否符合规定；而实质审查，包括对商标显著性、是否违反禁注禁用条款和是否与在先商标形成冲突的审查。审查通过后就会安排公告，公告日起 1 个月为异议期，任何利益相关人或在先权利人均可提出异议，提异议的理由主要有：

1. 与在先商标冲突，如拥有在先的注册商标；

2. 商标缺乏显著性；

3. 商标具有不良影响；

4. 恶意注册；

5. 与在先其他权利冲突，如商号权、外观设计、版权、人名等；

6. 标语商标缺乏原创性。

公告期内无人异议或者异议不成立的即可获准注册并颁发注册证；审查不能通过的则会下发驳回通知书并要求申请人在驳回通知载明的时限内予以答复。顺利的话，圣马丁商标注册目前需要 1—2 个月；如中途遇到异议或驳回，时间可能延长至 6 个月左右。

三、商标维护

圣马丁商标注册后 10 年有效，有效期自申请日开始起算；到期日前 3 个月内可以办理续展，宽展期为 6 个月；续展有效期为 10 年。

商标注册后的撤销申请，一般可根据下述条款提出：商标注册后连续 5 年未在当国实际使用的，任何人可申请撤销，不可抗力除外。

商标撤销申请可向圣马丁一审法院提出，被申请人一般可提供如下证据材料应对他人以"未使用"为由提出的撤销申请：

- 发票
- 标签
- 市场调查结果
- 产品目录
- 报价单
- 基于互联网的使用
- 营业额证据
- 广告
- 持续维护的网站
- 包装、装潢
- 书面声明

四、其他

圣马丁可以接受一表多类的申请，按类收费，但前三个类费用不增加。

圣文森特和格林纳丁斯
(St. Vincent & the Grenadines)

一、概述

圣文森特和格林纳丁斯是位于东加勒比海小安的列斯群岛南部的一个岛国。面积 389 平方千米，圣文森特本岛面积 346 平方千米，格林纳丁斯群岛则由 32 个小岛组成，面积合共 43 平方千米。1979 年 10 月 27 日独立，现为英联邦成员之一。

圣文森特和格林纳丁斯现行商标法规主要基于 2003 年 12 月 16 日版本的《商业和知识产权局法》和 2004 年《商标实施细则》，由知识产权局统一负责管理商标事务。官方语言为英语。

二、商标申请及维护

申请人可以在当地进行"单国注册"，若申请人非圣文森特和格林纳丁斯居住的，须委托当地专门的代理人办理。商标申请所需的基本材料为：

1. 商标图样；

2. 具体商品项目；

3. 申请人名义及地址；

4. 委托书，需公证；

5. 若声明优先权的，需提供优先权证明文件及对应的英语翻译件。

圣文森特和格林纳丁斯采用尼斯分类，接受一表多类申请，自初审公告之日起 3 个月为异议期；顺利的情况下，商标注册一般需要半年左右，核准后颁发注册证。

圣文森特和格林纳丁斯商标注册后 10 年有效，有效期自申请日起算；到期日前 6 个月内可以办理续展，宽展期为 6 个月；续展有效期为 10 年。

三、其他

圣文森特和格林纳丁斯新法实施后在当地进行商标注册基于英国注册的方式不再适用。

苏里南
(Suriname)

一、概述

苏里南位于南美洲北部，北滨大西洋，南临巴西，现行商标法规主要基于 1912 年 8 月 19 日颁布的第 57 号《皇家法案》，并于 1984 年 8 月 31 日予以修订。由苏里南知识产权局统一负责管理商标事务，官方语言为荷兰语。商标注册不是强制性的，但为了保护商标或进行续展，就必须依法登记注册。苏里南商标注册采用"使用在先"原则，未注册商标通过在先使用可以获得保护。

苏里南是《巴黎公约》《尼斯协定》《WIPO 公约》等国际知识产权条约的缔约国，商标注册只能通过"单国注册"的方式办理。

二、商标申请

目前，苏里南官方采用尼斯分类第 11 版的商品描述，接受一表多类申请；不接受服务商标申请。苏里南可注册为商标的要素有：文字、名称、图形、三维标识、颜色组合等，不接受声音、气味等非传统商标的注册。

若申请人非苏里南居住的，须委托当国专门的代理人办理。商标申请所需的基本材料为：

1. 商标图样；

2. 类别及商品 / 服务项目；

3. 申请人名义及地址；

4. 委托书，签字盖章；

5. 若声明优先权的，需提供优先权证明文件及对应的荷兰语翻译件。

申请注册苏里南商标的主要流程为：申请—受理—审查—核准—公告—发证。申请递交后 1 周左右完成受理。受理后将对商标进行实质审查，包括对商标显著性、是否违反禁注禁用条款和是否与在先商标形成冲突的审查，审查通过则予以公告；审查不能通过的则会下发驳回通知书并要求申请人在驳回通知载明的时限内予以答复。

公告日起 6 个月为异议期，任何利益相关人或在先权利人均可提出异议，提异议的理由主要有：

1. 与在先商标冲突，如拥有在先的注册商标；

2. 商标缺乏显著性；

3. 商标具有不良影响；

4. 恶意注册；

5. 与在先其他权利冲突，如商号权、外观设计、版权、人名等。

公告期内无人异议或者异议不成立的，异议期结束后即可获准注册并颁发注册证。顺利的情况下，苏里南商标注册目前需要 18 个月左右；如中途遇到驳回或异议，时间将会大大延长。

三、商标维护

苏里南商标注册后 10 年有效，有效期自申请日起算；到期日前 6 个月内可以办理续展，宽展期为 6 个月；续展有效期为 10 年。

与其他国家不同，苏里南商标法规并未对连续不使用撤销的年限作出规定。

四、其他

苏里南是荷兰的前殖民地，故该国商标法规最早起源于 1893 的荷兰《商标法》，现行商标法律体系与荷兰加入比荷卢联盟前的 1969 年《商标法》比较接近。

苏里南采用"使用在先"原则，在当地市场的在先销售、媒体广告都可以视为使用。

特克斯和凯科斯群岛
（*Turks & Caicos Islands*）

一、概述

特克斯和凯科斯群岛是西印度群岛中的英属岛群。位于巴哈马群岛东南端，距海地北部约 145 千米。东部濒临大西洋，西部同古巴隔水相望，由 30 多个小岛组成。

特克斯和凯科斯群岛现行商标法规主要基于 2002 年的《商标法》，官方语言为英语。由于特克斯和凯科斯群岛属于英国海外领地，当地商标注册有两种方式，既可以直接向当地商标注册局申请注册保护，也可以通过基于英国注册、或欧盟注册、或马德里指定英国注册请求延伸保护。

二、商标申请及维护

（一）基于英国注册 / 欧盟注册请求延伸保护

若基于英国注册、或欧盟注册、或马德里指定英国注册请求延伸保护的，申请人可以在商标有效期内任何时间申请在特克斯和凯科斯群岛的延伸保护，若申请人非特克斯和凯科斯群岛居住的，须委托当地专门的代理人办理。商标申请所需的基本材料为：

1. 商标图样；

2. 具体商品项目；

3. 申请人名义及地址；

4. 在英国注册，或欧盟注册，或马德里指定英国注册的注册证明。

基于英国注册、或欧盟注册、或马德里指定英国注册请求延伸保护的，注册一般需要半年左右，商标核准后颁发注册证书。商标权自英国或欧盟注册日开始生效，但在该地区遇到商标侵权纠纷时，只有在当地政府也核准保护的情况下才能发起维权。若基于英国或欧盟注册延伸保护，商标有效期和英国或欧盟的基础注册保持一致。

（二）直接在当国申请保护

申请人也可以在当地进行"单国注册"，若申请人非特克斯和凯科斯群岛居住的，

须委托当地专门的代理人办理。商标申请所需的基本材料为：

1. 商标图样；

2. 具体商品项目；

3. 申请人名义及地址；

4. 委托书。

特克斯和凯科斯群岛采用尼斯分类，不接受一表多类申请，商标注册一般需要半年左右，核准后颁发当地注册证。特克斯和凯科斯群岛商标注册后 10 年有效，有效期自申请日起算；到期日前 6 个月内可以办理续展，宽展期为 6 个月；续展有效期为 10 年。

商标在特克斯和凯科斯群岛一经核准注册，每年 1 月份必须向特克斯和凯科斯群岛政府缴纳年费，可以一次性安排缴纳多年的年费，未缴纳年费将导致商标无效。

三、其他

基于英国注册、或欧盟注册、或马德里指定英国注册请求延伸保护特克斯和凯科斯群岛的，续展时要求基础注册的商标必须已完成续展。

特立尼达和多巴哥
(*Trinidad & Tobago*)

一、概述

特立尼达和多巴哥位于中美洲加勒比海南部、紧邻于委内瑞拉外海。全国是由两个主要的大岛特立尼达岛与多巴哥岛，再加上 21 个较小岛屿组成。1889 年两岛成为一个统一的英国殖民地。1956 年实行内部自治，1962 年 8 月 31 日宣布独立，1976 年 8 月 1 日成立共和国；特立尼达和多巴哥现仍为英联邦成员国之一。

特立尼达和多巴哥现行商标法规主要基于 1997 年 6 月 10 日第 31 号法令的《商标法》，由知识产权局统一负责管理商标事务。特立尼达和多巴哥是《商标法条约》《WIPO 公约》《巴黎公约》《TRIPS 协定》《尼斯协定》缔约方，官方语言为英语。

二、商标申请及维护

申请人可以在当地进行"单国注册"，若申请人非特立尼达和多巴哥居住的，须委托当地专门的代理人办理。商标申请所需的基本材料为：

1. 商标图样；

2. 具体商品项目；

3. 申请人名义及地址；

4. 委托书；

5. 若声明优先权的，需提供优先权证明文件及对应的英语翻译件。

特立尼达和多巴哥采用尼斯分类，接受一表多类申请，自初审公告之日起 3 个月内为异议期；顺利的情况下，商标注册一般需要 1 年半左右，核准后颁发注册证。

特立尼达和多巴哥商标注册后 10 年有效，有效期自注册日起算；到期日前 6 个月内可以办理续展，宽展期为 6 个月；续展有效期为 10 年。根据《商标法》第 26 条的规定，特立尼达和多巴哥接受系列商标申请。

三、其他

《商标法》第 35 条对注册商标的使用作出了规定，商标注册后不使用的，任何

人可以申请撤销，但要满足如下条件：

1. 注册后满 3 年没有真实的使用意向的；
2. 注册后满 5 年没有实际使用的。

危地马拉

(*Guatemala*)

一、概述

危地马拉现行商标法规主要基于 2000 年 11 月 1 日颁布的《工业产权法》和 2002 年颁布的《工业产权法实施细则》。由危地马拉经济部知识产权局统一负责管理商标事务，官方语言为西班牙语。商标专用权需要通过注册取得。商标注册不是强制性的，但为了保护商标或进行续展，就必须依法登记注册。危地马拉商标注册采用"申请在先"原则。在危地马拉的驰名商标即使未注册，也能受到保护。

危地马拉是《WIPO 公约》《巴黎公约》等国际知识产权条约的缔约国；既不是《马德里协定》成员国，也不是《马德里议定书》成员国，故商标注册只可以通过"单国注册"方式办理。

二、商标申请

目前，危地马拉商标申请采用尼斯分类第 11 版的商品和服务描述，不接受一表多类申请。危地马拉可注册为商标的要素有：文字、名称、图形、颜色组合、声音、气味、全息图等。

若申请人非危地马拉居住的，可委托本国专门的代理人办理，也可直接向危地马拉知识产权局提交申请。商标申请所需的基本材料为：

1. 商标图样；

2. 具体类别及商品 / 服务项目；

3. 申请人名义及地址；

4. 委托书，需公证认证；

5. 若声明优先权的，需提供优先权证明文件，需公证认证。

申请注册危地马拉商标的主要流程为：申请—受理—审查—公告—核准—发证。申请递交后 2—3 周受理。审查员将对申请进行形式审查和实质审查。形式审查主要审查申请要求和分类信息是否符合规定；实质审查包括对商标显著性、是否违反禁注

禁用条款和是否与在先商标形成冲突的审查。审查不能通过的将会下发驳回通知书并要求申请人在驳回通知载明的时限内予以答复,实质审查通过的,则将会被安排公告。公告日起 2 个月为异议期,任何利益相关人或在先权利人均可提出异议,提异议的理由主要有:

1. 与在先商标冲突,如拥有在先的注册商标;

2. 商标缺乏显著性;

3. 商标具有不良影响;

4. 恶意注册;

5. 与在先其他权利冲突,如商号权、外观设计、版权、人名等。

公告期内无人异议或者异议不成立的,可获准注册并颁发注册证。顺利的情况下,危地马拉商标注册目前需要 2 年左右;如中途遇到异议或驳回,时间将延长至 3—4 年。

三、商标维护

危地马拉商标注册后 10 年有效,有效期自注册日起算;到期日前 12 个月内需办理续展,宽展期为 6 个月;续展有效期为 10 年。

商标注册后的无效或撤销申请,一般可根据下述理由提出:

1. 无效宣告,可在注册后任意时间内提出,可基于如下理由:

(1)商标缺乏显著性;易误导公众;

(2)与他人驰名商标相冲突;

(3)恶意注册;

(4)代理人、经销商等抢注。

2. 撤销,需在注册后 5 年内提出,可基于如下理由:

(1)与在先商标相冲突;

(2)与在先其他权利冲突,如商号权、外观设计、版权、人名等。

3. 商标注册后连续 5 年未在当国实际使用的,任何人可申请撤销,不可抗力除外。

商标无效 / 撤销申请可向危地马拉民事法院提出,在现行审查条件下,一般需耗时 2—3 年。被申请人一般可提供如下证据材料应对他人以"未使用"为由提出的撤销申请:

- 发票
- 产品目录
- 营业额证据

- 包装、装潢
- 标签
- 报价单

- 广告
- 书面声明
- 市场调查结果

四、其他

新申请需声明优先权的，可在提交危地马拉新申请后提出，提出期限为在先申请优先权截止日期满后 90 天内。

委内瑞拉
（Venezuela）

一、概述

委内瑞拉现行商标法规主要基于 1955 年 10 月 14 日生效的《工业产权法》。由委内瑞拉专利商标局负责管理商标事务，官方语言为西班牙语。商标权利需要通过注册取得。商标注册不是强制性的，但为了保护商标或进行续展，就必须依法登记注册。委内瑞拉商标注册采用"申请在先"原则。

委内瑞拉是《巴黎公约》《WIPO 公约》等国际知识产权条约的缔约国；暂未加入《马德里协定》或《马德里议定书》，故商标注册只能通过"单国注册"的方式办理。

二、商标申请

目前，委内瑞拉采用当国分类的商品和服务描述，不接受一表多类申请。委内瑞拉可注册为商标的要素有：文字、名称、图形、字母、颜色、三维标志等。

若申请人非委内瑞拉居住的，须委托本国专门的代理人办理。商标申请所需的基本材料为：

1. 商标图样；

2. 具体类别及商品 / 服务项目；

3. 申请人名义及地址；

4. 若声明优先权的，需提供优先权证明文件及对应的西班牙语翻译件；

5. 委托书，需认证。

申请注册委内瑞拉商标的主要流程为：申请—受理—公告—审查—核准—发证。申请递交后 1—2 周受理，专利商标局会先进行形式审查，即审查申请要求和分类信息是否符合规定，审查完毕后会安排公告，公告日起 30 个工作日为异议期，任何利益相关人或在先权利人均可提出异议，提异议的理由主要有：

1. 与在先商标冲突，如拥有在先的注册商标或在先使用的未注册商标；

2. 商标缺乏显著性；

3. 商标具有描述性；

4. 商标具有欺骗性；

5. 商标具有不良影响；

6. 驰名商标；

7. 与在先其他权利冲突，如商号权、外观设计、版权、人名等。

公告期内无人异议或者异议不成立的，专利商标局将对商标进行实质审查，包括对商标显著性、是否违反禁注禁用条款和是否与在先商标形成冲突的审查，审查通过后即可获准注册并颁发注册证；审查不能通过的则会下发驳回通知书并要求申请人在驳回通知载明的时限内予以答复。顺利的情况下，商标注册目前需要 3—4 年；如中途遇到异议或驳回，时间将会大大延长。

三、商标维护

委内瑞拉商标注册后 15 年有效，有效期自注册日起算；到期日前 6 个月可以办理续展，无宽展期；续展有效期为 15 年。

商标注册后的无效或撤销申请，一般可根据委内瑞拉《商标法》下述条款提出：

1. 违反《商标法》规定的；

2. 恶意抢注；

3. 商标注册后连续 3 年未在当国实际使用的，任何人可申请撤销，不可抗力除外。

商标无效 / 撤销申请可向委内瑞拉商标局提出，在现行审查条件下，一般需耗时 3—5 年。被申请人一般可提供如下证据材料应对他人以"未使用"为由提出的撤销申请：

- 发票
- 包装、装潢
- 广告
- 产品目录
- 标签
- 书面声明
- 营业额证据
- 报价单
- 市场调查结果

四、其他

委内瑞拉商标注册前必须进行官方查询；商品服务分类采用当国分类；商标续展无宽展期；委内瑞拉采用公告前置程序，即先公告供第三方异议，再进行实质审查，所以即使顺利通过异议程序也不代表商标一定能够注册成功，这与国内区别较大。

乌拉圭

(Uruguay)

一、概述

乌拉圭现行商标法规主要基于 1998 年 9 月 25 日颁布的《商标法令》。由乌拉圭国家工业产权局统一负责管理商标事务，官方语言为西班牙语。商标专用权需要通过注册取得。商标注册不是强制性的，但为了保护商标或进行续展，就必须依法登记注册。乌拉圭商标注册采用"申请在先"原则，但某些情况下，也可以以"在先使用"主张商标权。

乌拉圭是《TRIPS 协定》《巴黎公约》《尼斯协定》《WIPO 公约》《商标法条约》《维也纳协定》《新加坡条约》《内罗毕条约》等国际知识产权条约的缔约国；暂未加入《马德里协定》或《马德里议定书》，故商标注册只能通过"单国注册"的方式办理。

二、商标申请

目前，乌拉圭国家工业产权局采用尼斯分类第 11 版的商品和服务描述，接受一表多类申请。乌拉圭可注册为商标的要素有：文字、名称、图形、三维标识、颜色组合、标语、声音等，其中声音和颜色组合在申请注册时需要满足特定的要求。

若申请人非乌拉圭居住的，须委托本国专门的代理人办理。商标申请所需的基本材料为：

1. 商标图样；

2. 具体商品 / 服务项目；

3. 申请人名义及地址；

4. 若声明优先权的，需提供优先权证明文件及对应的西班牙语翻译件。

申请注册乌拉圭商标的主要流程为：申请—受理—形式审查—公告—实质审查—核准—发证。

申请递交后 1 周左右受理，工业产权局会先进行形式审查，即审查申请要求和分类信息是否符合规定，形式审查通过即安排公告，公告日起 30 天为异议期，任何利益相关人或在先权利人均可提出异议，提异议的理由主要有：

1. 与在先商标冲突，如拥有在先的注册商标；

2. 商标缺乏显著性；

3. 商标具有不良影响；

4. 驰名商标；

5. 恶意注册；

6. 与在先其他权利冲突，如商号权、外观设计、版权、人名等；

7. 未经授权使用的徽章、标志；

8. 有违公序良俗。

公告期内无人异议或者异议不成立的，工业产权局将对商标进行实质审查，包括对商标显著性、是否违反禁注禁用条款和是否与在先商标形成冲突的审查，审查通过后即可获准注册并颁发注册证；审查不能通过的则会下发驳回通知书并要求申请人在驳回通知载明的时限内予以答复。顺利的情况下，乌拉圭商标注册目前需要1年半左右；如中途遇到异议或驳回，时间可能延长至2—3年。

三、商标维护

乌拉圭商标注册后10年有效，有效期自注册日开始起算；到期日前6个月内可以办理续展，宽展期为6个月；续展有效期为10年。

商标注册后的无效或撤销申请，一般可根据下述理由提出：

1. 违反《商标法》规定的；

2. 商标注册后连续5年未在当国实际使用的，任何人可申请撤销，不可抗力除外。

商标无效申请需在商标注册15年内向商标局提出，驰名商标和恶意注册则不受此时间限制，在现行审查条件下，一般需耗时2—3年。被申请人一般可提供如下证据材料应对他人以"未使用"为由提出的撤销申请：

- 发票
- 产品目录
- 营业额证据
- 包装、装潢

- 标签
- 报价单
- 广告
- 书面声明

- 市场调查结果
- 基于互联网的使用
- 持续维护的网站

四、其他

乌拉圭采用公告前置程序，即先公告供第三方异议，再进行实质审查，所以即使顺利通过异议程序也不代表商标一定能够注册成功，这与国内区别较大。

牙买加
(Jamaica)

一、概述

牙买加现行商标法规主要基于 1999 年 7 月 26 日制定的《商标法》。由牙买加知识产权局负责管理商标事务，官方语言为英语。商标权利需要通过注册取得。商标注册不是强制性的，但为了保护商标或进行续展，就必须依法登记注册。牙买加商标注册采用"使用在先"原则。

牙买加是《尼斯协定》《巴黎公约》《WIPO 公约》等国际知识产权条约的缔约国；暂未加入《马德里协定》或《马德里议定书》,故商标注册只能通过"单国注册"的方式办理。

二、商标申请

目前，牙买加采用尼斯分类第 11 版的商品和服务描述，接受一表多类申请。牙买加可注册为商标的要素有：文字、图形、字母、数字、颜色及其组合等。

若申请人非牙买加居住的，须委托本国专门的代理人办理。商标申请所需的基本材料为：

1. 商标图样；

2. 具体类别及商品 / 服务项目；

3. 申请人名义及地址；

4. 若声明优先权的，需提供优先权证明文件及对应的英语翻译件。

申请注册牙买加商标的主要流程为：申请—受理—审查—公告—核准—发证。申请递交后 1—2 周受理。审查员将对申请进行形式审查和实质审查。形式审查主要审查申请要求和分类信息是否符合规定；实质审查包括对商标显著性、是否违反禁注禁用条款和是否与在先商标形成冲突的审查。审查不能通过的将会下发驳回通知书并要求申请人在驳回通知载明的时限内予以答复，实质审查通过的，则将会被安排公告。公告日起 2 个月为异议期，任何利益相关人或在先权利人均可提出异议，提异议的理

由主要有：

1. 与在先商标冲突，如拥有在先的注册商标或在先使用的未注册商标；

2. 商标缺乏显著性；

3. 商标具有描述性；

4. 商标具有欺骗性；

5. 商标具有不良影响；

6. 驰名商标；

7. 与在先其他权利冲突，如商号权、外观设计、版权、人名等。

公告期内无人异议或者异议不成立的,可获准注册并颁发注册证。顺利的情况下,牙买加商标注册目前需要 12—18 个月；如中途遇到异议或驳回，时间将大大延长。

三、商标维护

牙买加商标注册后 10 年有效，有效期自申请日起算；到期日前 6 个月可以办理续展，宽展期为 6 个月；续展有效期为 10 年。

商标注册后的无效或撤销申请，一般可根据牙买加《商标法》下述条款提出：

1. 违反《商标法》规定的；

2. 恶意抢注；

3. 商标注册后连续 3 年未在当国实际使用的，任何人可申请撤销，不可抗力除外。

商标无效 / 撤销申请可向牙买加知识产权局提出，在现行审查条件下，一般需耗时 1 年左右。被申请人一般可提供如下证据材料应对他人以"未使用"为由提出的撤销申请：

· 发票	· 包装、装潢	· 广告
· 产品目录	· 标签	· 书面声明
· 营业额证据	· 报价单	· 市场调查结果

英属维尔京群岛

(*The British Virgin Islands*)

一、概述

英属维尔京群岛，位于大西洋和加勒比海之间，背风群岛的北端，距波多黎各东海岸 100 千米，与美属维尔京群岛毗邻。1493 年哥伦布抵达该岛。1672 年被英国兼并。1872 年成为英国殖民地背风群岛的一部分，受背风群岛总督管辖至 1960 年。现为英国属地。

英属维尔京群岛现行商标法规主要基于 2013 年 4 月的《商标法》和 2015 年 4 月的《商标条例》，新法于 2015 年 9 月 1 日开始实施，让该地的商标法律制度从 18 世纪直接进入 21 世纪。英属维尔京群岛官方语言为英语。

二、商标申请及维护

申请人可以在当地进行"单国注册"，若申请人非英属维尔京群岛居住的，须委托当地专门的代理人办理。商标申请所需的基本材料为：

1. 商标图样；

2. 具体商品项目；

3. 申请人名义及地址；

4. 委托书，需公证；

5. 申请声明，需公证。

英属维尔京群岛采用尼斯分类，接受一表多类申请，商标注册一般需要 1 年左右，商标初审公告后 3 个月为异议期，公告期内无人异议或异议不成立则核准并颁发注册证。

英属维尔京群岛商标注册后 10 年有效，有效期自申请日起算；到期日前 6 个月内可以办理续展，宽展期为 6 个月；续展有效期为 10 年。商标注册后满 3 年连续不使用的，任何人可以申请撤销。

三、其他

英属维尔京群岛新法实施前，注册有两种方式，一是基于英国注册延伸保护，申请时只能基于英国注册的商品或服务；二是当地直接申请注册，申请时采用当地分类表（英国机制时代的分类表），自2015年9月1日后在当地进行商标注册基于英国注册的方式不再适用。同时，根据旧版《商标法》，基于英国注册的商标有效期与英国商标保持一致，在当地注册的商标有效期为14年，注册后满5年不使用的，任何人可申请撤销，与新法差异也很大。

智利

(*Chile*)

一、概述

智利现行商标法规主要基于 1991 年 9 月 30 日颁布的《新工业产权法》，2012 年最新修订。由智利工业产权局统一负责管理商标事务，官方语言为西班牙语。商标专用权需要通过注册取得。商标注册不是强制性的，但为了保护商标或进行续展，就必须依法登记注册。智利商标注册采用"申请在先"原则，但某些情况下，也可以以"在先使用"主张商标权。

智利是《TRIPS 协定》《巴黎公约》《商标法条约》《WIPO 公约》《内罗毕条约》等国际知识产权条约的缔约国；暂未加入《马德里协定》或《马德里议定书》，故商标注册只能通过"单国注册"的方式办理。

二、商标申请

目前，智利工业产权局采用尼斯分类第 11 版的商品和服务描述，接受一表多类申请。智利可注册为商标的要素有：文字、名称、图形、三维标识、颜色组合、标语、声音等，其中，声音和颜色组合在申请注册时需要满足特定的要求。

若申请人非智利居住的，须委托本国专门的代理人办理。商标申请所需的基本材料为：

1. 商标图样；

2. 具体商品项目；

3. 申请人中英文名义及地址；

4. 委托书签字盖章；

5. 若声明优先权的，需提供优先权证明文件及对应的西班牙语翻译件。

申请注册智利商标的主要流程为：申请—受理—形式审查—公告—实质审查—核准—发证。申请递交后 1 周左右受理，工业产权局会先进行形式审查，即审查申请要求和分类信息是否符合规定，审查通过后会安排公告，公告日起 30 天为异议期，任何利益相关人或在先权利人均可提出异议，提异议的理由主要有：

1. 与在先商标冲突，如拥有在先的注册商标；

2. 商标缺乏显著性；

3. 商标具有描述性；

4. 商标具有欺骗性；

5. 商标具有不良影响；

6. 驰名商标；

7. 恶意注册；

8. 与在先其他权利冲突，如商号权、外观设计、版权、人名等；

9. 行业内的通用名称或词汇；

10. 未经授权使用的徽章、标志；

11. 有违公序良俗；

12. 地理标志。

公告期内无人异议或者异议不成立的，工业产权局将对商标进行实质审查，包括对商标显著性、是否违反禁注禁用条款和是否与在先商标形成冲突的审查，审查通过后即可获准注册并颁发注册证；审查不能通过的则会下发驳回通知书并要求申请人在驳回通知载明的时限内予以答复。

顺利的情况下，智利商标注册目前需要 1 年；如中途遇到异议或驳回，时间将延长至 2—3 年。

三、商标维护

智利商标注册后 10 年有效，有效期自注册日开始起算；到期日前 2 个月内可以办理续展，宽展期为 1 个月（但额外付费可以延长至到期后 6 个月内）；续展有效期为 10 年。

该国商标法规没有对注册后连续"不使用撤销"作出规定。商标无效宣告申请可向商标局提出，在现行审查条件下，一般需耗时 2—3 年。

四、其他

智利采用公告前置程序，即先公告供第三方异议，再进行实质审查，所以即使顺利通过异议程序也不代表商标一定能够注册成功，这与国内区别较大。

第五部分

非洲

阿尔及利亚

(*Algeria*)

一、概述

阿尔及利亚现行商标法规主要基于 2003 年 7 月 19 日颁布的《商标法》。由阿尔及利亚国家工业产权统一负责管理商标事务，官方语言为阿拉伯语，通用法语。商标专用权需要通过注册取得。阿尔及利亚商标注册采用"申请在先"原则。

阿尔及利亚是《巴黎公约》《尼斯协定》等国际知识产权条约的缔约国；是《马德里协定》《马德里议定书》成员国，故商标保护既能通过"单国注册"方式办理，也可以通过"马德里国际注册"的方式办理。

二、商标申请

目前，阿尔及利亚采用尼斯分类第 11 版的商品和服务描述，接受一表多类申请。阿尔及利亚可注册为商标的要素有：文字、名称、图形、三维标识、颜色组合、标语等。

若申请人非阿尔及利亚居住的，须委托本国专门的代理人办理。商标申请所需的基本材料为：

1. 商标图样；

2. 具体商品项目；

3. 申请人名义及地址；

4. 委托书；

5. 若声明优先权的，需提供优先权证明文件。

申请注册阿尔及利亚商标的主要流程为：申请—受理—审查—核准—发证。

申请递交后 1 周左右受理。审查员将对申请进行形式审查和实质审查。形式审查主要审查申请要求和分类信息是否符合规定；实质审查包括对商标显著性、是否违反禁注禁用条款和是否与在先商标形成冲突的审查。审查不能通过的将会下发驳回通知书并要求申请人在驳回通知载明的时限内予以答复。审查通过则予以核准注册发证。无公告异议制度。

顺利的情况下，阿尔及利亚商标注册目前需要 2 年左右；如中途遇到驳回，时间将会延长至 3 年左右。

三、商标维护

阿尔及利亚商标注册后 10 年有效，有效期自申请日开始起算；到期日前 6 个月内可以办理续展，宽展期也为 6 个月；续展有效期为 10 年。

商标注册后自申请日起算连续 3 年不使用的，任何利益相关人可以申请撤销该注册商标；由于不可能抗力造成权力人无法正常使用的除外。

任意第三方可自商标注册日起 5 年内，对商标提出无效宣告，理由主要有：

1. 与在先商标冲突，如拥有在先的注册商标；

2. 商标缺乏显著性；

3. 商标具有不良影响；

4. 商标含有地理标志；

5. 与在先其他权利冲突，如商号权、外观设计、版权、人名等。

商标无效 / 撤销申请在现行审查条件下，一般需耗时 2—3 年。被申请人一般可提供如下证据材料应对他人以"未使用"为由提出的撤销申请：

- 发票
- 包装、装潢
- 广告
- 产品目录
- 标签
- 书面声明
- 营业额证据
- 报价单
- 市场调查结果

四、其他

1. 阿尔及利亚商标不允许共同申请。

2. 阿尔及利亚目前无异议制度，这与国内差别较大，因此就需要商标权利人主动进行监测，及时维权。

埃及

（Egypt）

一、概述

埃及现行商标法规主要基于 2002 年 7 月 2 日颁布的《知识产权保护法》。由埃及贸工部商标和工业设计司统一负责管理商标事务，官方语言为阿拉伯语。商标专用权需要通过注册取得。商标注册不是强制性的，但为了保护商标或进行续展，就必须依法登记注册。埃及商标注册采用"申请在先"原则。

埃及是《商标法条约》《巴黎公约》《尼斯协定》《WIPO 公约》《内罗毕条约》等国际知识产权条约的缔约国；是《马德里协定》《马德里议定书》成员国，故商标注册既可以通过"单国注册"方式办理，也可以通过"马德里国际注册"的方式办理。

二、商标申请

目前,埃及商标申请采用尼斯分类第 11 版的商品和服务描述,接受一表多类申请。埃及可注册为商标的要素有：文字、名称、图形、三维标识、颜色组合、标语等。

若申请人非埃及居住的，须委托本国专门的代理人办理。商标申请所需的基本材料为：

1. 商标图样；

2. 具体类别及商品 / 服务项目；

3. 申请人名义及地址；

4. 委托书使馆认证；

5. 若声明优先权的，需提供优先权证明文件并公证认证。

申请注册埃及商标的主要流程为：申请—受理—审查—公告—核准—发证。申请递交后 2 周左右受理。审查员将对申请进行形式审查和实质审查。形式审查主要审查申请要求和分类信息是否符合规定；实质审查包括对商标显著性、是否违反禁注禁用条款和是否与在先商标形成冲突的审查。审查不能通过的将会下发驳回通知书并要求申请人在驳回通知载明的时限内予以答复，实质审查通过的，则将会被安排公告。公

告日起 60 天为异议期，任何利益相关人或在先权利人均可提出异议，提异议的理由主要有：

1. 与在先商标冲突，如拥有在先的注册商标；

2. 商标缺乏显著性；

3. 商标具有不良影响；

4. 恶意注册；

5. 与在先其他权利冲突，如商号权、外观设计、版权、人名等。

公告期内无人异议或者异议不成立的，可获准注册并颁发注册证。顺利的情况下，埃及商标注册目前需要 1—2 年；如中途遇到异议或驳回，时间将延长至 3—4 年。

三、商标维护

埃及商标注册后 10 年有效，有效期自申请日起算；到期日前 12 个月内可以办理续展，宽展期为 6 个月；续展有效期为 10 年。

商标注册后的无效或撤销申请，一般可根据《商标法》下述理由提出：

1. 违反《商标法》规定的；申请商标时已知或应知有他人权利在先的；申请商标为他人在世贸成员国的驰名商标的可申请无效。

2. 商标注册后连续 5 年未在当国实际使用的，任何人可申请撤销，不可抗力除外。

商标无效／撤销申请可向埃及行政法院提出，在现行审查条件下，一般需耗时 2—3 年。被申请人一般可提供如下证据材料应对他人以"未使用"为由提出的撤销申请：

·发票	·标签	·市场调查结果
·产品目录	·报价单	·基于互联网的使用
·营业额证据	·广告	·持续维护的网站
·包装、装潢	·书面声明	

四、其他

1. 埃及办理商标变更、转让、许可等事项，相应的变更证明、转让协议、许可协议等均需通过埃及大使馆认证后才能被官方受理。

2. 因为不使用而被撤销的商标，自撤销之日起 3 年内，除商标权利人外，任意第三方在相同的商品／服务上申请与该商标相同的商标不能被核准。但因为无效宣告被撤销的商标，不受上述规定的限制。

埃塞俄比亚

(*Ethiopia*)

一、概述

埃塞俄比亚现行商标法规主要基于 2006 年 7 月 7 日颁布的《商标注册和保护宣言》。由埃塞俄比亚知识产权局统一负责管理商标事务，官方语言为阿姆哈拉语。商标专用权需要通过注册取得。商标注册不是强制性的，但为了保护商标或进行续展，就必须依法登记注册。埃塞俄比亚商标注册采用"申请在先"原则，

埃塞俄比亚是《WIPO 公约》《内罗毕条约》等国际知识产权条约的缔约国；既不是《马德里议定书》成员国，也不是《马德里协定》成员国，故商标注册只可以通过"单国注册"方式办理。

二、商标申请

目前，埃塞俄比亚商标申请采用尼斯分类第 10 版的商品和服务描述，接受一表多类申请。埃塞俄比亚可注册为商标的要素有：文字、名称、图形、颜色组合、标语、三维标识等。

若申请人非埃塞俄比亚居住的，须委托本国专门的代理人办理。商标申请所需的基本材料为：

1. 商标图样；

2. 具体类别及商品 / 服务项目；

3. 申请人名义及地址；

4. 委托书使馆认证；

5. 营业执照公证或其他国家的注册证公证，申请注册商品 / 服务范围不能超过营业执照经营范围或在先注册证上的商品 / 服务范围。

申请注册埃塞俄比亚商标的主要流程为：申请—受理—审查—公告—核准—发证。申请递交后 3—4 周受理。审查员将对申请进行形式审查和实质审查。形式审查主要审查申请要求和分类信息是否符合规定；实质审查包括对商标显著性、是否违反

禁注禁用条款和是否与在先商标形成冲突的审查。审查不能通过的将会下发驳回通知书并要求申请人在驳回通知载明的时限内予以答复，实质审查通过的，则将会被安排公告。公告日起 60 天为异议期，任何利益相关人或在先权利人均可提出异议，提异议的理由主要有：

1. 与在先商标冲突，如拥有在先的注册商标；

2. 商标缺乏显著性；

3. 商标具有不良影响；

4. 恶意注册；

5. 与在先其他权利冲突，如商号权、外观设计、版权、人名等。

公告期内无人异议或者异议不成立的，可获准注册并颁发注册证。顺利的情况下，埃塞俄比亚商标注册目前需要 1—2 年；如中途遇到异议或驳回，时间将延长至 3 年左右。

三、商标维护

埃塞俄比亚商标注册后 7 年有效，有效期自申请日起算；到期日后 3 个月内需办理续展，宽展期为 6 个月；续展有效期为 7 年。

商标注册后的无效或撤销申请，一般可根据《商标法》下述条款提出：

1.《商标法》第 36 条：违反本法规定的；申请商标时已知或应知有他人权利在先的。

2.《商标法》第 35 条：商标注册后连续 3 年未在当国实际使用的，任何人可申请撤销，不可抗力除外。

商标无效 / 撤销申请可向埃塞俄比亚知识产权局提出，在现行审查条件下，一般需耗时 2—3 年。被申请人一般可提供如下证据材料应对他人以"未使用"为由提出的撤销申请：

- 发票
- 产品目录
- 营业额证据

- 包装、装潢
- 标签
- 报价单

- 广告
- 书面声明
- 市场调查结果

安哥拉

（Angola）

一、概述

安哥拉现行商标法规主要基于 1992 年 2 月 28 日制定的《工业产权法》。由商标局统一负责管理商标事务，官方语言为葡萄牙语。商标专用权需要通过注册取得。商标注册不是强制性的，但为了保护商标或进行续展，就必须依法登记注册。安哥拉商标注册采用"注册在先"原则。

安哥拉是《巴黎公约》《WIPO 公约》等国际知识产权条约的缔约国；暂未加入《马德里协定》或《马德里议定书》，故商标注册只能通过"单国注册"的方式办理。

二、商标申请

目前，安哥拉商标局采用尼斯分类第 11 版的商品和服务描述，不接受一表多类申请。安哥拉可注册为商标的要素有：具有区别性的文字、图形、字母、数字等。

若申请人非安哥拉居住的，须委托本国专门的代理人办理。商标申请所需的基本材料为：

1. 商标图样；

2. 具体类别及商品 / 服务项目；

3. 申请人名义及地址；

4. 委托书，需公证认证；

5. 营业执照，需公证认证；

6. 若声明优先权的，需提供优先权证明文件。

申请注册安哥拉商标的主要流程为：申请—受理—形式审查—公告—实质审查—核准—发证。申请递交后 1 个月左右受理，审查员先对申请进行形式审查，即审查申请要求和分类信息是否符合规定，审查完毕后会安排公告，公告日起 2 个月为异议期，任何利益相关人或在先权利人均可提出异议，提异议的理由主要有：

1. 与在先商标冲突，如拥有在先的注册商标；

2. 商标缺乏显著性;

3. 商标具有不良影响;

4. 恶意注册;

5. 与在先其他权利冲突,如商号权、外观设计、版权、人名等。

公告期内无人异议或者异议不成立的,商标局将对商标进行实质审查,包括对商标显著性、是否违反禁注禁用条款和是否与在先商标形成冲突的审查,审查通过后即可获准注册并颁发注册证;审查不能通过的则会下发驳回通知书并要求申请人在驳回通知载明的时限内予以答复。

顺利的情况下,商标注册约需要 3 年;如中途遇到异议或驳回,时间将大大延长。

三、商标维护

安哥拉商标注册后 10 年有效,有效期自申请日开始起算;到期日前 6 个月内可以办理续展,宽展期为 4 个月;续展有效期为 10 年。

商标注册后的无效／撤销申请,一般可根据安哥拉《商标法》下述条款提出:

1. 违反《商标法》规定的;

2. 恶意抢注;

3. 商标注册后连续 2 年未在当国实际使用的,任何人可申请撤销,不可抗力除外。

商标撤销或无效申请可向安哥拉商标局提出,在现行审查条件下,一般需耗时 4—5 年。被申请人一般可提供如下证据材料应对他人以"未使用"为由提出的撤销申请:

- 发票
- 包装、装潢
- 书面声明
- 产品目录
- 标签
- 市场调查结果
- 营业额证据
- 广告
- 报价单

四、其他

安哥拉采用公告前置程序,即先公告供第三方异议,再进行实质审查,所以即使顺利通过异议程序也不代表商标一定能够注册成功,这与国内区别较大。

博茨瓦纳
（ *Botswana* ）

一、概述

博茨瓦纳现行商标法规主要基于 2012 年 8 月 31 日生效的《工业产权法》。由商标局负责管理商标事务，官方语言为英语。商标专用权需要通过注册取得。商标注册不是强制性的，但为了保护商标或进行续展，就必须依法登记注册。博茨瓦纳商标注册采用"申请在先"原则。

博茨瓦纳是《巴黎公约》《WIPO 公约》等国际知识产权条约的缔约国；是《马德里议定书》成员国，故商标注册可通过"单国注册"或"马德里国际注册"的方式办理。

二、商标申请

目前，博茨瓦纳采用尼斯分类第 11 版的商品和服务描述，接受一表多类申请。博茨瓦纳可注册为商标的要素有：文字、图形、颜色、字母、数字等。

若申请人非博茨瓦纳居住的，须委托本国专门的代理人办理。商标申请所需的基本材料为：

1. 商标图样；

2. 具体类别及商品 / 服务项目；

3. 申请人名义及地址；

4. 若声明优先权的，需提供优先权证明文件及对应的英语翻译件。

申请注册博茨瓦纳商标的主要流程为：申请—受理—审查—公告—核准—发证。申请递交后 1—2 周受理。审查员将对申请进行形式审查和实质审查。形式审查主要审查申请要求和分类信息是否符合规定；实质审查包括对商标显著性、是否违反禁注禁用条款和是否与在先商标形成冲突的审查。审查不能通过的将会下发驳回通知书并要求申请人在驳回通知载明的时限内予以答复，实质审查通过的，则将会被安排公告。公告日起 3 个月为异议期，任何利益相关人或在先权利人均可提出异议，提异议的理

由主要有：

1. 与在先商标冲突，如拥有在先的注册商标；

2. 商标缺乏显著性；

3. 商标具有不良影响；

4. 恶意注册；

5. 与在先其他权利冲突，如商号权、外观设计、版权、人名等。

公告期内无人异议或者异议不成立的，可获准注册并颁发注册证。顺利的情况下，博茨瓦纳商标注册需要 2 年左右；如中途遇到异议或驳回，时间将大大延长。

三、商标维权

博茨瓦纳商标注册后 10 年有效，有效期自申请日起算；到期日前 6 个月内可以办理续展，宽展期为 6 个月；续展有效期为 10 年。

商标注册后的无效或撤销申请，一般可根据博茨瓦纳《商标法》下述条款提出：

1. 违反《商标法》规定的；

2. 恶意抢注；

3. 商标注册后连续 3 年未在当国实际使用的，任何人可申请撤销，不可抗力除外。

商标无效 / 撤销申请可向博茨瓦纳商标局提出，在现行审查条件下，一般需耗时 1—2 年。被申请人一般可提供如下证据材料应对他人以"未使用"为由提出的撤销申请：

- 发票
- 包装、装潢
- 广告
- 产品目录
- 标签
- 书面声明
- 营业额证据
- 报价单
- 市场调查结果

布隆迪
(*Burundi*)

一、概述

布隆迪位于非洲中部坦葛尼卡湖东岸，现行商标法规主要基于 2009 年 7 月 28 日颁布的《工业产权法》。由贸易、工业和旅游部统一负责管理知识产权事务，官方语言为法语、基隆迪语、斯瓦希里语。商标专用权需要通过注册取得。布隆迪商标注册采用"申请在先"原则，但某些情况下，也可以按"在先使用"主张商标权。

布隆迪是《TRIPS 协定》《巴黎公约》等国际知识产权条约的缔约国，是非洲工业产权组织观察员国家，暂未加入《马德里协定》或《马德里议定书》，故商标注册只能通过"单国注册"的方式办理。

二、商标申请

目前，布隆迪当局采用尼斯分类第 11 版的商品和服务描述，接受一表多类申请。布隆迪可注册为商标的要素有：文字、名称、图形、三维标识、颜色组合、标语、声音、气味、味觉等。

若申请人非布隆迪居住的，须委托本国专门的代理人办理。商标申请所需的基本材料为：

1. 商标图样；

2. 类别及具体商品项目；

3. 申请人名义及地址；

4. 委托书，签署即可；

5. 若声明优先权的，需提供优先权证明文件及对应的法语翻译件。

申请注册布隆迪商标的主要流程为：申请—受理—审查—公告—核准—发证。申请递交后官方先进行形式审查，即审查申请文件和分类信息是否符合规定，一般 4 周左右完成受理。受理后将对商标进行实质审查，包括对商标显著性、是否违反禁注禁用条款和是否与在先商标形成冲突的审查，审查通过后将予以公告；审查不能通过的

则会下发驳回通知书并要求申请人在驳回通知载明的时限内予以答复。

初审公告日起 30 天为异议期，任何利益相关人或在先权利人均可提出异议，提异议的理由主要有：

1. 与在先商标冲突，如拥有在先的注册商标；

2. 商标缺乏显著性；

3. 商标具有不良影响；

4. 恶意注册；

5. 与在先其他权利冲突，如商号权、外观设计、版权、人名等。

公告期内无人异议或者异议不成立的，异议期结束后即可获准注册并颁发注册证。顺利的情况下，布隆迪商标注册目前需要 1 年左右；如中途遇到异议或驳回，时间将会大大延长。

三、商标维护

布隆迪商标注册后 10 年有效，有效期自申请日开始起算；到期日前 6 个月内可以办理续展，宽展期也为 6 个月；续展有效期为 10 年。

商标注册后连续 3 年不使用的，任何利益相关人可以向当地法院提交申请，要求商标主管机关撤销该注册商标；由于贸易限制、贸易壁垒等不可能抗力造成权利人无法正常使用的除外。被申请人一般可提供如下证据材料应对他人以"未使用"为由提出的撤销申请：

- 发票
- 标签
- 基于互联网的使用
- 产品目录
- 广告
- 报价单
- 营业额证据
- 书面声明
- 包装、装潢
- 市场调查结果

四、其他

布隆迪商标注册后，在办理续展、变更、转让时官方要求提交注册证原件，相应的信息也会在注册证上予以更新。

厄立特里亚
(Eritrea)

一、概述

厄立特里亚目前尚无相关商标法律也无商标主管机关，因此无法进行商标查询和注册等事宜，并且这种状况可能在未来很长一段时间内持续下去。在厄立特里亚保护商标的通常做法是在当地大型报纸上刊登警示性公告，宣称商标权利，这也是目前在厄立特里亚保护商标最有效的方法。

二、商标维护

在遭遇侵权的情况下，虽然可以通过商标的在先使用、他国驰名商标等方式进行保护，但警示性公告无疑是最直接也最常用的方式。警示性公告的作用除了宣称自身拥有商标权利外，还在于警告他人，未经授权不得擅自使用商标，否则将被提起侵权诉讼。商标所有人需定期刊登警示性公告，一般每2年1次，维持商标效力，同时也可以作为日后维权的依据。

非洲地区工业产权组织
（ARIPO）

一、概述

非洲地区工业产权组织（African Regional Industrial Property Organization，简称 ARIPO）创立于 1976 年 12 月 9 日，是非洲地区英语国家保护工业产权的区域性组织。该组织的成员国共有 19 个国家，即博茨瓦纳、冈比亚、加纳、肯尼亚、莱索托、马拉维、莫桑比克、纳米比亚、塞拉里昂、利比里亚、卢旺达、圣多美和普林西比、索马里、苏丹、斯威士兰、坦桑尼亚、乌干达、赞比亚和津巴布韦。

非洲地区工业产权组织的商标注册制度由《班珠尔议定书》规定。《班珠尔议定书》于 1993 年 11 月 19 日在冈比亚首都班珠尔采用，历经 5 次修改，至今已发展至 10 个缔约国，分别是：博茨瓦纳、莱索托、利比里亚、马拉维、纳米比亚、圣多美和普林西比、斯威士兰、坦桑尼亚、乌干达和津巴布韦。

非洲地区工业产权组织组织形式类似马德里国际注册，申请时需要指定想要获得保护的成员国，并缴纳相应的费用。

二、商标申请

（一）申请所需信息及材料

1. 申请人名称及地址；

2. 指定的缔约国；商标申请人在商标申请书中，可指定一个或多个缔约国进行注册；

3. 需保护的商品 / 服务的类别及具体的项目，ARIPO 商标申请实行一表多类制度，同一份申请，可指定多个类别的商品 / 服务；

4. 商标图样；

5. 声明该商标是实际使用或是意向使用，

6. 委托书。

（二）办理途径

　　根据《班珠尔议定书》规定，申请人可向《班珠尔议定书》某一个缔约国的知识产权局递交申请，也可直接向 ARIPO 局递交申请。缔约国的知识产权局收到商标申请后，需在 1 个月内将该申请递交至 ARIPO 局。

　　（三）商标申请流程

　　提交申请—ARIPO 形式审查及受理—指定国主管机关审查—公告—核准发证。从提交申请到获得商标注册证，整个注册过程需 2—3 年。

　　（四）有效期及续展

　　非洲地区工业产权组织（ARIPO）商标注册后，自申请日起 10 年有效期。可在有效期届满前 1 年申请续展，宽展期为 6 个月，每次续展可延长有效期 10 年。

三、其他

　　目前非洲地区工业产权组织的 19 个成员国中仅有 10 个国家加入了《班珠尔议定书》（博茨瓦纳、莱索托、利比里亚、马拉维、纳米比亚、圣多美和普林西比、斯威士兰、坦桑尼亚、乌干达和津巴布韦），因此，通过非洲地区工业产权组织申请商标注册也仅能指定上述 10 个缔约国。但是，就目前而言，仅博茨瓦纳、利比里亚、津巴布韦 3 个缔约国在当国商标法规中对《班珠尔议定书》作出了相应的规定；由于缺少相应国内法的承认与支持，该组织注册在其他成员国是难以得到有效的法律保护的。因此，根据目前的法律体系和实践习惯，非洲地区工业产权组织成员国的商标保护建议最好还是采用单一国家注册。

非洲知识产权组织
(OAPI)

一、概述

非洲知识产权组织是由前法国殖民地的国家组成的一个保护知识产权的区域性联盟，总部设在喀麦隆首都雅温得。非洲知识产权组织现行商标法规是 1999 年 2 月 24 日修订的《班吉协定》法案，由非洲知识产权组织统一负责管理商标事务，官方语言为法语。商标专用权需要通过注册取得。商标注册不是强制性的，但为了保护商标或进行续展，就必须依法登记注册。非洲知识产权组织商标注册采用"申请在先"原则。

非洲知识产权组织是《巴黎公约》等国际知识产权条约的缔约国；非洲知识产权组织现行的《班吉协定》是一个共同的知识产权法典，协定的原则和规定在所有缔约成员国均有国家法律效力。各缔约成员国在商标领域内完全受该组织的约束，各国没有独立的商标制度，并不存在逐一国家注册的可能性，因此可以通过非洲知识产权组织注册，整体保护。此外，非洲知识产权组织已加入《马德里议定书》，故商标注册还可以通过"马德里注册"的方式办理。

二、商标申请

目前，非洲知识产权组织采用尼斯分类第 11 版的商品和服务描述，可接受一表多类申请，前三个类费用不增加。并且，在非洲知识产权组织申请注册时，指定保护商品与服务不能在同一份申请中提交，需分别申请。非洲知识产权组织可注册为商标的要素有：文字、图形、记号、颜色组合、立体形状、声音等。

在非洲知识产权组织成员国内没有住所或主要营业场所或真实、有效的工商企业的自然人或法人，须委托本地区专门的代理人办理。商标申请所需的基本材料为：

1. 商标图样；

2. 类别及具体商品项目；

3. 申请人名义及地址；

4. 委托书，需签字盖章并邮寄原件；

5. 若声明优先权的，需提供优先权证明文件。

申请注册非洲知识产权组织商标的主要流程为：申请—审查（绝对理由）—核准发证—公告。申请递交后 3 个月左右受理。非洲知识产权组织收到申请后会进行形式审查和绝对理由的审查，如果发现问题，将驳回商标申请。如无不妥，则会核准注册并颁发注册证。商标注册之日起将公告 6 个月，任何利益相关人或在先权利人均可提出异议，提异议的理由主要有：

1. 与在先商标冲突，如拥有在先的注册商标；

2. 商标缺乏显著性；

3. 商标具有不良影响；

4. 恶意注册；

5. 与在先其他权利冲突，如商号权、外观设计、版权、人名等；

6. 标语商标缺乏原创性。

公告期内无人异议或者异议不成立的，则视为注册成功。顺利的情况下，非洲知识产权组织商标注册目前需要 18—24 个月；如中途遇到驳回或异议，时间可能延长至 3—4 年。

三、商标维护

非洲知识产权组织商标注册后 10 年有效，有效期自申请日开始起算；到期日前 12 个月内可以办理续展，宽展期为 6 个月；续展有效期为 10 年。

商标注册后的无效／撤销申请，一般可根据《班吉协定》法案下述条款提出：

1. 对于恶意抢注他人在其他国家已使用的，并具有一定知名度的商标的，在先商标权利人有权向法院提出无效的申请。

2. 商标自申请日起连续 5 年不使用的，任何利益相关第三方可向法院提出撤销该注册商标的申请。

商标无效／撤销申请可向非洲知识产权组织提出，一般需耗时 5—6 年。被申请人一般可提供如下证据材料应对他人以"未使用"为由提出的撤销申请：

·发票	·包装、装潢	·广告
·产品目录	·标签	·书面声明
·营业额证据	·报价	·市场调查结果

· 基于互联网的使用　　· 持续维护的网站

四、延伸保护

2013 年 5 月 25 日科摩罗正式加入非洲知识产权组织，因此 2013 年 5 月 25 日之后提交的非洲知识产权组织商标申请将自动覆盖包括科摩罗在内的 17 个国家。

对于已注册或已提交申请商标：

1. 2013 年 5 月 25 日前已完成注册或已核准注册但尚未下发注册证的商标，继续在原 16 个国家有效；商标注册人可通过向官方提交一份延伸保护申请并缴纳一定费用，可一并在科摩罗获得保护。但提交延伸保护申请已截止，截止日期为 2015 年 1 月 25 日。

2. 2013 年 5 月 25 日前已提交申请，尚处于审查中的商标，可以自动延伸保护至科摩罗。

3. 2013 年 5 月 25 日前，在科摩罗已注册或已提交申请的商标，注册人和申请人亦可通过提交延伸保护申请并缴纳一定费用，可在非洲知识产权组织先前的 16 个国家获得保护。但提交延伸保护申请已截止，截止日期为 2015 年 1 月 25 日。

已经成功注册的非洲知识产权商标，续展到期日在 2013 年 5 月 25 日以后的注册商标，提交续展申请后，即使之前未提交延伸保护申请，该商标亦将自动在科摩罗获得保护。

五、其他

1. 在非洲知识产权组织提交商标注册申请时，指定保护商品与服务不能在同一份申请中提交，需分别申请。

2. 非洲知识产权组织不主动进行"相对理由"的审查，只有在非洲知识产权组织商标公告后 6 个月内，由在先商标权利人提出异议后，非洲知识产权组织才会介入。因此，非洲知识产权组织商标取得注册证后仍需要对该商标进行监测，若有相同或类似商标在后提出申请，商标权利人要及时提出异议申请，以保障商标专用权。

佛得角

(Cape Verde)

一、概述

佛得角位于非洲西海岸，由 10 座火山岛和 5 个小岛组成，现行商标法规主要基于 2007 年 8 月 20 日颁布的《工业产权法典》。由佛得角知识产权署统一负责管理知识产权事务，官方语言为葡萄牙语。商标专用权通过注册获得，主要采用"申请在先"原则。

佛得角是《TRIPS 协定》《尼斯协定》《WIPO 公约》等国际知识产权条约的缔约国，暂未加入《马德里协定》或《马德里议定书》，故商标注册只能通过"单国注册"的方式办理。

二、商标申请

目前，佛得角当局采用尼斯分类第 10 版的商品和服务描述，接受一表多类申请。佛得角可注册为商标的要素有：文字、名称、图形、三维标识、颜色组合、声音等。

若申请人非佛得角居住的，须委托本国专门的代理人办理。商标申请所需的基本材料为：

1. 商标图样；

2. 类别及具体商品项目；

3. 申请人名义及地址；

4. 委托书，需公证；

5. 若声明优先权的，需提供优先权证明文件及对应的葡萄牙语翻译件。

申请注册佛得角商标的主要流程为：申请—受理—审查—公告—核准—发证。申请递交后官方先进行形式审查，即审查申请材料和分类信息是否符合规定，一般 1—2 个月完成受理。受理后将对商标进行实质审查，包括对商标显著性、是否违反禁注禁用条款和是否与在先商标形成冲突的审查，审查通过后将予以公告；审查不能通过的则会下发驳回通知书并要求申请人在驳回通知载明的时限内予以答复。

初审公告日起 2 个月为异议期，任何利益相关人或在先权利人均可提出异议，提异议的理由主要有：

1. 与在先商标冲突，如拥有在先的注册商标；

2. 商标缺乏显著性；

3. 商标具有不良影响；

4. 恶意注册；

5. 与在先其他权利冲突，如商号权、外观设计、版权、人名等。

公告期内无人异议或者异议不成立的，异议期结束后即可获准注册并颁发注册证。顺利的情况下，佛得角商标注册目前需要 3—4 年；如中途遇到异议或驳回，时间将大大延长。

三、商标维护

佛得角商标注册后 10 年有效，有效期自注册日开始起算；到期日前 6 个月内可以办理续展，宽展期为 6 个月；续展有效期为 10 年。

商标注册日开始每 5 年需向商标专利局提交使用声明，遇到续展年份并缴纳了续展注册费的除外。未按时提交使用声明的，不可对抗第三方，且被他人以不使用为由申请撤销时很容易获得官方支持。若未遇到对抗第三方或被申请撤销的，官方不会主动撤销已注册的商标，在权利人提交商标使用宣誓后可继续有效。被申请人一般可提供如下证据材料应对他人以"未使用"为由提出的撤销申请：

- 发票
- 产品目录
- 营业额证据

- 包装、装潢
- 标签
- 广告

- 书面声明
- 市场调查结果
- 报价单

四、其他

根据佛得角民法相关规定，任何人在当国持续使用未注册商标超过 6 个月，有权注册该商标，也有权阻止他人注册该商标。

在 2007 年《工业产权法典》颁布实施以前，该国没有成文的商标法规，商标确权采用公告制，也没有颁发注册证。

冈比亚

（*Gambia*）

一、概述

冈比亚现行商标法规主要基于 2007 年 4 月 2 日生效的《工业产权法》。由商标专利注册处负责管理商标事务，官方语言为英语（2014 年 3 月 14 日前）、曼丁哥语。商标专用权需要通过注册取得。商标注册不是强制性的，但为了保护商标或进行续展，就必须依法登记注册。冈比亚商标注册采用"申请在先"原则。

冈比亚是《巴黎公约》《WIPO 公约》等国际知识产权条约的缔约国；是《马德里协定》《马德里议定书》成员国，故商标注册可通过"单国注册"或"马德里国际注册"的方式办理。

二、商标申请

目前，冈比亚采用尼斯分类第 11 版的商品和服务描述，不接受一表多类申请。冈比亚可注册为商标的要素有：文字、图形、颜色、字母等。

若申请人非冈比亚居住的，须委托本国专门的代理人办理。商标申请所需的基本材料为：

1. 商标图样；

2. 具体类别及商品 / 服务项目；

3. 申请人名义及地址；

4. 若声明优先权的，需提供优先权证明文件及对应的英语翻译件。

申请注册冈比亚商标的主要流程为：申请—受理—审查—公告—核准—发证。申请递交后 1—2 周受理。审查员将对申请进行形式审查和实质审查。形式审查主要审查申请要求和分类信息是否符合规定；实质审查包括对商标显著性、是否违反禁注禁用条款和是否与在先商标形成冲突的审查。审查不能通过的将会下发驳回通知书并要求申请人在驳回通知载明的时限内予以答复，实质审查通过的，则将会被安排公告。公告日起 3 个月为异议期，任何利益相关人或在先权利人均可提出异议，提异议的理

由主要有：

1. 与在先商标冲突，如拥有在先的注册商标；

2. 商标缺乏显著性；

3. 商标具有不良影响；

4. 恶意注册；

5. 与在先其他权利冲突，如商号权、外观设计、版权、人名等。

公告期内无人异议或者异议不成立的，可获准注册并颁发注册证。顺利的情况下，冈比亚商标注册目前需要 2 年左右；如中途遇到异议或驳回，时间将会大大延长。

三、商标维权

冈比亚商标注册后 14 年有效，有效期自申请日起算；到期日前 6 个月内可以办理续展，宽展期为 6 个月；续展有效期为 10 年。

商标注册后的无效或撤销申请，一般可根据冈比亚《商标法》下述条款提出：

1. 违反《商标法》规定的；

2. 恶意抢注；

3. 商标注册后连续 5 年未在当国实际使用的，任何人可申请撤销，不可抗力除外。

商标无效 / 撤销申请可向冈比亚法院提出，在现行审查条件下，一般需耗时 1—2 年。被申请人一般可提供如下证据材料应对他人以"未使用"为由提出的撤销申请：

· 发票	· 包装、装潢	· 广告
· 产品目录	· 标签	· 书面声明
· 营业额证据	· 报价单	· 市场调查结果

刚果（金）

(*Democratic Republic of the Congo*)

一、概述

刚果（金），旧称扎伊尔，位于非洲中部刚果河西岸，现行商标法规主要基于1982年1月7日颁布的《工业产权法》。由工业产权局统一负责管理知识产权事务，官方语言为法语。商标专用权需要通过注册取得。刚果（金）商标注册采用"申请在先"原则，但某些情况下，也可以按"在先使用"主张商标权。

刚果（金）是《TRIPS协定》《WIPO公约》《巴黎公约》《新加坡条约》等国际知识产权条约的缔约国，暂未加入《马德里协定》或《马德里议定书》，故商标注册只能通过"单国注册"的方式办理。

二、商标申请

目前,刚果(金)当局采用尼斯分类第11版的商品和服务描述,接受一表多类申请。刚果（金）可注册为商标的要素有：文字、名称、图形、三维标识、颜色组合、标语、浮雕、格言等。

若申请人非刚果（金）居住的，须委托本国专门的代理人办理。商标申请所需的基本材料为：

1. 商标图样；

2. 具体商品项目；

3. 申请人名义及地址；

4. 委托书，签署即可；

5. 若声明优先权的，需提供优先权证明文件及对应的法语翻译件。

申请注册刚果(金)商标的主要流程为：申请—受理—审查—公告—核准—发证。申请递交后官方先进行形式审查，即审查申请材料和分类信息是否符合规定，一般4周左右完成受理。受理后将对商标进行实质审查，包括对商标显著性、是否违反禁注禁用条款和是否与在先商标形成冲突的审查，审查通过后将予以公告；审查不能通过的则会下发驳回通知书并要求申请人在驳回通知载明的时限内予以答复。

该国没有异议相应的法律规定，无异议程序。注册后，任何利益相关人可申请撤销该商标，提撤销的理由主要有：

1. 与在先商标冲突，如拥有在先的注册商标；

2. 商标缺乏显著性；

3. 商标具有不良影响；

4. 与在先其他权利冲突，如商号权、外观设计、版权、人名等。

顺利的情况下，刚果（金）商标注册目前需要 1 年半左右；如中途遇到驳回，时间将大大延长。

三、商标维护

刚果（金）商标注册后 10 年有效，有效期自申请日开始起算；到期日前 1 年内可以办理续展，宽展期为 6 个月；续展有效期为 10 年。

商标注册后连续 3 年不使用的，任何利益相关人可以申请撤销该注册商标；由于贸易限制、贸易壁垒等不可能抗力造成权利人无法正常使用的除外。被申请人一般可提供如下证据材料应对他人以"未使用"为由提出的撤销申请：

- 发票
- 标签
- 基于互联网的使用
- 产品目录
- 广告
- 报价单
- 营业额证据
- 书面声明
- 包装、装潢
- 市场调查结果

四、其他

刚果（金）商标注册后，在办理变更、转让、许可时官方要求提交相应材料的公证件及对应的法语翻译件。《工业产权法》还有商号权和国家保证商标的规定，但没有具体条款对其注册、使用和保护作出解释，实践中也没有落实的标准。

吉布提

(Djibouti)

一、概述

吉布提位于非洲东北部亚丁湾西岸，现行商标法规主要基于 2009 年 6 月 21 日颁布的《工业产权保护法》。由工业和商标部统一负责管理知识产权事务，官方语言为法语、阿拉伯语。商标专用权需要通过注册取得。吉布提商标注册采用"申请在先"原则，未注册商标很难得到保护。

吉布提是《TRIPS 协定》《巴黎公约》《WIPO 公约》等国际知识产权条约的缔约国，暂未加入《马德里协定》或《马德里议定书》，故商标注册只能通过"单国注册"的方式办理。

二、商标申请

目前，吉布提当局采用尼斯分类第 11 版的商品和服务描述，接受一表多类申请。吉布提可注册为商标的要素有：文字、名称、图形、三维标识、颜色组合、标语、声音等。

若申请人非吉布提居住的，须委托本国专门的代理人办理。商标申请所需的基本材料为：

1. 商标图样；

2. 具体商品项目；

3. 申请人名义及地址；

4. 委托书，签署即可；

5. 若声明优先权的，需提供优先权证明文件及对应的法语翻译件。

申请注册吉布提商标的主要流程为：申请—受理—核准—发证。申请递交后官方进行形式审查，即审查申请材料、分类信息是否符合规定，申请商标是否具有显著性、是否违反禁注禁用条款（主要是是否违反公序良俗等规定），一般 4 周左右知道是否受理；若不予受理，官方会向申请人下发答复通知并要求在 3 个月内予以答辩，逾期未答辩视为放弃申请。若最终予以受理，则申请日即为商标注册日，并安排颁发商标注册证。顺利的情况下，吉布提商标注册一般需要 6 个月左右。

三、商标维护

吉布提商标注册后 10 年有效，有效期自申请日开始起算；到期日前 6 个月内可以办理续展，宽展期也为 6 个月；续展有效期为 10 年。

商标注册后连续 5 年不使用的，任何利益相关人可以申请撤销该注册商标；由于贸易限制、贸易壁垒等不可能抗力造成权利人无法正常使用的除外。被申请人一般可提供如下证据材料应对他人以"未使用"为由提出的撤销申请：

- 发票
- 包装、装潢
- 书面声明
- 产品目录
- 标签
- 市场调查结果
- 营业额证据
- 广告
- 报价单

四、其他

吉布提商标注册后，在办理变更、转让、许可时，官方要求提交相应证明的公证/认证文件；地址变更时需要提交注册证原件。

吉布提商标注册时官方不进行"相对理由"审查，即不审查是否有在先相同或近似商标并予以主动驳回；申请注册过程中也没有异议制度。这两点比较特殊，与国内差异较大。

加纳

（Ghana）

一、概述

加纳位于非洲西部、几内亚湾北岸，现行商标法规主要基于 2004 年 1 月 29 日颁布的《商标法》，2014 年修订。由司法部注册处统一负责商标事务，官方语言为英语。商标专用权需要通过注册取得。加纳商标注册采用"申请在先"原则，但某些情况下，也可以按"在先使用"主张商标权。

加纳是《TRIPS 协定》《巴黎公约》《WIPO 公约》《新加坡条约》等国际知识产权条约的缔约国，已加入《马德里议定书》，故商标保护既能通过"单国注册"的方式办理，又能通过"马德里国际注册"的方式办理。

二、商标申请

目前，加纳当局采用尼斯分类第 10 版的商品和服务描述，不接受一表多类申请。加纳可注册为商标的要素有：文字、名称、图形、数字、字母及上述要素的组合等。

若申请人非加纳居住的，须委托本国专门的代理人办理。商标申请所需基本材料为：

1. 商标图样；

2. 具体商品项目；

3. 申请人名义及地址；

4. 委托书，需原件；

5. 若声明优先权的，需提供优先权证明文件及对应的法语翻译件；

6. 若商标含有中文的，需提供中文的翻译及其公证件。

申请注册加纳商标的主要流程为：申请—受理—审查—公告—核准—发证。申请递交后官方先进行形式审查，即审查申请材料和分类信息是否符合规定，一般 1 个月左右完成受理。受理后将对商标进行实质审查，包括对商标显著性、是否违反禁注禁用条款和是否与在先商标形成冲突的审查，审查通过则予以公告；审查不能通过的则

会下发驳回通知书并要求申请人在驳回通知载明的时限内予以答复。

初审公告日起 2 个月为异议期,任何利益相关人均可提出异议,提异议的理由主要有:

1. 与在先商标冲突,如拥有在先的注册商标;

2. 商标缺乏显著性;

3. 商标具有不良影响;

4. 恶意注册;

5. 与在先其他权利冲突,如商号权、外观设计、版权、人名等。

公告期内无人异议或者异议不成立的,异议期结束后即可获准注册并颁发注册证。顺利的情况下,加纳商标注册目前需要 2—3 年;如中途遇到异议或驳回,时间将大大延长。

三、商标维护

加纳商标注册后 10 年有效,有效期自申请日开始起算;到期日前 6 个月内可以办理续展,宽展期也为 6 个月;续展有效期为 10 年。

商标注册后连续 5 年不使用的,任何利益相关人可以申请撤销该注册商标;由于贸易限制、贸易壁垒等不可能抗力造成权利人无法正常使用的除外。被申请人一般可提供如下证据材料应对他人以"未使用"为由提出的撤销申请:

- 发票
- 标签
- 基于互联网的使用
- 产品目录
- 广告
- 报价单
- 营业额证据
- 书面声明
- 包装、装潢
- 市场调查结果

四、其他

加纳商标注册后,在办理名义变更、转让、许可时,官方要求提交相应证明文件及其英文翻译公证件。若是基于绝对理由或已变为通用名为由申请撤销已注册商标的,需要向法院提交申请。

津巴布韦
(*Zimbabwe*)

一、概述

津巴布韦现行商标法规主要基于 1975 年 1 月 1 日生效的《商标法》，2001 年修订。由专利局负责管理商标事务，官方语言为英语。商标专用权需要通过注册取得。商标注册不是强制性的，但为了保护商标或进行续展，就必须依法登记注册。津巴布韦商标注册采用"使用在先"原则。

津巴布韦是《巴黎公约》《WIPO 公约》等国际知识产权条约的缔约国；是《马德里议定书》成员国，故商标注册可通过"单国注册"或"马德里国际注册"的方式办理。

二、商标申请

目前，津巴布韦采用尼斯分类第 8 版的商品和服务描述，不接受一表多类申请。津巴布韦可注册为商标的要素有：文字、图形、字母、数字、颜色等。

若申请人非津巴布韦居住的，须委托本国专门的代理人办理。商标申请所需的基本材料为：

1. 商标图样；

2. 具体类别及商品 / 服务项目；

3. 申请人名义及地址；

4. 若声明优先权的，需提供优先权证明文件及对应的英语翻译件。

申请注册津巴布韦商标的主要流程为：申请—受理—审查—公告—核准—发证。申请递交后约 1 个月受理。审查员将对申请进行形式审查和实质审查。形式审查主要审查申请要求和分类信息是否符合规定；实质审查包括对商标显著性、是否违反禁注禁用条款和是否与在先商标形成冲突的审查。审查不能通过的将会下发驳回通知书并要求申请人在驳回通知载明的时限内予以答复，实质审查通过的，则将会被安排公告。公告日起 2 个月为异议期，任何利益相关人或在先权利人均可提出异议，提异议的理

由主要有：

1. 与在先商标冲突，如拥有在先的注册商标；

2. 商标缺乏显著性；

3. 商标具有不良影响；

4. 恶意注册；

5. 与在先其他权利冲突，如商号权、外观设计、版权、人名等。

公告期内无人异议或者异议不成立的，可获准注册并颁发注册证。顺利的情况下，津巴布韦商标注册需要 12—18 个月；如中途遇到异议或驳回，时间将大大延长。

三、商标维权

津巴布韦商标注册后 10 年有效，有效期自申请日起算；到期日前 6 个月内可以办理续展，宽展期为 3 年；续展有效期为 10 年。

商标注册后的无效或撤销申请，一般可根据津巴布韦《商标法》下述条款提出：

1. 违反《商标法》规定的；

2. 恶意抢注；

3. 商标注册后连续 5 年未在当国实际使用的，任何人可申请撤销，不可抗力除外。

商标无效 / 撤销申请可向商标注册处提出，在现行审查条件下，一般需耗时 1—2 年。被申请人一般可提供如下证据材料应对他人以"未使用"为由提出的撤销申请：

· 发票	· 包装、装潢	· 广告
· 产品目录	· 标签	· 书面声明
· 营业额证据	· 报价单	· 市场调查结果

肯尼亚
（*Kenya*）

一、概述

肯尼亚现行商标法规主要基于 1957 年 1 月 1 日颁布的《商标法》，最近一次修订为 2007 年。由肯尼亚工业产权局统一负责管理商标事务，官方语言为斯瓦希里语、英语。商标专用权需要通过使用取得。商标注册不是强制性的，但为了保护商标或进行续展，就必须依法登记注册。肯尼亚商标注册采用"使用在先"原则。

肯尼亚是《商标法新加坡条约》《尼斯协定》《巴黎公约》《WIPO 公约》《内罗毕条约》等国际知识产权条约的缔约国；是《马德里议定书》《马德里协定》成员国，故商标注册既可以通过"单国注册"方式办理，也可以通过"马德里国际注册"的方式办理。肯尼亚也是非洲地区工业产权组织（ARIPO）成员国。

二、商标申请

目前，肯尼亚商标申请采用尼斯分类第 10 版的商品和服务描述，接受一表多类申请。肯尼亚可注册为商标的要素有：文字、名称、图形、三维标识、颜色组合、标语等。

若申请人非肯尼亚居住的，须委托本国专门的代理人办理。商标申请所需的基本材料为：

1. 商标图样；

2. 具体类别及商品 / 服务项目；

3. 申请人名义及地址；

4. 委托书；

5. 若声明优先权的，需提供优先权证明文件。

申请注册肯尼亚商标的主要流程为：申请—受理—审查—公告—核准—发证。申请递交后 1 周左右受理。审查员将对申请进行形式审查和实质审查。形式审查主要审查申请要求和分类信息是否符合规定；实质审查包括对商标显著性、是否违反禁注禁

用条款和是否与在先商标形成冲突的审查。审查不能通过的将会下发驳回通知书并要求申请人在驳回通知载明的时限内予以答复，实质审查通过的，则将会被安排公告。公告日起 60 天为异议期，任何利益相关人或在先权利人均可提出异议，提异议的理由主要有：

1. 与在先商标冲突，如拥有在先的注册商标；

2. 商标缺乏显著性；

3. 商标具有不良影响；

4. 恶意注册；

5. 与在先其他权利冲突，如商号权、外观设计、版权、人名等。

公告期内无人异议或者异议不成立的，可获准注册并颁发注册证。顺利的情况下，肯尼亚商标注册目前需要 1 年左右；如中途遇到异议或驳回，时间将延长至 2 年左右。

三、商标维护

肯尼亚商标注册后 10 年有效，有效期自申请日起算；到期日前 6 个月内可以办理续展，宽展期为 30 天；续展有效期为 10 年。

商标注册后的无效或撤销申请，一般可根据《商标法》下述理由提出：

1. 违反《商标法》规定的；申请商标时已知或应知有他人权利在先的；申请商标为他人在世贸成员国的驰名商标的可申请无效。

2. 商标注册后连续 5 年未在当国实际使用的，任何人可申请撤销，不可抗力除外。

商标无效 / 撤销申请可向肯尼亚法院提出，在现行审查条件下，一般需耗时 2—3 年。被申请人一般可提供如下证据材料应对他人以"未使用"为由提出的撤销申请：

- 发票
- 产品目录
- 营业额证据
- 包装、装潢

- 标签
- 报价单
- 广告
- 书面声明

- 市场调查结果
- 基于互联网的使用
- 持续维护的网站

四、其他

1. 虽然肯尼亚加入了非洲地区工业产权组织，但《班珠尔议定书》在该国仍未生效，故暂时无法通过该组织指定保护。

2. 申请中的商标不能办理许可或转让。

莱索托

（ *Lesotho* ）

一、概述

莱索托现行商标法规主要基于 1989 年 4 月 14 日生效的《工业产权法》，1997 年修订。由商标注册处负责管理商标事务，官方语言为英语。商标专用权需要通过注册取得。商标注册不是强制性的，但为了保护商标或进行续展，就必须依法登记注册。莱索托商标注册采用"申请在先"原则。

莱索托是《巴黎公约》《WIPO 公约》等国际知识产权条约的缔约国；是《马德里协定》《马德里议定书》成员国，故商标注册可通过"单国注册"或"马德里国际注册"的方式办理。

二、商标申请

目前，莱索托采用尼斯分类的商品和服务描述，接受一表多类申请。莱索托可注册为商标的要素有：文字、图形、颜色、字母、三维标志等。

若申请人非莱索托居住的，须委托本国专门的代理人办理。商标申请所需的基本材料为：

1. 商标图样；

2. 具体类别及商品 / 服务项目；

3. 申请人名义及地址；

4. 若声明优先权的，需提供优先权证明文件及对应的英语翻译件。

申请注册莱索托商标的主要流程为：申请—受理—审查—公告—核准—发证。申请递交后 1—2 周受理。审查员将对申请进行形式审查和实质审查。形式审查主要审查申请要求和分类信息是否符合规定；实质审查包括对商标显著性、是否违反禁注禁用条款和是否与在先商标形成冲突的审查。审查不能通过的将会下发驳回通知书并要求申请人在驳回通知载明的时限内予以答复，实质审查通过的，则将会被安排公告。公告日起 3 个月为异议期，任何利益相关人或在先权利人均可提出异议，提异议的理

由主要有：

1. 与在先商标冲突，如拥有在先的注册商标；

2. 商标缺乏显著性；

3. 商标具有不良影响；

4. 恶意注册；

5. 与在先其他权利冲突，如商号权、外观设计、版权、人名等。

公告期内无人异议或者异议不成立的，可获准注册并颁发注册证。顺利的情况下，莱索托商标注册目前需要 2 年左右；如中途遇到异议或驳回，时间将大大延长。

三、商标维权

莱索托商标注册后 10 年有效，有效期自申请日起算；到期日前 6 个月内可以办理续展，宽展期为 6 个月；续展有效期为 10 年。

商标注册后的无效或撤销申请，一般可根据莱索托《商标法》下述条款提出：

1. 违反《商标法》规定的；

2. 恶意抢注；

3. 商标注册后连续 3 年未在当国实际使用的，任何人可申请撤销，不可抗力除外。

商标无效 / 撤销申请可向莱索托法院或商标注册处提出，在现行审查条件下，一般需耗时 1—2 年。被申请人一般可提供如下证据材料应对他人以"未使用"为由提出的撤销申请：

· 发票	· 包装、装潢	· 广告
· 产品目录	· 标签	· 书面声明
· 营业额证据	· 报价单	· 市场调查结果

利比里亚
(*Liberia*)

一、概述

利比里亚位于非洲西部，西南濒临大西洋，现行商标法规主要基于 2016 年 6 月 14 日颁布实施的《知识产权法》。由利比亚知识产权局统一负责管理商标事务，官方语言为英语。商标专用权需要通过注册取得。利比里亚商标注册采用"申请在先"原则，但某些情况下，也可以按"在先使用"主张商标权。

利比里亚是《巴黎公约》《WIPO 公约》《班吉协定》等国际知识产权条约的缔约国，已加入《马德里协定》《马德里议定书》，故商标保护既能通过"单国注册"的方式办理，又能通过"马德里国际注册"的方式办理；同时，该国也是非洲地区工业产权组织的缔约国。

二、商标申请

目前,利比里亚知识产权局采用尼斯分类的商品和服务描述,接受一表多类申请。利比里亚可注册为商标的要素有：文字、名称、图形、三维标识、颜色组合、标语、声音等。

若申请人非利比里亚居住的，须委托本国专门的代理人办理。商标申请所需的基本材料为：

1. 商标图样；

2. 具体商品项目；

3. 申请人名义及地址；

4. 委托书，需公证认证；

5. 若声明优先权的，需提供优先权证明文件及对应的英语翻译公证件。

申请注册利比里亚商标的主要流程为：申请—受理—审查—公告—核准—发证。申请递交后官方先进行形式审查，即审查申请材料和分类信息是否符合规定，一般 1 个月左右完成受理。受理后将对商标进行实质审查，包括对商标显著性、是否违反禁

注禁用条款和是否与在先商标形成冲突的审查，审查通过则予以公告；审查不能通过的则会下发驳回通知书并要求申请人在驳回通知载明的时限内予以答复。公告后(《知识产权法》第 10.6 条要求予以公告，但未有明确的异议时限规定)，任何利益相关人可提出异议，提异议的理由主要有：

1. 与在先商标冲突，如拥有在先的注册商标；

2. 商标缺乏显著性；

3. 商标具有不良影响；

4. 恶意注册；

5. 与在先其他权利冲突，如商号权、外观设计、版权、人名等。

公告期内无人异议或者异议不成立的，异议期结束后即可获准注册并颁发注册证。顺利的情况下，利比里亚商标注册目前需要 1 年左右；如中途遇到异议或驳回，时间将会大大延长。

三、商标维护

根据利比里亚《知识产权法》第 10.9 条的规定，商标注册后 10 年有效，有效期自注册日开始起算；到期日前 6 个月内可以办理续展，宽展期为 6 个月；续展有效期为 10 年。

商标注册后连续 3 年不使用的，任何利益相关人可以申请撤销该注册商标；由于不可能抗力造成权利人无法正常使用的除外。

四、其他

利比里亚商标注册后，在办理变更、转让、许可时，官方要求提交相应证明文件；转让和变更时还需要经公证的英语翻译件。

利比亚

(*Libya*)

一、概述

利比亚现行商标法规主要基于 1956 年 8 月 11 日颁布的《商标法》，2010 年修订。由利比亚商标局统一负责管理商标事务，官方语言为阿拉伯语。商标专用权需要通过注册取得。商标注册不是强制性的，但为了保护商标或进行续展，就必须依法登记注册。利比亚商标注册采用"申请在先"原则。

利比亚是《巴黎公约》《WIPO 公约》《日内瓦公约》等国际知识产权条约的缔约国；暂未加入《马德里协定》或《马德里议定书》，故商标注册只能通过"单国注册"的方式办理。

二、商标申请

目前，利比亚商标局采用尼斯分类第 8 版的商品和服务描述，第 33 类和第 32 类含酒精商品、第 29 类的猪肉制品及第 28 类的圣诞树及其相关商品不得注册，不接受一表多类申请。利比亚可注册为商标的要素有：具有区别性的名字、签名、文字、字母、数字、图画、标志、邮票、印章、图形等，

若申请人非利比亚居住的，须委托本国专门的代理人办理。商标申请所需的基本材料为：

1. 商标图样；

2. 具体类别及商品 / 服务项目；

3. 申请人名义及地址；

4. 委托书原件，需认证；

5. 营业执照，需认证；

6. 若声明优先权的，需提供优先权证明文件。

申请注册利比亚商标的主要流程为：申请—受理—审查—公告—核准—发证。申请递交后一般 1 个月左右决定是否受理。审查员将对申请进行形式审查和实质审查。形式审查，即审查申请要求和分类信息是否符合规定；而实质审查，包括对商标显著性、是否违反禁

注禁用条款和是否与在先商标形成冲突的审查。审查通过后就会安排公告,公告日起 3 个月为异议期,任何利益相关人或在先权利人均可提出异议,提异议的理由主要有:

1. 与在先商标冲突,如拥有在先的注册商标;

2. 商标缺乏显著性;

3. 商标具有不良影响;

4. 恶意注册;

5. 与在先其他权利冲突,如商号权、外观设计、版权、人名等;

6. 标语商标缺乏原创性。

公告期内无人异议或者异议不成立的即可获准注册并颁发注册证;审查不能通过的则会下发驳回通知书并要求申请人在驳回通知载明的时限内予以答复。顺利的情况下,利比亚商标注册目前需要 18—24 个月,但由于常年战乱,导致发证日期无限期延长;如中途遇到异议或驳回,时间可能延长至 4—5 年。

三、商标维护

利比亚商标注册后 10 年有效,有效期自申请日开始起算;到期日前 1 年内可以办理续展,宽展期为 6 个月;续展有效期为 10 年。

商标注册后的撤销 / 无效申请,一般可根据利比亚《商标法》下述两个条款提出:

1.《商标法》第 20 条:商标注册后连续 5 年未在当国实际使用的,利害关系人可申请撤销,不可抗力除外。

2.《商标法》第 31 条:(1)违反本法规定的;(2)申请商标时已知或应知有他人权利在先的,可申请无效。

商标撤销或无效申请可向利比亚法院提出,在现行审查条件下,一般需耗时 5—6 年。被申请人一般可提供如下证据材料应对他人以“未使用”为由提出的撤销申请:

- 发票
- 标签
- 市场调查结果
- 产品目录
- 报价单
- 基于互联网的使用
- 营业额证据
- 广告
- 持续维护的网站
- 包装、装潢
- 书面声明

四、其他

若利比亚商标被撤销或无效的,自其被撤销或无效之日起 3 年内,他人不得在同种商品上申请注册该商标。

留尼汪岛
（*Reunion Island*）

留尼汪岛为法国的一个海外省，是西南印度洋马斯克林群岛中的一个火山岛，西距马达加斯加 650 千米，东北距毛里求斯 192 千米。该岛呈椭圆形，长约 65 千米，宽约 50 千米，海岸线长 207 千米。

在法国获准注册的商标（包含法国单国注册的商标、欧盟商标、马德里指定法国的商标）可自动在留尼汪岛获得保护。

卢旺达

(*Rwanda*)

一、概述

卢旺达位于非洲中东部赤道南侧，现行商标法规主要基于 2009 年 12 月 26 日颁布的 31/2009 号《关于知识产权保护》法案。由卢旺达发展局注册总办公室统一负责商标事务，官方语言为卢旺达语、法语、英语。商标专用权需要通过注册取得；卢旺达商标注册采用"申请在先"原则。

卢旺达是《TRIPS 协定》《巴黎公约》《WIPO 公约》等国际知识产权条约的缔约国，已加入《马德里议定书》，故商标保护既能通过"单国注册"的方式办理，又能通过"马德里国际注册"的方式办理。

二、商标申请

目前，卢旺达发展局注册总办公室采用尼斯分类第 11 版的商品和服务描述，接受一表多类申请。卢旺达可注册为商标的要素有：文字、名称、图形、数字、字母、颜色组合及上述要素的组合等可视性标识。

若申请人非卢旺达居住的，须委托本国专门的代理人办理。商标申请所需基本材料为：

1. 商标图样；

2. 具体商品项目；

3. 申请人名义及地址；

4. 委托书；

5. 若声明优先权的，需提供优先权证明文件及对应的法语翻译件。

申请注册加纳商标的主要流程为：申请—受理—审查—公告—核准—发证。申请递交后官方先进行形式审查，即审查申请材料和分类信息是否符合规定，一般 2 个月左右完成受理。受理后将对商标进行实质审查，包括对商标显著性、是否违反禁注禁用条款和是否与在先商标形成冲突的审查，审查通过则予以公告；审查不能通过的则会下发驳回通知书并要求申请人在驳回通知载明的时限内予以答复。

初审公告日起60天为异议期,任何利益相关人可提出异议,提异议的理由主要有:

1. 与在先商标冲突,如拥有在先的注册商标;

2. 商标缺乏显著性;

3. 商标具有不良影响;

4. 恶意注册;

5. 与在先其他权利冲突,如商号权、外观设计、版权、人名等。

公告期内无人异议或者异议不成立的,异议期结束后即可获准注册并颁发注册证。顺利的情况下,卢旺达商标注册目前需要8个月左右;如中途遇到异议或驳回,时间将会大大延长。

三、商标维护

卢旺达商标注册后 10 年有效,有效期自申请日开始起算;到期日前 6 个月内可以办理续展,宽展期也为 6 个月;续展有效期为 10 年。

商标注册后连续 3 年不使用的,任何利益相关人可以申请撤销该注册商标;由于贸易限制、贸易壁垒等不可能抗力造成权利人无法正常使用的除外。被申请人一般可提供如下证据材料应对他人以"未使用"为由提出的撤销申请:

·发票	·包装、装潢	·市场调查结果
·产品目录	·广告	·报价单
·营业额证据	·标签	

四、其他

卢旺达商标注册后,在办理名义变更、转让、许可时,官方要求提交相应证明文件及其英语翻译公证件。

马达加斯加

(*Madagascar*)

一、概述

马达加斯加位于印度洋西部，为非洲第一、世界第四大的岛国。现行商标法规主要基于 1989 年 7 月 31 日颁布的第 89-019 号法令《关于确立保护工业产权的安排》。由工业产权局统一负责管理商标事务，官方语言为法语、马达加斯加语。商标专用权需要通过注册取得。马达加斯加商标注册采用"申请在先"原则，未注册商标不能得到保护。

马达加斯加是《TRIPS 协定》《巴黎公约》《新加坡条约》等国际知识产权条约的缔约国，已加入《马德里议定书》，故商标保护既能通过"单国注册"的方式办理，又能通过马德里国际注册指定的方式办理。

二、商标申请

目前，马达加斯加工业产权局采用尼斯分类第 11 版的商品和服务描述，接受一标多类申请。马达加斯加可注册为商标的要素有：文字、名称、图形、三维标识、颜色组合、标语、印鉴等。

若申请人非马达加斯加居住的，须委托本国专门的代理人办理。商标申请所需的基本材料为：

1. 商标图样；

2. 具体商品项目；

3. 申请人名义及地址；

4. 委托书，需公证；

5. 若声明优先权的，需提供优先权证明文件及对应的法语翻译件。

申请注册马达加斯加商标的主要流程为：申请—受理—审查—核准—发证。申请递交后官方先进行形式审查，即审查申请材料和分类信息是否符合规定，一般 1 个月左右完成受理。受理后将对商标进行实质审查，包括对商标显著性、是否违反禁注禁用条款和是否与在先商标形成冲突的审查，审查通过则予以注册；审查不能通过的则会下发驳回通知书并要求申请人在驳回通知载明的时限内予以答复。顺利的情况下，马达加斯加商标注册目前需要 1 年半左右；如中途遇到驳回，时间将会大大延长。

马达加斯加没有异议程序，商标核准后将直接予以公告注册；注册后可以向法院申请无效宣告。

三、商标维护

马达加斯加商标注册后 10 年有效，有效期自申请日开始起算；到期日前 12 个月内可以办理续展，宽展期为 6 个月；续展有效期为 10 年。

商标注册后连续 3 年不使用的，任何利益相关人可以申请撤销该注册商标，但申请需向主管法院提交；由于法律等客观原因导致注册商标不能正常使用的除外。被申请人一般可提供如下证据材料应对他人以"未使用"为由提出的撤销申请：

- 发票
- 标签
- 基于互联网的使用
- 产品目录
- 广告
- 报价单
- 营业额证据
- 书面声明
- 包装、装潢
- 市场调查结果

四、其他

虽然马达加斯加语也是官方语言之一，但申请文件若是用马达加斯加语提交的，还需提交对应的法语翻译件。马达加斯加商标注册后，在办理名义变更、转让、许可时，官方要求提交相应证明的公证件及对应的法语翻译件。

马达加斯加商标注册过程无异议程序，不能提异议，且无效宣告需要向主管法院提交，商标一旦被抢注想要维权就变得比较麻烦，这一点比较特殊，商标权利人需多加注意，并要适时主动申请注册保护。

马拉维

(*Malawi*)

一、概述

马拉维位于非洲南部，是世界上最不发达国家之一，现行商标法规主要基于1967 年颁布的《商标法》。由司法部注册总局统一负责商标事务，官方语言为英语、齐切瓦语。商标专用权需要通过注册取得。马拉维商标注册采用"申请在先"原则，未注册商标很难得到保护。

马拉维是《TRIPS 协定》《巴黎公约》《尼斯协定》《WIPO 公约》等国际知识产权条约的缔约国，同时也是《班吉协定》的缔约国，故商标保护既能通过"单国注册"的方式办理，又能通过非洲工业产区组织指定的方式办理。

二、商标申请

目前，马拉维当局采用尼斯分类第 11 版的商品和服务描述，不接受一表多类申请。马拉维可注册为商标的要素有：文字、名称、图形、数字、字母及上述要素的组合等；根据《商标法》第 26 条的规定，权利人若想获得组合商标各个要素的专用权，最好将商标整体及各个要素分别注册保护。

若申请人非马拉维居住的，须委托本国专门的代理人办理。商标申请所需基本材料为：

1. 商标图样；

2. 类别及具体商品项目；

3. 申请人名义及地址；

4. 委托书，需公证；

5. 若声明优先权的，需提供优先权证明文件及对应的英语翻译件。

申请注册马拉维商标的主要流程为：申请—受理—审查—公告—核准—发证。申请递交后官方先进行形式审查，即审查申请材料和分类信息是否符合规定，一般 1 个月左右完成受理。受理后将对商标进行实质审查，包括对商标显著性、是否违反禁注禁用条款和是否与在先商标形成冲突的审查，审查通过则予以公告；审查不能通过的则会下发驳回通知书并要求申请人在驳回通知载明的时限内予以答复。

初审公告日起 2 个月为异议期，任何利益相关人均可提出异议，提异议的理由主要有：

1. 与在先商标冲突，如拥有在先的注册商标；

2. 商标缺乏显著性；

3. 商标具有不良影响；

4. 恶意注册；

5. 与在先其他权利冲突，如商号权、外观设计、版权、人名等。

公告期内无人异议或者异议不成立的，异议期结束后即可获准注册并颁发注册证。顺利的情况下，马拉维商标注册目前需要 10 个月左右；如中途遇到异议或驳回，时间将会大大延长。

三、商标维护

马拉维商标注册后 7 年有效，有效期自申请日开始起算；到期日前 6 个月内可以办理续展，宽展期为 6 个月；续展有效期为 14 年。

商标注册后连续 5 年不使用的，任何利益相关人可以申请撤销该注册商标；由于法律原因或其他不可抗力造成权利人无法正常使用的除外。被申请人一般可提供如下证据材料应对他人以"未使用"为由提出的撤销申请：

- 发票
- 标签
- 包装、装潢
- 产品目录
- 广告
- 报价单
- 营业额证据
- 书面声明

四、其他

马拉维商标注册后，在办理名义变更、转让、许可时，官方要求提交相应证明文件及其英语翻译公证件。

马拉维《商标法》对商标的规范使用也作出了一些规定，如商标未注册但冒充注册的，商标部分要素未注册但冒充注册的，商标部分商品未注册但冒充注册的，商标在特定条件限制下获得注册但冒充注册商标的，将会被判罚金及 6 个月的监禁。

毛里求斯
(*Mauritius*)

一、概述

毛里求斯现行商标法规主要基于 2002 年 8 月 8 日生效的《专利，工业品外观设计和商标法》。由毛里求斯工业产权局负责管理商标事务，官方语言为英语。商标专用权需要通过注册取得。商标注册不是强制性的，但为了保护商标或进行续展，就必须依法登记注册。毛里求斯商标注册采用"申请在先"原则。

毛里求斯是《巴黎公约》《WIPO 公约》等国际知识产权条约的缔约国；暂未加入《马德里协定》或《马德里议定书》,故商标注册只能通过"单国注册"的方式办理。

二、商标申请

目前，毛里求斯采用尼斯分类第 11 版的商品和服务描述，接受一表多类申请。毛里求斯可注册为商标的要素有：文字、图形、颜色、字母等。

若申请人非毛里求斯居住的，须委托本国专门的代理人办理。商标申请所需的基本材料为：

1. 商标图样；

2. 具体类别及商品 / 服务项目；

3. 申请人名义及地址；

4. 若声明优先权的，需提供优先权证明文件及对应的英语翻译件。

申请注册毛里求斯商标的主要流程为：申请—受理—审查—公告—核准—发证。申请递交后 1—2 周受理。审查员将对申请进行形式审查和实质审查。形式审查主要审查申请要求和分类信息是否符合规定；实质审查包括对商标显著性、是否违反禁注禁用条款和是否与在先商标形成冲突的审查。审查不能通过的将会下发驳回通知书并要求申请人在驳回通知载明的时限内予以答复，实质审查通过的，则将会被安排公告。公告日起 3 个月为异议期，任何利益相关人或在先权利人均可提出异议，提异议的理由主要有：

1. 与在先商标冲突，如拥有在先的注册商标；

2. 商标缺乏显著性；

3. 商标具有不良影响；

4. 恶意注册；

5. 与在先其他权利冲突，如商号权、外观设计、版权、人名等。

公告期内无人异议或者异议不成立的，可获准注册并颁发注册证。顺利的情况下，毛里求斯商标注册目前需要 2 年左右；如中途遇到异议或驳回，时间将会大大延长。

三、商标维权

毛里求斯商标注册后 10 年有效，有效期自申请日起算；到期日前 6 个月内可以办理续展，宽展期为 6 个月；续展有效期为 10 年。

商标注册后的无效或撤销申请，一般可根据毛里求斯《商标法》下述条款提出：

1. 违反《商标法》规定的；

2. 恶意抢注；

3. 商标注册后连续 3 年未在当国实际使用的，任何人可申请撤销，不可抗力除外。

商标无效或 / 撤销申请可向毛里求斯法院或商标注册处提出，在现行审查条件下，一般需耗时 1—2 年。被申请人一般可提供如下证据材料应对他人以"未使用"为由提出的撤销申请：

- 发票
- 包装、装潢
- 广告
- 产品目录
- 标签
- 书面声明
- 营业额证据
- 报价单
- 市场调查结果

摩洛哥

(*Morocco*)

一、概述

摩洛哥现行商标法规主要基于 2014 年 12 月 18 日颁布的《新 23-13 号知识产权法》，新法规为《第 17-97 号法，关于工业产权保护（2000 年 2 月 15 日第 1-00-91 号国王诏令公布）》的延伸和补充。由摩洛哥工商产权局统一负责管理商标事务，官方语言为阿拉伯语。商标专用权需要通过注册取得。商标注册不是强制性的，但为了保护商标或进行续展，就必须依法登记注册。摩洛哥商标注册采用"申请在先"的原则。

摩洛哥是《巴黎公约》《WIPO 公约》《TRIPS 协定》《尼斯协定》《内罗毕条约》等国际知识产权条约的缔约国；摩洛哥同属《马德里协定》《马德里议定书》的成员国，故商标注册可通过"单国注册"或"马德里国际注册"的方式办理。

二、商标申请

目前，摩洛哥工商产权局采用尼斯分类第 11 版的商品和服务描述，不接受一表多类申请。摩洛哥可注册商标的要素有：文字、图画、图形、标语、商业外观 / 装潢、全息图、颜色或颜色阴影组合等。

若申请人非摩洛哥居住的，须委托本国专门的代理人办理。商标申请所需的基本材料为：

1. 商标图样；

2. 具体类别及商品 / 服务项目；

3. 申请人名义及地址；

4. 委托书，需签字盖章；

5. 若声明优先权的，需提供优先权证明文件。

申请注册摩洛哥商标的主要流程为：申请—受理—审查（绝对理由）—公告—核准—发证。申请递交后一般 3—4 周决定是否受理。审查员将对申请进行形式审查和实质审查。形式审查，即审查申请要求和分类信息是否符合规定；而实质审查，包括对商标显著性和是否违反禁注禁用条款的审查。审查通过后就会安排公告，公告日起 2 个月为异议期，任何利益相关人或在先权利人均可提出异议，提异议的理由主要有：

1. 与在先商标冲突，如拥有在先的注册商标；

2. 商标缺乏显著性；

3. 商标具有不良影响；

4. 恶意注册；

5. 与在先其他权利冲突，如商号权、外观设计、版权、人名等；

6. 标语商标缺乏原创性。

公告期内无人异议或者异议不成立的即可获准注册并颁发注册证；审查不能通过的则会下发驳回通知书并要求申请人在驳回通知载明的时限内予以答复。顺利的情况下，摩洛哥商标注册目前需要 6—10 个月；如中途遇到异议或驳回，时间可能会延长至 1—2 年。

三、商标维护

摩洛哥商标注册后 10 年有效，有效期自申请日开始起算；到期日前 6 个月内可以办理续展，宽展期为 6 个月；续展有效期为 10 年。

商标注册后的无效或撤销申请，一般可根据摩洛哥《商标法》下述两个条款提出：

1.《商标法》第 161 条：（1）违反本法规定的；（2）申请商标时已知或应知有他人权利在先的，可申请无效。

2.《商标法》第 163 条：商标注册后连续 5 年未在当国实际使用的，任何相关权利人可申请撤销，不可抗力除外。

商标撤销或无效申请可向摩洛哥法院提出，在现行审查条件下，一般需耗时 4—5年。被申请人一般可提供如下证据材料应对他人以"未使用"为由提出的撤销申请：

·发票	·标签	·市场调查结果
·产品目录	·报价单	·基于互联网的使用
·营业额证据	·广告	·持续维护的网站
·包装、装潢	·书面声明	

四、其他

1. 如果在摩洛哥申请变更注册商标，还需提交经公证后的变更证明文件。如果在摩洛哥申请转让注册商标，还需提交经认证后的转让文件。

2. 由于摩洛哥商标注册时不对"相对理由"进行审查，即官方不会主动审查申请商标是否与在先商标构成近似而主动驳回，因此商标很容易通过并初审予以公告，这就需要权利人即使在申请注册成功后还需要持续关注，进行监测，及时进行异议维权以保护自己的商标权。

莫桑比克
(Mozambique)

一、概述

莫桑比克现行商标法规主要基于 2016 年 3 月 30 日修订生效的《工业产权法》。由工业产权局负责管理商标事务，官方语言为葡萄牙语。商标专用权需要通过注册取得。商标注册不是强制性的，但为了保护商标或进行续展，就必须依法登记注册。莫桑比克商标注册采用"申请在先"原则。

莫桑比克是《巴黎公约》《WIPO 公约》等国际知识产权条约的缔约国；是《马德里协定》《马德里议定书》成员国，故商标注册可通过"单国注册"或"马德里国际注册"的方式办理。

二、商标申请

目前，莫桑比克采用尼斯分类第 11 版的商品和服务描述，不接受一表多类申请。莫桑比克可注册为商标的要素有：文字、图形、颜色、字母等。

若申请人非莫桑比克居住的，须委托本国专门的代理人办理。商标申请所需的基本材料为：

1. 商标图样；

2. 具体类别及商品 / 服务项目；

3. 申请人名义及地址；

4. 若声明优先权的，需提供优先权证明文件及对应的葡萄牙语翻译件。

申请注册莫桑比克商标的主要流程为：申请—受理—审查—公告—核准—发证。申请递交后 1—2 周受理。审查员将对申请进行形式审查和实质审查。形式审查主要审查申请要求和分类信息是否符合规定；实质审查包括对商标显著性、是否违反禁注禁用条款和是否与在先商标形成冲突的审查。审查不能通过的将会下发驳回通知书并要求申请人在驳回通知载明的时限内予以答复，实质审查通过的，则将会被安排公告。公告日起 30 天为异议期，任何利益相关人或在先权利人均可提出异议，提异议的理

由主要有：

1. 与在先商标冲突，如拥有在先的注册商标；

2. 商标缺乏显著性；

3. 商标具有不良影响；

4. 恶意注册；

5. 与在先其他权利冲突，如商号权、外观设计、版权、人名等。

公告期内无人异议或者异议不成立的，可获准注册并颁发注册证。顺利的情况下，莫桑比克商标注册目前需要 2 年左右；如中途遇到异议或驳回，时间将大大延长。

三、商标维权

莫桑比克商标注册后 10 年有效，有效期自申请日起算；到期日前 6 个月内可以办理续展，宽展期为 6 个月；续展有效期为 10 年。

商标注册后的无效或撤销申请，一般可根据莫桑比克《商标法》下述条款提出：

1. 违反《商标法》规定的；

2. 恶意抢注；

3. 商标注册后连续 3 年未在当国实际使用的，任何人可申请撤销，不可抗力除外。

商标无效 / 撤销申请可向莫桑比克法院或商标注册处提出，在现行审查条件下，一般需耗时 1—2 年。被申请人一般可提供如下证据材料应对他人以"未使用"为由提出的撤销申请：

- 发票　　　　　　　　・包装、装潢　　　　　・广告
- 产品目录　　　　　　・标签　　　　　　　　・书面声明
- 营业额证据　　　　　・报价单　　　　　　　・市场调查结果

四、其他

商标权利人需在商标注册之日起每 5 年提交使用宣誓，若是办理续展的可以不用再同时提交使用宣誓。若在法定时间内未提交使用宣誓的，任何第三方均对该注册商标提出的撤销申请将得到官方的直接支持。同时，即使注册后没有第三方申请撤销，虽然在注册簿中保持着已注册的状态，但无法阻止他人在后申请注册相同或近似的商标，相当于失效，也无法有效维权。但是，该国也比较特殊，若是权利人未能在法定时限内提交使用证据，只要在被他人申请撤销前能主动提供有效使用证据的，商标权利则可予以恢复，可以对抗他人的在后申请、不使用撤销申请和商标侵权行为。

纳米比亚

(*Namibia*)

一、概述

纳米比亚现行商标法规主要基于 1974 年 1 月 1 日生效的《西南非洲商标法》。由贸易工业部负责管理商标事务，官方语言为英语。商标专用权需要通过注册取得。商标注册不是强制性的，但为了保护商标或进行续展，就必须依法登记注册。纳米比亚商标注册采用"申请在先"原则。

纳米比亚是《巴黎公约》《WIPO 公约》等国际知识产权条约的缔约国；是《马德里协定》《马德里议定书》成员国，故商标注册可通过"单国注册"或"马德里国际注册"的方式办理。

二、商标申请

目前，纳米比亚采用尼斯分类第 11 版的商品和服务描述，不接受一表多类申请。纳米比亚可注册为商标的要素有：文字、图形、字母、数字等。

若申请人非纳米比亚居住的，须委托本国专门的代理人办理。商标申请所需的基本材料为：

1. 商标图样；

2. 具体类别及商品 / 服务项目；

3. 申请人名义及地址；

4. 若声明优先权的，需提供优先权证明文件及对应的英语翻译件。

申请注册纳米比亚商标的主要流程为：申请—受理—审查—公告—核准—发证。申请递交后 1—2 周受理。审查员将对申请进行形式审查和实质审查。形式审查主要审查申请要求和分类信息是否符合规定；实质审查包括对商标显著性、是否违反禁注禁用条款和是否与在先商标形成冲突的审查。审查不能通过的将会下发驳回通知书并要求申请人在驳回通知载明的时限内予以答复，实质审查通过的，则将会被安排公告。公告日起 2 个月为异议期，任何利益相关人或在先权利人均可提出异议，提异议的理

由主要有：

1. 与在先商标冲突，如拥有在先的注册商标；

2. 商标缺乏显著性；

3. 商标具有不良影响；

4. 恶意注册；

5. 与在先其他权利冲突，如商号权、外观设计、版权、人名等。

公告期内无人异议或者异议不成立的，可获准注册并颁发注册证。顺利的情况下，纳米比亚商标注册目前需要 2—3 年；如中途遇到异议或驳回，时间将大大延长。

三、商标维权

纳米比亚商标注册后 10 年有效，有效期自申请日起算；到期日前 6 个月内可以办理续展，宽展期为 6 个月；续展有效期为 10 年。

商标注册后的无效或撤销申请，一般可根据纳米比亚《商标法》下述条款提出：

1. 违反《商标法》规定的；

2. 恶意抢注；

3. 商标注册后连续 5 年未在当国实际使用的，任何人可申请撤销，不可抗力除外。

商标无效或撤销申请可向纳米比亚法院提出，在现行审查条件下，一般需耗时 1—2 年。被申请人一般可提供如下证据材料应对他人以"未使用"为由提出的撤销申请：

- 发票
- 包装、装潢
- 广告
- 产品目录
- 标签
- 书面声明
- 营业额证据
- 报价单
- 市场调查结果

南非
(*South Africa*)

一、概述

南非现行商标法规主要基于 1993 年 12 月 22 日颁布的《商标法》。由南非公司和知识产权委员会统一负责管理商标事务，官方语言为南非语、英语、祖鲁语、科萨语等。商标专用权需要通过使用取得。商标注册不是强制性的，但为了保护商标或进行续展，就必须依法登记注册。南非商标注册采用"使用在先"原则。

南非是《商标法条约》《尼斯协定》《巴黎公约》等国际知识产权条约的缔约国；暂未加入《马德里议定书》或《马德里协定》,故商标注册只能通过"单国注册"方式办理。

二、商标申请

目前，南非商标申请采用尼斯分类第 11 版的商品和服务描述，不接受一表多类申请。南非可注册为商标的要素有：文字、名称、图形、三维标识、颜色组合、标语、全息图、气味等。

若申请人非南非居住的，须委托本国专门的代理人办理。商标申请所需的基本材料为：

1. 商标图样；

2. 具体类别及商品 / 服务项目；

3. 申请人名义及地址；

4. 委托书；

5. 若声明优先权的，需提供优先权证明文件。

申请注册南非商标的主要流程为：申请—受理—审查—公告—核准—发证。申请递交后 1 周左右受理。审查员将对申请进行形式审查和实质审查。形式审查主要审查申请要求和分类信息是否符合规定；实质审查包括对商标显著性、是否违反禁注禁用条款和是否与在先商标形成冲突的审查。审查不能通过的将会下发驳回通知书并要求

申请人在驳回通知载明的时限内予以答复，实质审查通过的，则将会被安排公告。公告日起 3 个月为异议期，任何利益相关人或在先权利人均可提出异议，提异议的理由主要有：

1. 与在先商标冲突，如拥有在先的注册商标；

2. 商标缺乏显著性；

3. 商标具有不良影响；

4. 恶意注册；

5. 与在先其他权利冲突，如商号权、外观设计、版权、人名等。

公告期内无人异议或者异议不成立的，可获准注册并颁发注册证。顺利的情况下，南非商标注册目前需要 2 年左右；如中途遇到驳回或异议，时间将会延长至 3—4 年。

三、商标维护

南非商标注册后 10 年有效，有效期自申请日起算；到期日前 6 个月内可以办理续展，宽展期为 6 个月；续展有效期为 10 年。

商标注册后的无效或撤销申请，一般可根据《商标法》下述条款提出：

1. 违反《商标法》规定的；申请商标时已知或应知有他人权利在先的；申请商标与他人在世贸成员国的驰名商标的相同或近似的。

2. 《商标法》第 27（b）条：商标注册后连续 5 年未在当国实际使用的，任何人可申请撤销，不可抗力除外。

商标无效或撤销申请可向南非法院提出，在现行审查条件下，一般需耗时 2 年左右。被申请人一般可提供如下证据材料应对他人以"未使用"为由提出的撤销申请：

- 发票
- 产品目录
- 营业额证据
- 包装、装潢

- 标签
- 报价单
- 广告
- 书面声明

- 市场调查结果
- 基于互联网的使用
- 持续维护的网站

四、其他

1. 同一申请人已注册或申请中的商标与该申请人另一个已注册或申请中的商标相同或近似，易导致公众混淆的，审查员会要求将其进行关联，需一并转让或转移。

2. 已注册为关联商标的两个或两个以上的商标，商标权利人可按规定提交解除关联的申请。若审查员认为该商标不会导致公众混淆或误认，则可以解除关联。

尼日利亚
（Nigeria）

一、概述

尼日利亚现行商标法规主要基于 1965 年 1 月 1 日颁布的《商标法》（1990 年版）以及 1967 年 5 月 9 日颁布的《商标实施细则 1967》。由尼日利亚工业产权局统一负责管理商标事务，官方语言为英语。商标专用权需要通过注册取得。商标注册不是强制性的，但为了保护商标或进行续展，就必须依法登记注册。尼日利亚商标注册采用"申请在先"和"使用在先"兼顾的原则。

尼日利亚是《巴黎公约》《WIPO 公约》《TRIPS 协定》《日内瓦公约》等国际知识产权条约的缔约国；暂未加入《马德里协定》或《马德里议定书》，故商标注册只能通过"单国注册"的方式办理。

二、商标申请

目前，尼日利亚工业产权局采用尼斯分类第 11 版的商品和服务描述，不接受一表多类申请。尼日利亚可注册商标的要素有：文字、名字、图形、特定的三维形状、标语、商业外观／装潢、全息图等。

若申请人非尼日利亚居住的，须委托本国专门的代理人办理。商标申请所需的基本材料为：

1. 商标图样；

2. 具体类别及商品／服务项目；

3. 申请人名义及地址；

4. 委托书；

5. 若声明优先权的，需提供优先权证明文件。

申请注册尼日利亚商标的主要流程为：申请—受理—审查—公告—核准—发证。申请递交后一般 1 个月左右决定是否受理。审查员将对申请进行形式审查和实质审查。形式审查，即审查申请要求和分类信息是否符合规定；而实质审查，包括对商标显著性、是否违反禁

注禁用条款和是否与在先商标形成冲突的审查。审查通过后就会安排公告，公告日起 2 个月为异议期，任何利益相关人或在先权利人均可提出异议，提异议的理由主要有：

1. 与在先商标冲突，如拥有在先的注册商标；

2. 商标缺乏显著性；

3. 商标具有不良影响；

4. 恶意注册；

5. 与在先其他权利冲突，如商号权、外观设计、版权、人名等；

6. 标语商标缺乏原创性。

公告期内商标申请受到异议必须答复，否则将导致该商标申请无效。公告期内无人异议或者异议不成立的即可获准注册并颁发注册证；审查不能通过的则会下发驳回通知书并要求申请人在驳回通知载明的时限内予以答复。顺利的情况下，尼日利亚商标注册目前需要 2—3 年；如中途遇到异议或驳回，时间可能延长至 4—5 年。

三、商标维护

尼日利亚商标注册后 7 年有效，有效期自申请日开始起算；到期日前 3 个月内可以办理续展，宽展期为 1 个月；续展有效期为 14 年。

商标注册后的撤销申请，一般可根据尼日利亚《商标法》（第 436 章，1990）下述条款提出：《商标法》第 31 条：商标注册后连续 5 年未在当国实际使用的，任何人可申请撤销，不可抗力除外。

商标撤销或无效申请可向尼日利亚联邦高等法院提出，在现行审查条件下，一般需耗时 4—5 年。被申请人一般可提供如下证据材料应对他人以"未使用"为由提出的撤销申请：

· 发票	· 包装、装潢	· 书面声明
· 产品目录	· 标签	· 市场调查结果
· 营业额证据	· 广告	· 报价单

四、其他

1. 尼日利亚的商标申请在公告期受到异议必须答复，否则将会导致该商标申请无效。

2. 尼日利亚的商标法律规定，申请中商标不仅可以转让，还可以变更。转让申请中的商标所需材料为：转让协议（需双方签字盖章），注册证或受理通知书复件；变更申请中商标所需材料为：变更证明，注册证或受理通知书复印件。

塞拉利昂
(*Sierra Leone*)

一、概述

塞拉利昂位于西非大西洋岸，现行商标法规主要基于1913年《商标法》（于1972年进行修订）和1960年《商标法》。由管理和注册总局统一负责商标事务，官方语言为英语。商标专用权需要通过注册取得。塞拉利昂商标注册采用"申请在先"原则。

塞拉利昂是《巴黎公约》《WIPO公约》《TRIPS协定》等国际知识产权条约的缔约国，已加入《马德里协定》《马德里议定书》，故商标保护既能通过"单国注册"的方式办理，又能通过"马德里国际注册"的方式办理。塞拉利昂也是非洲地区工业产权组织成员国。

二、商标申请

目前，塞拉利昂当局沿用英国分类旧制，采用1938年之前的旧版英国分类表，共有50个商品类别。该国不接受一表多类申请。塞拉利昂可注册为商标的要素有：文字、名称、图形、数字、字母及上述要素的组合等。

若申请人非塞拉利昂居住的，须委托本国专门的代理人办理。商标申请所需基本材料为：

1. 商标图样；

2. 具体商品项目（1938年之前的旧版英国分类表，无服务类别）；

3. 申请人名义及地址；

4. 委托书，需签署；

5. 英国注册证明（若申请基于英国注册，或申请的商品包含棉织品——属于国际分类第23类、第24类、第25类的商品）。

申请注册塞拉利昂商标的主要流程为：申请—受理—审查—公告—核准—发证。申请递交后官方先进行形式审查，即审查申请材料和分类信息是否符合规定，一般2个月左右完成受理。受理后将对商标进行实质审查，包括对商标显著性、是否违反禁

注禁用条款和是否与在先商标形成冲突的审查，审查通过则予以公告；审查不能通过的则会下发驳回通知书并要求申请人在驳回通知载明的时限内予以答复。

初审公告日起 3 个月为异议期（经官方同意最多可以延期到 6 个月），任何利益相关人可提出异议，提异议的理由主要有：

1. 与在先商标冲突，如拥有在先的注册商标；

2. 商标缺乏显著性；

3. 商标具有不良影响；

4. 恶意注册；

5. 与在先其他权利冲突，如商号权、外观设计、版权、人名等。

公告期内无人异议或者异议不成立的，异议期结束后即可获准注册并颁发注册证。顺利的情况下，塞拉利昂商标注册目前需要 3—5 年；如中途遇到异议或驳回，时间将大大延长。

三、商标维护

塞拉利昂商标注册后 14 年有效，有效期自申请日开始起算；到期日前 6 个月内可以办理续展，宽展期也为 6 个月；续展有效期为 14 年。

商标注册后连续 5 年不使用的，任何利益相关人可以申请撤销该注册商标；由于贸易限制、贸易壁垒等不可能抗力造成权利人无法正常使用的除外。被申请人一般可提供如下证据材料应对他人以"未使用"为由提出的撤销申请：

- · 发票
- · 产品目录
- · 营业额证据

- · 标签
- · 广告
- · 市场调查结果

- · 包装、装潢
- · 报价单

四、其他

塞拉利昂商标注册后，在办理名义变更、转让、许可时，官方要求提交相应证明文件及其英语翻译公证件；若涉及基于英国注册的，还需提交相应的证明文件。

塞拉利昂虽然是《巴黎公约》，以及《马德里协定》《马德里议定书》的缔约国，但其国内法却没有通过对相关条款的规定，所以申请时无法要求优先权，且马德里注册指定该国也无法获得有效保护。同时，虽然其也加入了非洲地区工业产权组织，但《班珠尔议定》在该国仍未生效，故也无法通过该组织获得有效保护。综上，该国商标保护"单国注册"仍是首选。

塞舌尔
（Seychelles）

一、概述

塞舌尔位于非洲东部，是印度洋上一个由 115 个岛屿组成的国家，现行商标法规主要基于 2014 年 4 月 25 日颁布的 2014 年第 7 号法案《工业产权法》。由司法部注册处统一负责商标事务，官方语言为克里奥尔语、法语、英语。商标专用权需要通过注册取得。塞舌尔商标注册采用"申请在先"原则，但某些情况下，也可以按"在先使用"主张商标权，并在 2014 版《工业产权法》66（1）、66（2）中对在先使用的商标权进行了约定。

塞舌尔是《巴黎公约》《WIPO 公约》《TRIPS 协定》等国际知识产权条约的缔约国，但未加入《马德里协定》或《马德里议定书》，故商标保护只能通过"单国注册"的方式办理。

二、商标申请

目前，塞舌尔当局采用当国商品和服务分类体系，该体系类似尼斯分类，不接受一表多类申请。塞舌尔可注册为商标的要素有：文字、名称、图形、数字、字母及上述要素的组合等。

若申请人非塞舌尔居住的，须委托本国专门的代理人办理。商标申请所需基本材料为：

1. 商标图样；

2. 具体商品项目；

3. 申请人名义及地址；

4. 委托书，需公证；

5. 若声明优先权的，需提供优先权证明文件及对应的英语翻译件。

申请注册塞舌尔商标的主要流程为：申请—受理—审查—公告—核准—发证。申请递交后官方先进行形式审查，即审查申请材料和分类信息是否符合规定，一般 1 个

月左右完成受理。受理后将对商标进行实质审查，包括对商标显著性、是否违反禁注禁用条款和是否与在先商标形成冲突的审查，审查通过则予以公告；审查不能通过的则会下发驳回通知书并要求申请人在驳回通知载明的时限内予以答复。

初审公告日起 2 个月为异议期，任何利益相关人可提出异议，提异议的理由主要有：

1. 与在先商标冲突，如拥有在先的注册商标，或使用在先（在申请日或优先权日 6 个月前已使用，且无恶意）；

2. 商标缺乏显著性；

3. 商标具有不良影响；

4. 恶意注册；

5. 与在先其他权利冲突，如商号权、外观设计、版权、人名等。

公告期内无人异议或者异议不成立的，异议期结束后即可获准注册并颁发注册证。顺利的情况下，塞舌尔商标注册目前需要 1 年左右；如中途遇到异议或驳回，时间将大大延长。

三、商标维护

塞舌尔商标注册后 10 年有效，有效期自申请日开始起算；到期日前 6 个月内可以办理续展，宽展期也为 6 个月；续展有效期为 7 年。

商标注册后连续 3 年不使用的，任何利益相关人可以申请撤销该注册商标；由于贸易限制、贸易壁垒等不可能抗力造成权利人无法正常使用的除外。被申请人一般可提供如下证据材料应对他人以"未使用"为由提出的撤销申请：

· 发票	· 标签	· 包装、装潢
· 产品目录	· 广告	· 报价单
· 营业额证据	· 市场调查结果	

四、其他

塞舌尔商标注册后，在办理名义变更、转让、许可时，官方要求提交相应证明文件及其英语翻译公证件。

在 2014 版《工业产权法》中，第 84 条对"商号权"进行了约定，第 106 条对"不正当竞争"进行了约定，且第 8 章对侵权和侵权救济等进行了诸多约定。

圣多美和普林西比
(*Sao Tome and Principe*)

一、概述

圣多美和普林西比位于非洲中西部几内亚湾，由圣多美岛、普林西比岛和附近一些礁屿组成，现行商标法规主要基于 2001 年 12 月 31 日颁布的第 4/2001 号法案《工业产权法》。由发展计划部工业产权局统一负责商标事务，官方语言为葡萄牙语。商标专用权需要通过注册取得。圣多美和普林西比商标注册采用"申请在先"原则，但某些情况下，也可以按"在先使用"主张商标权。

圣多美和普林西比是《巴黎公约》《WIPO 公约》等国际知识产权条约的缔约国，已加入《马德里议定书》，故商标保护既能通过"单国注册"的方式办理，又能通过"马德里国际注册"的方式办理。2014 年 5 月 19 日，圣多美和普林西比加入非洲地区工业产权组织。

二、商标申请

目前，圣多美和普林西比当局采用尼斯分类第 10 版的商品和服务描述，接受一表多类申请。圣多美和普林西比可注册为商标的要素有：文字、名称、图形、数字、字母及上述要素的组合等。

若申请人非圣多美和普林西比居住的，须委托本国专门的代理人办理。商标申请所需基本材料为：

1. 商标图样；

2. 具体商品项目；

3. 申请人名义及地址；

4. 委托书，需签署；

5. 若声明优先权的，需提供优先权证明文件及对应的葡萄牙语翻译件。

申请注册圣多美和普林西比商标的主要流程为：申请—受理—审查—公告—核准—发证。申请递交后官方先进行形式审查，即审查申请材料和分类信息是否符合规

定，一般 2 个月左右完成受理。受理后将对商标进行实质审查，包括对商标显著性、是否违反禁注禁用条款和是否与在先商标形成冲突的审查，审查通过则予以公告；审查不能通过的则会下发驳回通知书并要求申请人在驳回通知载明的时限内予以答复。

初审公告日起 3 个月为异议期，任何利益相关人可提出异议，提异议的理由主要有：

1. 与在先商标冲突，如拥有在先的注册商标；

2. 商标缺乏显著性；

3. 商标具有不良影响；

4. 恶意注册；

5. 与在先其他权利冲突，如商号权、外观设计、版权、人名等。

公告期内无人异议或者异议不成立的，异议期结束后即可获准注册并颁发注册证。顺利的情况下，圣多美和普林西比商标注册目前需要 3 年左右；如中途遇到异议或驳回，时间将会大大延长。

三、商标维护

圣多美和普林西比商标注册后 10 年有效，有效期自申请日开始起算；到期日前 6 个月内可以办理续展，宽展期也为 6 个月；续展有效期为 10 年。

商标注册后连续 5 年不使用的，任何利益相关人可以申请撤销该注册商标；由于贸易限制、贸易壁垒等不可能抗力造成权利人无法正常使用的除外。被申请人一般可提供如下证据材料应对他人以"未使用"为由提出的撤销申请：

· 发票　　　　　　· 标签　　　　　　· 包装、装潢

· 产品目录　　　　· 广告　　　　　　· 报价单

· 营业额证据　　　· 市场调查结果

四、其他

圣多美和普林西比商标注册后，在办理名义变更、转让、许可时，官方要求提交相应证明文件及其葡萄牙语翻译公证件。

圣多美和普林西比《工业产权法》第 22 条对"商号权"和"商标权"冲突问题进行了约定，第 23 条对"不正当竞争行为"进行了约定。

斯威士兰
（ *Swaziland* ）

一、概述

斯威士兰现行商标法规主要基于 1994 年 7 月 1 日生效的《商标法》。由商标注册处负责管理商标事务，官方语言为英语、斯瓦蒂语。商标权利需要通过注册取得。商标注册不是强制性的，但为了保护商标或进行续展，就必须依法登记注册。斯威士兰商标注册采用"使用在先"原则。

斯威士兰是《巴黎公约》《WIPO 公约》等国际知识产权条约的缔约国；已加入《马德里协定》《马德里议定书》，故商标注册可通过"单国注册"或"马德里国际注册"的方式办理。

二、商标申请

目前，斯威士兰采用尼斯分类第 11 版的商品和服务描述，接受一表多类申请。斯威士兰可注册为商标的要素有：文字、图形、字母、数字等。

若申请人非斯威士兰居住的，须委托本国专门的代理人办理。商标申请所需的基本材料为：

1. 商标图样；

2. 具体类别及商品 / 服务项目；

3. 申请人名义及地址；

4. 若声明优先权的，需提供优先权证明文件及对应的英语翻译件。

申请注册斯威士兰商标的主要流程为：申请—受理—审查—公告—核准—发证。申请递交后 1—2 周受理。审查员将对申请进行形式审查和实质审查。形式审查主要审查申请要求和分类信息是否符合规定；实质审查包括对商标显著性、是否违反禁注禁用条款和是否与在先商标形成冲突的审查。审查不能通过的将会下发驳回通知书并要求申请人在驳回通知载明的时限内予以答复，实质审查通过的，则将会被安排公告。公告日起 3 个月为异议期，任何利益相关人或在先权利人均可提出异议，提异议的理

由主要有:

1. 与在先商标冲突,如拥有在先的注册商标;

2. 商标缺乏显著性;

3. 商标具有不良影响;

4. 恶意注册;

5. 与在先其他权利冲突,如商号权、外观设计、版权、人名等。

公告期内无人异议或者异议不成立的,可获准注册并颁发注册证。顺利的情况下,斯威士兰商标注册目前需要 1 年左右;如中途遇到异议或驳回,时间将大大延长。

三、商标维护

斯威士兰商标注册后 10 年有效,有效期自申请日起算;到期日前 6 个月内可以办理续展,宽展期为 6 个月;续展有效期为 10 年。

商标注册后的无效或撤销申请,一般可根据斯威士兰《商标法》下述条款提出:

1. 违反《商标法》规定的;

2. 恶意抢注;

3. 商标注册后连续 3 年未在当国实际使用的,任何人可申请撤销,不可抗力除外。

商标无效或撤销申请可向斯威士兰法院提出,在现行审查条件下,一般需耗时 1—2 年。被申请人一般可提供如下证据材料应对他人以"未使用"为由提出的撤销申请:

· 发票	· 包装、装潢	· 广告
· 产品目录	· 标签	· 书面声明
· 营业额证据	· 报价单	· 市场调查结果

苏丹
（ *Sudan* ）

一、概述

苏丹现行商标法规主要基于 1969 年 3 月 29 日颁布的《商标法》（1969 年第 8 号）。由苏丹知识产权局统一负责管理商标事务，官方语言为阿拉伯语。商标专用权需要通过注册取得。商标注册不是强制性的，但为了保护商标或进行续展，就必须依法登记注册。苏丹商标注册采用"申请在先"的原则。

苏丹是《巴黎公约》《WIPO 公约》《日内瓦公约》等国际知识产权条约的缔约国；苏丹同属《马德里协定》《马德里议定书》成员国，故商标注册可通过"单国注册"或"马德里国际注册"的方式办理。

二、商标申请

目前，苏丹知识产权局采用尼斯分类第 11 版的商品和服务描述，不接受一表多类申请。并且，属于酒类的商品不得在苏丹申请注册。苏丹可注册商标的要素有：文字、图画、字母、图形、标语、商业外观 / 装潢等。

若申请人非苏丹居住的，须委托本国专门的代理人办理。商标申请所需的基本材料为：

1. 商标图样；

2. 具体类别及商品 / 服务项目；

3. 申请人名义及地址；

4. 委托书原件；

5. 营业执照，需认证；

6. 若声明优先权的，需提供优先权证明文件。

申请注册苏丹商标的主要流程为：申请—受理—审查—公告—提交宣誓书—核准—发证。申请递交后一般 3—4 周决定是否受理。审查员将对申请进行形式审查和实质审查。形式审查，即审查申请要求和分类信息是否符合规定；而实质审查，包括对商标显著性、是否违反禁注禁用条款和是否与在先商标形成冲突的审查。审查通过

后就会安排公告，公告日起 8 个月为异议期，任何利益相关人或在先权利人均可提出异议，提异议的理由主要有：

1. 与在先商标冲突，如拥有在先的注册商标；

2. 商标缺乏显著性；

3. 商标具有不良影响；

4. 恶意注册；

5. 与在先其他权利冲突，如商号权、外观设计、版权、人名等；

6. 标语商标缺乏原创性。

公告期内无人异议或者异议不成立的，申请人应当在公告期满后规定期限内提交宣誓书；审查不能通过的则会下发驳回通知书并要求申请人在驳回通知载明的时限内予以答复；并且，公告异议期结束后 2 个月内申请人必须缴纳注册费，否则视为放弃注册申请。宣誓书提交后，即可获准注册并颁发注册证。

顺利的情况下，苏丹商标注册需要 2—3 年；如中途遇到异议或驳回，时间可能会延长至 4—6 年。

三、商标维护

苏丹商标注册后 10 年有效，有效期自申请日开始起算；到期日前 6 个月内可以办理续展，宽展期为 6 个月；续展有效期为 10 年。

商标注册后的无效 / 撤销申请，一般可根据苏丹《商标法》下列条款提出：

1.《商标法》第 24 条：（1）违反本法规定的；（2）商标注册后连续 5 年未在当国使用的，任何人可申请撤销。

2.《商标法》第 27 条：申请商标时已知或应知有他人权利在先的，可申请无效。

商标撤销或无效申请可向苏丹高等法院提出，在现行审查条件下，一般需耗时 6—7 年。被申请人一般可提供如下证据材料应对他人以"未使用"为由提出的撤销申请：

· 发票	· 包装、装潢	· 书面声明
· 产品目录	· 标签	· 市场调查结果
· 营业额证据	· 广告	· 报价单

四、其他

1. 属于酒类的商品在苏丹不能申请注册。2. 公告期内无人异议或者异议不成立的，申请人应当在公告期满后规定期限内提交宣誓书，否则将不能被核准注册。

索马里
(*Somalia*)

一、概述

索马里位于非洲大陆最东部的索马里半岛，现行商标法规主要基于 1955 年颁布的第 3 号法令中关于商标的有关规定，并由 1975 总统令予以修订。由工业部专利商标局统一负责商标事务，官方语言为索马里语、阿拉伯语。商标专用权需要通过注册取得。

索马里是《WIPO 公约》的缔约国，未加入其他关于商标保护的国际组织，故商标保护只能通过"单国注册"的方式办理。

二、商标申请

在 1991 年之前，索马里靠 1955 年法令管理商标注册事务，商标注册采用意大利旧制度，分为 49 个类别，接受一表多类申请。

若申请人非索马里居住的，须委托本国专门的代理人办理。商标申请所需基本材料为：

1. 商标图样；

2. 具体商品项目；

3. 申请人名义及地址；

4. 委托书，需签署；

5. 不可要求优先权：该国不是《巴黎公约》缔约国，申请时无法要求优先权。

索马里商标申请只进行形式要件申请，无异议程序，一旦注册只有通过后期程序申请无效宣告。

三、商标维护

索马里商标注册后 20 年有效，续展有效期也为 20 年。注册后连续 3 年不用的，任何人可以"连续不使用"为由申请撤销。

四、其他

在 1991 年之后，由于连年战乱，当地一直无稳定、统一的政府，专利商标局也处于关门歇业状态，无法提交新的商标申请，也无法对先前申请或注册的商标进行维护。该国何时能够接受新的申请和注册，重新开启对商标的保护尚不可预知。

桑给巴尔地区
(*Zanzibar*)

一、概述

桑给巴尔是坦桑尼亚联合共和国的组成部分，桑给巴尔有其独立的商标体系，现行商标法规主要基于 2008 年第 4 号《桑给巴尔工业产权法》。由桑给巴尔商标局统一负责管理商标事务，官方语言为斯瓦西里语、英语。商标专用权需要通过注册取得。商标注册不是强制性的，但为了更好地保护商标或进行续展，就必须依法登记注册。

桑给巴尔是《TRIPS 协定》《巴黎公约》等国际知识产权条约的缔约国；桑给巴尔既不是《马德里协定》成员国，也不是《马德里议定书》成员国，故商标注册只可通过"单国注册"的方式办理。

二、商标申请

目前，桑给巴尔商标局采用尼斯分类第 11 版的商品和服务描述，只接受一表一类申请。桑给巴尔可注册为商标的要素有：文字、字母、图形、数字、立体形状、颜色组合等。

在桑给巴尔没有住所或主要营业场所或真实、有效的工商企业的自然人或法人，须委托该国专门的代理人办理。商标申请所需的基本材料为：

1. 商标图样；

2. 类别及具体商品项目；

3. 申请人名义及地址；

4. 委托书；

5. 若声明优先权的，需提供优先权证明文件。

申请注册桑给巴尔商标的主要流程为：申请—审查—公告—核准—发证。申请递交后 1 周左右受理。审查员将对申请进行形式审查和实质审查。形式审查主要审查申请要求和分类信息是否符合规定；实质审查包括对商标显著性、是否违反禁注禁用条款的审查和是否与在先商标形成冲突的审查。审查不能通过的将会下发驳回通知书并

要求申请人在驳回通知载明的时限内予以答复,实质审查通过的,则将会被安排公告。公告日起 2 个月为异议期,任何利益相关人或在先权利人均对该商标的注册提出异议,提异议的理由主要有:

1. 与在先商标冲突,如拥有在先的注册商标;

2. 商标缺乏显著性;

3. 商标具有不良影响;

4. 恶意注册;

5. 与在先其他权利冲突,如商号权、外观设计、版权、人名等。

公告期内无人异议或者异议不成立的,可获准注册并颁发注册证。顺利的情况下,桑给巴尔商标注册目前需要 6 个月左右;如中途遇到驳回或异议,时间将被延长。

三、商标维护

桑给巴尔商标注册后 10 年有效,有效期自申请日开始起算;到期日前 3 个月可以办理续展,宽展期为 6 个月;续展有效期为 7 年。

商标注册后的撤销 / 无效申请,一般可根据《桑给巴尔工业产权法》下述条款提出:

1. 依据《工业产权法》第 50 条第 1 款提撤销:(a)违反本法第 46 条第 2 款(主要规定何种标志不能作为商标注册);(b)违反本法第 66 条、第 67 条(第 66 条主要对可以注册的地理标志进行规定,第 67 条主要对不正当竞争进行规定)。

2. 无正当理由,商标注册后连续 3 年未在该国实际使用。

商标撤销 / 无效申请可向法院提出,一般需耗时 1 年半到 2 年。被申请人一般可提供如下证据材料应对他人以"未使用"为由提出的撤销申请:

· 发票	· 包装、装潢	· 书面声明
· 产品目录	· 标签	· 市场调查结果
· 营业额证据	· 广告	· 报价单

坦噶尼喀地区
（*Tanganyika*）

一、概述

坦噶尼喀是坦桑尼亚联合共和国的组成部分,现行商标法规主要基于1986年《商标法》及2000年《商标管理规定》。由坦噶尼喀商标局统一负责管理商标事务,官方语言为斯瓦西里语、英语。商标专用权需要通过注册取得。商标注册不是强制性的,但为了更好地保护商标或进行续展,就必须依法登记注册。

坦噶尼喀是《TRIPS 协定》《巴黎公约》等国际知识产权条约的缔约国;坦噶尼喀既不是《马德里协定》成员国,也不是《马德里议定书》成员国,故商标注册只能通过"单国注册"的方式办理。

二、商标申请

目前,坦噶尼喀商标局采用尼斯分类第11版的商品和服务描述,只接受一表一类申请。坦噶尼喀可注册为商标的要素有:文字、字母、图形、数字、立体形状、颜色组合等。

在坦噶尼喀没有住所或主要营业场所或真实、有效的工商企业的自然人或法人,须委托该国专门的代理人办理。商标申请所需的基本材料为:

1. 商标图样;

2. 类别及具体商品项目;

3. 申请人名义及地址;

4. 若声明优先权的,需提供优先权证明文件。

申请注册坦噶尼喀商标的主要流程为:申请—审查—公告—核准发证。申请递交后2周左右受理。审查员将对申请进行形式审查和实质审查。形式审查主要审查申请要求和分类信息是否符合规定;实质审查包括对商标显著性、是否违反禁注禁用条款的审查和是否与在先商标形成冲突的审查。审查不能通过的将会下发驳回通知书并要求申请人在驳回通知载明的时限内予以答复,实质审查通过的,则将会被安排公告。

公告日起 60 日为异议期，任何利益相关人或在先权利人均可提出异议，提异议的理由主要有：

1. 与在先商标冲突，如拥有在先的注册商标；

2. 商标缺乏显著性；

3. 商标具有不良影响；

4. 恶意注册；

5. 与在先其他权利冲突，如商号权、外观设计、版权、人名等。

公告期内无人异议或者异议不成立的，可获准注册并颁发注册证。顺利的情况下，坦噶尼喀商标注册目前需要 8 个月左右；如中途遇到驳回或异议，时间将被延长。

三、商标维护

坦噶尼喀商标注册后 7 年有效，有效期申请日开始起算；到期日前 3 个月可以办理续展，宽展期为 6 个月；续展有效期为 10 年。

商标注册后的撤销 / 无效申请，一般可根据坦噶尼喀《商标法》下述条款提出：

1. 依据《商标法》第 35 条提撤销：无正当理由，商标注册后连续 3 年未在该国实际使用。

2. 依据《商标法》第 46 条 c 款提无效：商标使用人违规使用或其使用造成欺骗或混淆。

商标撤销 / 无效申请可向坦噶尼喀商标局提出，一般需耗时 1 年半到 2 年。被申请人一般可提供如下证据材料应对他人以"未使用"为由提出的撤销申请：

- 发票
- 标签
- 市场调查结果
- 产品目录
- 报价单
- 基于互联网的使用
- 营业额证据
- 广告
- 持续维护的网站
- 包装、装潢
- 书面声明

突尼斯
（*Tunisia*）

一、概述

突尼斯现行商标法规主要基于 2001 年 4 月 27 日颁布的《第 2001-36 号法：关于商标与贸易服务的保护》。由突尼斯商标局统一负责管理商标事务，官方语言为阿拉伯语。商标专用权需要通过注册取得。商标注册不是强制性的，但为了保护商标或进行续展，就必须依法登记注册。突尼斯商标注册采用"申请在先"的原则。

突尼斯是《巴黎公约》《WIPO 公约》《TRIPS 协定》《尼斯协定》《维也纳协定》《内罗毕条约》等国际知识产权条约的缔约国；突尼斯已加入《马德里议定书》，故商标注册可通过"单国注册"或"马德里国际注册"的方式办理。

二、商标申请

目前，突尼斯商标局采用尼斯分类第 11 版的商品和服务描述，接受一表多类申请。突尼斯可注册商标的要素有：文字、图画、字母、图形、数字、标语、商业外观 / 装潢等。

若申请人非突尼斯居住的，须委托本国专门的代理人办理。商标申请所需的基本材料为：

1. 商标图样；

2. 具体类别及商品 / 服务项目；

3. 申请人名义及地址；

4. 委托书，需签字并邮寄原件；

5. 若声明优先权的，需提供优先权证明文件。

申请递交后一般 3—4 周决定是否受理。审查员将对申请进行形式审查和实质审查。形式审查，即审查申请要求和分类信息是否符合规定；而实质审查，包括对商标显著性和是否违反禁注禁用条款的审查。突尼斯商标注册不能申请加快审查。审查通过后就会安排公告，公告日起 2 个月为异议期，任何利益相关人或在先权利人均可提出异议，提异议的理由主要有：

1. 商标缺乏显著性；

2. 商标具有不良影响；

3. 恶意注册；

4. 标语商标缺乏原创性。

公告期内无人异议或者异议不成立的即可获准注册并颁发注册证；审查不能通过的则会下发驳回通知书并要求申请人在驳回通知载明的时限内予以答复。顺利的情况下，突尼斯商标注册目前需要1年左右；如中途遇到异议或驳回，时间可能延长至2年左右。

三、商标维护

突尼斯商标注册后10年有效，有效期自申请日开始起算；到期日前6个月内可以办理续展，宽展期为6个月；续展有效期为10年。

商标注册后的无效或撤销申请，一般可根据突尼斯《商标法》下述3个条款提出：

1. 根据《商标法》第15条：申请商标时已知或应知有他人权利在先的，可申请无效。

2. 根据《商标法》第33条：违反本法规定的，可申请无效。

3. 根据《商标法》第34条：商标注册后连续5年未在当国实际使用的，任何人可申请撤销，不可抗力除外。

商标撤销或无效申请可向突尼斯法院提出，在现行审查条件下，一般需耗时2—3年。被申请人一般可提供如下证据材料应对他人以"未使用"为由提出的撤销申请：

- 发票
- 包装、装潢
- 书面声明
- 产品目录
- 标签
- 市场调查结果
- 营业额证据
- 广告
- 报价单

四、其他

1. 突尼斯商标注册不能申请加快审查。

2. 由于突尼斯商标注册时不对"相对理由"进行审查，即官方不会主动审查申请商标是否与在先商标构成近似而主动驳回，因此商标很容易通过并初审予以公告，这就需要权利人即使在申请注册成功后还需要持续关注，进行监测，及时进行异议维权以保护自己的商标权。

乌干达
(*Uganda*)

一、概述

乌干达现行商标法规主要基于 2010 年 9 月 3 日颁布的《商标法》。由乌干达商标局统一负责管理商标事务，官方语言为英语。商标专用权需要通过注册取得。商标注册不是强制性的，但为了保护商标或进行续展，就必须依法登记注册。乌干达商标注册采用"申请在先"的原则。

乌干达是《巴黎公约》《WIPO 公约》《TRIPS 协定》《日内瓦公约》《内罗毕条约》等国际知识产权条约的缔约国；乌干达暂未加入《马德里协定》或《马德里议定书》，故商标注册只能通过"单国注册"的方式办理。

二、商标申请

目前，乌干达商标局采用尼斯分类第 9 版的商品和服务描述，不接受一表多类申请。乌干达可注册商标的要素有：文字、名字、图形、三维标志、颜色、标语、声音、气味（嗅觉商标）、商业外观 / 装潢等。

若申请人非乌干达居住的，须委托本国专门的代理人办理。商标申请所需的基本材料为：

1. 商标图样；

2. 具体类别及商品 / 服务项目；

3. 申请人名义及地址；

4. 委托书原件，需签字盖章；

5. 若声明优先权的，需提供优先权证明文件。

申请注册乌干达商标的主要流程为：申请—受理—审查—公告—核准—发证。申请递交后一般 1—2 周决定是否受理。审查员将对申请进行形式审查和实质审查。形式审查，即审查申请要求和分类信息是否符合规定；而实质审查，包括对商标显著性、是否违反禁注禁用条款和是否与在先商标形成冲突的审查。审查通过后就会安排公告，公告日起 60 天内为异议期，任何利益相关人或在先权利人均可提出异议，提异议的理由主要有：

1. 与在先商标冲突，如拥有在先的注册商标；

2. 商标缺乏显著性；

3. 商标具有不良影响；

4. 恶意注册；

5. 与在先其他权利冲突，如商号权、外观设计、版权、人名等；

6. 标语商标缺乏原创性。

公告期内无人异议或者异议不成立的即可获准注册并颁发注册证；审查不能通过的则会下发驳回通知书并要求申请人在驳回通知载明的时限内予以答复。顺利的情况下，乌干达商标注册目前需要 1 年左右；如中途遇到异议或驳回，时间可能延长至 2 年左右。

三、商标维护

乌干达商标注册后 7 年有效，有效期自申请日开始起算；到期日前 6 个月内可以办理续展，宽展期为 1 个月；续展有效期为 10 年。

商标注册后的撤销或无效申请，一般可根据乌干达《商标法》下述 2 个条款提出：

1. 根据《商标法》第 46 条：商标注册后连续 3 年未在当国实际使用的，任何相关权利人可申请撤销，不可抗力除外。

2. 根据《商标法》第 45 条：（1）违反本法规定的；（2）申请商标时已知或应知有他人权利在先的，可申请无效。

商标撤销或无效申请可向乌干达高级法院提出，在现行审查条件下，一般需耗时 4—5 年。被申请人一般可提供如下证据材料应对他人以"未使用"为由提出的撤销申请：

- 发票
- 产品目录
- 营业额证据
- 包装、装潢
- 标签
- 广告
- 书面声明
- 市场调查结果
- 报价单

西撒哈拉

(*Western Sahara*)

一、概述

西撒哈拉位于非洲西北部，地处撒哈拉沙漠西部，濒临大西洋，与摩洛哥、毛利塔尼亚、阿尔及利亚相邻。该地是一个有争议地区，摩洛哥声明对此地区拥有主权。官方语言为阿拉伯语、西班牙语。

另外，当地独立武装组织波利萨里奥阵线统治着该地区以东大约四分之一的荒芜地区，其余大部分均为摩洛哥所占领。

二、商标保护

2004 年 12 月 18 日，随着统一的知识产权法律生效，在摩洛哥达尔贝达（Casablanca，旧称卡萨布兰卡）商标总局的注册将在摩洛哥全境生效；丹吉尔（Tangier）商标局关闭并将数据转移至达尔贝达商标总局。根据新的法律规定，商标注册后有效期为 10 年，续展有效期为 10 年；但是根据旧《商标法》获得 20 年保护期的商标将持续有效，期满后续展有效期则为 10 年。更多信息请参考摩洛哥商标注册介绍。

由于摩洛哥拥有西撒哈拉大部分区域的主权，且被独立武装占领的荒芜地区无商标保护制度，故西撒哈拉通过摩洛哥注册保护即可，无须也无法在该地区单独申请保护。

赞比亚
(*Zambia*)

一、概述

赞比亚现行商标法规主要基于 1958 年 4 月 1 日生效的《商标法》。由商标注册处负责管理商标事务，官方语言为英语。商标专用权需要通过注册取得。商标注册不是强制性的，但为了保护商标或进行续展，就必须依法登记注册。赞比亚商标注册采用"申请在先"原则。

赞比亚是《巴黎公约》《WIPO 公约》等国际知识产权条约的缔约国；是《马德里议定书》成员国,故商标注册可通过"单国注册"或"马德里国际注册"的方式办理。

二、商标申请

目前，赞比亚采用尼斯分类第 11 版的商品和服务描述，不接受一表多类申请。赞比亚可注册为商标的要素有：文字、图形、字母、数字等。

若申请人非赞比亚居住的，须委托本国专门的代理人办理。商标申请所需的基本材料为：

1. 商标图样；

2. 具体类别及商品 / 服务项目；

3. 申请人名义及地址；

4. 若声明优先权的，需提供优先权证明文件及对应的英语翻译件。

申请注册赞比亚商标的主要流程为：申请—受理—审查—公告—核准—发证。申请递交后 1—2 周受理。审查员将对申请进行形式审查和实质审查。形式审查主要审查申请要求和分类信息是否符合规定；实质审查包括对商标显著性、是否违反禁注禁用条款和是否与在先商标形成冲突的审查。审查不能通过的将会下发驳回通知书并要求申请人在驳回通知载明的时限内予以答复，实质审查通过的，则将会被安排公告。公告日起 2 个月为异议期，任何利益相关人或在先权利人均可提出异议，提异议的理由主要有：

1. 与在先商标冲突，如拥有在先的注册商标；

2. 商标缺乏显著性；

3. 商标具有不良影响；

4. 恶意注册；

6. 与在先其他权利冲突，如商号权、外观设计、版权、人名等。

公告期内无人异议或者异议不成立的，可获准注册并颁发注册证。顺利的情况下，赞比亚商标注册目前需要 1 年左右；如中途遇到异议或驳回，时间将大大延长。

三、商标维权

赞比亚商标注册后 7 年有效，有效期自申请日起算；到期日前 6 个月内可以办理续展，宽展期为 1 个月；续展有效期为 14 年。

商标注册后的无效或撤销申请，一般可根据赞比亚《商标法》下述条款提出：

1. 违反《商标法》规定的；

2. 恶意抢注；

3. 商标注册后连续 5 年未在当国实际使用的，任何人可申请撤销，不可抗力除外。

商标无效或撤销申请可向赞比亚法院提出，在现行审查条件下，一般需耗时 1—2 年。被申请人一般可提供如下证据材料应对他人以"未使用"为由提出的撤销申请：

- 发票
- 包装、装潢
- 广告
- 产品目录
- 标签
- 书面声明
- 营业额证据
- 报价单
- 市场调查结果

第六部分

大洋洲

澳大利亚
(*Australia*)

一、概述

澳大利亚现行商标法规主要基于 1995 年 10 月 17 日颁布，2015 年 2 月 15 日修订的《商标法》。由澳大利亚知识产权局统一负责管理商标事务，官方语言为英语。商标专用权需要通过注册取得。商标注册不是强制性的，但为了保护商标或进行续展，就必须依法登记注册。澳大利亚商标注册采用"使用在先"原则。

澳大利亚是《巴黎公约》《商标法条约》《商标法新加坡条约》《WIPO 公约》《尼斯协定》等国际知识产权条约的缔约国，是《马德里议定书》成员国，故商标注册既可以通过"单国注册"方式办理，也可以通过"马德里国际注册"的方式办理。

二、商标申请

目前，澳大利亚采用尼斯分类第 11 版的商品和服务描述，接受一表多类申请。澳大利亚可注册为商标的要素有：文字、名称、图形、标语、颜色组合、气味、声音、全息图、动态图等。

若申请人非澳大利亚居住的，可委托本国专门的代理人办理，也可直接向澳大利亚知识产权局提交申请，但须提供一个澳大利亚当地地址。商标申请所需的基本材料为：

1. 商标图样；

2. 具体类别及商品 / 服务项目；

3. 申请人名义及地址；

4. 若声明优先权的，需提供优先权的国家，申请号及申请日；若在审查过程中有在先商标，审查员会要求提供优先权证明文件及对应的英语翻译件。

申请注册澳大利亚商标的主要流程为：申请—受理—审查—公告—核准—发证。申请递交后 1 周左右受理。审查员将对申请进行形式审查和实质审查。形式审查主要审查申请要求和分类信息是否符合规定；实质审查包括对商标显著性、是否

违反禁注禁用条款和是否与在先商标形成冲突的审查。审查不能通过的将会下发驳回通知书并要求申请人在驳回通知载明的时限内予以答复，实质审查通过的，则将会被安排公告。

公告日起 2 个月为异议期，任何利益相关人或在先权利人均可提出异议，提异议的理由主要有：

1. 与在先商标冲突，如拥有在先的注册商标；

2. 商标缺乏显著性；

3. 商标具有不良影响；

4. 恶意注册；

5. 与在先其他权利冲突，如商号权、外观设计、版权、人名等。

公告期内无人异议或者异议不成立的，可获准注册并颁发注册证。顺利的情况下，澳大利亚商标注册目前需要 8—10 个月；如中途遇到异议或驳回，时间可能会延长至 2 年左右。

三、商标维护

澳大利亚商标注册后 10 年有效，有效期自申请日起算；到期日前 12 个月内可以办理续展，宽展期为 6 个月；续展有效期为 10 年。

商标注册后的无效或撤销申请，一般可以下述理由提出：

1.《商标法》第 44 条、第 57 条、第 88（2）（b）条：与在先申请或注册的商标相同或近似。

2.《商标法》第 60 条：商标与澳大利亚具有一定知名度的商标近似。《商标法》第 62A 条：恶意注册。

3.《商标法》第 92（4）（b）条和 93（2）条：商标注册后满 5 年的，且连续 3 年未在当国实际使用的，任何人可申请撤销，不可抗力除外。

4.《商标法》第 92 条和 93（1）条：未有意图或非善意使用商标，任何人可在任何时候申请撤销。

商标无效/撤销申请可向澳大利亚知识产权局提出，在现行审查条件下，一般需耗时 1—2 年。被申请人一般可提供如下证据材料应对他人以"未使用"为由提出的撤销申请：

- 发票
- 产品目录
- 营业额证据
- 包装、装潢

- 标签
- 报价单
- 广告
- 书面声明

- 市场调查结果
- 基于互联网的使用
- 持续维护的网站

四、其他

澳大利亚注册商标有效范围：澳大利亚，圣诞岛，科科斯（基林）群岛，诺福克岛。

巴布亚新几内亚
(Papua New Guinea)

一、概述

巴布亚新几内亚位于南太平洋，现行商标法规主要基于 1978 年 10 月 18 日颁布的《商标法》，由巴布亚新几内亚知识产权局统一负责管理商标事务，官方语言为英语、皮金语。商标专用权需要通过注册取得。商标注册不是强制性的，但为了保护商标或进行续展，就必须依法登记注册。巴布亚新几内亚商标注册采用"使用在先"原则，

巴布亚新几内亚是《巴黎公约》《商标法新加坡条约》等国际知识产权条约的缔约国；既不是《马德里议定书》成员国，也不是《马德里协定》成员国，故商标注册只可以通过"单国注册"方式办理。

二、商标申请

目前，巴布亚新几内亚商标申请采用尼斯分类第 9 版的商品和服务描述，不接受一表多类申请。巴布亚新几内亚可注册为商标的要素有：文字、名称、图形、颜色组合等。

若申请人非巴布亚新几内亚居住的，可委托本国专门的代理人办理，也可直接向巴布亚新几内亚知识产权局提交申请，但须提供一个当地地址。商标申请所需的基本材料为：

1. 商标图样；

2. 具体类别及商品 / 服务项目；

3. 申请人名义及地址；

4. 委托书；

5. 说明商标在该国是意向使用或实际使用；

6. 若声明优先权的，需提供优先权证明文件。

申请注册巴布亚新几内亚商标的主要流程为：申请—受理—审查—公告—核准—发证。申请递交后 3—4 周受理。审查员将对申请进行形式审查和实质审查。形式审查主要审查申请要求和分类信息是否符合规定；实质审查包括对商标显著性、是否违

反禁注禁用条款和是否与在先商标形成冲突的审查。审查不能通过的将会下发驳回通知书并要求申请人在驳回通知载明的时限内予以答复，实质审查通过的，则将会被安排公告。公告日起 3 个月为异议期，任何利益相关人或在先权利人均可提出异议，提异议的理由主要有：

1. 与在先商标冲突，如拥有在先的注册商标；

2. 商标缺乏显著性；

3. 商标具有不良影响；

4. 恶意注册；

5. 与在先其他权利冲突，如商号权、外观设计、版权、人名等。

公告期内无人异议或者异议不成立的，可获准注册并颁发注册证。顺利的情况下，巴布亚新几内亚商标注册目前需要 1 年左右；如中途遇到异议或驳回，时间将延长至 2—3 年。

三、商标维护

巴布亚新几内亚商标注册后 10 年有效，有效期自申请日起算；到期日前 6 个月内需办理续展，无宽展期。但到期日后 12 个月内，审查员可视情况允许商标复活并续展；续展有效期为 10 年。

商标注册后的无效或撤销申请，一般可根据《商标法》下述条款提出：

1.《商标法》第 13 条：违反本法规定的；申请商标时已知或应知有他人权利在先的。

2.《商标法》第 14 条：商标注册后连续 3 年未在当国实际使用的，任何人可申请撤销，不可抗力除外。

商标无效或撤销申请可向巴布亚新几内亚国家法院提出，在现行审查条件下，一般需耗时 2—3 年。被申请人一般可提供如下证据材料应对他人以"未使用"为由提出的撤销申请：

- 发票
- 包装、装潢
- 广告
- 产品目录
- 标签
- 书面声明
- 营业额证据
- 报价单
- 市场调查结果

四、其他

申请中的商标不能转让。

斐济
（*Fiji*）

一、概述

斐济共和国是一个太平洋岛国，位于南太平洋，由 332 个岛屿组成。斐济现行商标法规主要基于 1933 年 7 月 25 日颁布的《商标法》。由斐济知识产权司统一负责管理商标事务，官方语言为英语、斐济语、印地语。商标专用权需要通过注册取得。商标注册不是强制性的，但为了保护商标或进行续展，就必须依法登记注册。斐济商标注册采用"申请在先"和"使用在先"兼顾原则。

斐济是《WIPO 公约》《罗马公约》等国际知识产权条约的缔约国；暂未加入《马德里协定》或《马德里议定书》，故商标注册只能通过"单国注册"的方式办理。

此外，虽然斐济已于 1987 年脱离英联邦成员国，但由于长期受殖民主义影响，该国的商标申请仍可基于已有的英国单国注册基础申请或者基于当国 1933 年的《商标法》提交申请。

二、商标申请

（一）基于现有英国单国注册基础申请

基于已有的英国注册基础提交申请的，必须基于英国单国注册，马德里指定英国或欧盟申请不能视为有效基础。不受理服务商标的申请。若申请人非斐济居住的，须委托本国专门的代理人办理。商标申请所需的基本材料为：

1. 商标图样；

2. 具体类别及商品项目，必须与英国注册基础相同；

3. 申请人名义及地址，必须与英国注册基础相同；

4. 委托书；

5. 英国知识产权局下发的注册证明原件；

6. 不能声明优先权。

基于已有的英国当国基础申请注册斐济商标的主要流程为：申请—受理—形式审

查—核准—发证。申请递交后2—3周受理。审查员将对申请进行形式审查。形式审查主要审查申请要求和分类信息是否符合规定。无实质审查和公告制度。顺利的情况下，基于已有的英国单国注册基础申请注册目前需要3个月左右。

斐济商标基于现有英国注册基础注册后有效期同英国基础注册，到期日前6个月内可以办理续展，宽展期为6个月，续展有效期亦同英国基础注册。

（二）基于当国1933年的《商标法》提交申请

目前，斐济采用英国旧版分类表，共50个类别，不受理服务商标的申请，接受一表多类申请。斐济可注册为商标的要素有：文字、名称、图形、颜色组合、标语等。非传统商标，比如声音、气味等暂时不能申请注册。

若申请人非斐济居住的，须委托本国专门的代理人办理。商标申请所需的基本材料为：

1. 商标图样；

2. 具体类别及商品项目；

3. 申请人名义及地址；

4. 委托书；

5. 说明商标在斐济是意向使用或实际使用；

6. 不能声明优先权。

基于当国《商标法》申请注册斐济商标的主要流程为：申请—受理—审查—公告—核准—发证。申请递交后2—3周受理。审查员将对申请进行形式审查和实质审查。形式审查主要审查申请要求和分类信息是否符合规定；实质审查包括对商标显著性、是否违反禁注禁用条款和是否与在先商标形成冲突的审查。审查不能通过的将会下发驳回通知书并要求申请人在驳回通知载明的时限内予以答复，实质审查通过的，则将会被安排公告。公告日起3个月为异议期，任何利益相关人或在先权利人均可提出异议，提异议的理由主要有：

1. 与在先商标冲突，如拥有在先的注册商标；

2. 商标缺乏显著性；

3. 商标具有不良影响；

4. 恶意注册；

5. 与在先其他权利冲突，如商号权、外观设计、版权、人名等。

公告期内无人异议或者异议不成立的，可获准注册并颁发注册证。顺利的情况下，基于当国《商标法》注册目前需要 1—2 年；如中途遇到异议或驳回，时间可能延长至 3—5 年。

斐济商标基于当国《商标法》注册后 14 年有效，有效期自申请日起算；到期日前 12 个月内可以办理续展，宽展期为 6 个月；续展有效期为 14 年。

三、商标维护

商标注册后连续 5 年未在当国实际使用的，任何人可申请撤销，不可抗力除外。商标无效或撤销申请可向斐济法院提出，在现行审查条件下，一般需耗时 3—5 年。被申请人一般可提供如下证据材料应对他人以"未使用"为由提出的撤销申请：

- 发票
- 包装、装潢
- 广告
- 产品目录
- 标签
- 书面声明
- 营业额证据
- 报价单
- 市场调查结果

四、其他

1. 基于当国 1933 年的《商标法》提交申请的商标，其申请注册程序必须在申请日起 12 个月内完成，否则将视作无效。比如若申请遇到驳回，需尽快提交答复，不能拖延超过规定的时间。审查员允许延期的除外。

2. 基于现有英国注册基础申请的斐济注册，转让、变更、续展均必须提供英国基础注册的转让、变更、续展证明。若英国基础注册因撤销、未续展无效的，斐济注册也将无效。

关岛

（*Guam*）

关岛位于西太平洋马里亚纳群岛最南端,官方语言为查莫罗语、英语。1950 年,美国宣布该岛为美国"未合并的领土",并将该岛划归美内政部管辖。因此该岛为美国海外属地,美国注册商标可自动延伸至该岛保护,无须也无法在该地区单独申请保护。

基里巴斯
(*Kiribati*)

一、概述

基里巴斯位于太平洋中西部，由 33 个岛屿组成，是世界上唯一地跨赤道、横越国际日期变更线的国家，又是世界上唯一地跨南北纬和东西经的国家。基里巴斯现行商标法规主要基于 1939 年 8 月 22 日颁布的《英国商标法注册条款》。由基里巴斯贸易商业和旅游部统一负责管理商标事务，官方语言为英语。商标专用权需要通过注册取得。由于基里巴斯曾为英国殖民地，于 1979 年宣布独立，目前尚无自己的商标体系及商标法规，在该岛的商标保护只能通过基于已有的英国单国注册基础申请保护。

基里巴斯是《WIPO 公约》的成员国。

二、商标申请

基于已有的英国注册基础提交申请的，必须基于英国单国注册，马德里指定英国或欧盟申请不能视为有效基础。基里巴斯可注册为商标的要素有：文字、字母、图形、记号、动态图、颜色组合、立体形状等。不受理服务商标的申请，可接受一表多类申请。若申请人非基里巴斯居住的，须委托本国专门的代理人办理。商标申请所需的基本材料为：

1. 商标图样；

2. 具体类别及商品项目，必须与英国注册基础相同；

3. 申请人名义及地址，必须与英国注册基础相同；

4. 委托书；

5. 英国知识产权局下发的注册证明原件；

6. 不能声明优先权。

基于已有的英国单国基础申请注册基里巴斯商标的主要流程为：申请—受理—形式审查—核准—发证。申请递交后 2—3 周受理。审查员将对申请进行形式审查。形式审查主要审查申请要求和分类信息是否符合规定。无实质审查和公告制度。顺利的情况下，基于已有的英国单国注册基础申请注册目前需要 1 年左右。

三、商标维护

基里巴斯商标注册后有效期同英国基础注册，英国基础注册续展完成后，权利人应尽快通知基里巴斯的注册人员，将基里巴斯的商标注册进行续展。逾期未要求续展的，商标将无效。续展有效期亦同英国基础注册。

该国暂无"不使用撤销"或"无效宣告"制度。若遇商标侵权，权利人可基于现行的英国《商标法》向当地法院提出上诉。

四、其他

基里巴斯商标注册、转让、变更、续展均必须提供英国单国基础注册的转让、变更、续展证明。若英国基础注册因撤销、未续展无效的，基里巴斯注册也将无效。

科科斯群岛

(Cocos Islands)

科科斯群岛又名基林群岛，是澳大利亚在印度洋上的海外领地，群岛面积共 14.2 平方千米，由 27 个珊瑚岛组成，1955 年前属新加坡领土，是著名旅游胜地。官方语言为英语，当地人使用科科斯语。目前澳大利亚注册商标自动延伸至该岛保护，无单独商标注册制度。

库克群岛
(Cook Islands)

一、概述

库克群岛位于南太平洋，介于法属波利尼西亚与斐济之间，是由 15 个岛屿组成的群岛，官方语言为英语，是新西兰的自由联合国家。库克群岛目前尚无相关商标法律也无商标主管机关，因此无法进行商标查询和注册等事宜，并且这种状况可能在未来很长一段时间内持续下去。在库克群岛保护商标的通常做法是在当地大型报纸上刊登警示性公告，宣称商标权利，这也是目前在库克群岛保护商标最有效的方法。

二、商标维护

在遭遇侵权的情况下，警示性公告无疑是最直接也最常用的维权工具。警示性公告的作用除了宣称自身拥有商标权利外，还在于警告他人，未经授权不得擅自使用商标，否则将被提起侵权诉讼。商标所有人需定期刊登警示性公告，一般每 1—2 年 1 次，维持商标效力，同时也可以作为日后维权的依据。

马绍尔群岛
(Marshall Island)

一、概述

马绍尔群岛位于太平洋中部，为密克罗尼西亚群岛的一部分，北邻威克岛，南邻瑙鲁，西邻密克罗尼西亚联邦，东邻基里巴斯。马绍尔群岛共和国目前尚无相关商标法律也无商标主管机关，因此无法进行商标查询和注册等事宜，并且这种状况可能在未来很长一段时间内持续下去。在马绍尔群岛共和国保护商标的通常做法是在当地大型报纸上刊登警示性公告，宣称商标权利，这也是目前在马绍尔群岛共和国保护商标最有效的方法。

二、商标维护

在遭遇侵权的情况下，警示性公告无疑是最直接也最常用的维权工具。警示性公告的作用除了宣称自身拥有商标权利外，还在于警告他人，未经授权不得擅自使用商标，否则将被提起侵权诉讼。商标所有人需定期刊登警示性公告，一般每 1—2 年 1 次，维持商标效力，同时也可以作为日后维权的依据。

密克罗尼西亚联邦
（*Micronesia*）

一、概述

密克罗尼西亚联邦为西太平洋岛国，由 600 多个岛屿组成。密克罗尼西亚联邦目前尚无相关商标法律也无商标主管机关，因此无法进行商标查询和注册等事宜，并且这种状况可能在未来很长一段时间内持续下去。在密克罗尼西亚联邦保护商标的通常做法是在当地大型报纸上刊登警示性公告，宣称商标权利，这也是目前在密克罗尼西亚联邦保护商标最有效的方法。

二、商标维护

在遭遇侵权的情况下，警示性公告无疑是最直接也最常用的维权工具。警示性公告的作用除了宣称自身拥有商标权利外，还在于警告他人，未经授权不得擅自使用商标，否则将被提起侵权诉讼。商标所有人需定期刊登警示性公告，一般每 1—2 年 1 次，维持商标效力，同时也可以作为日后维权的依据。

瑙鲁
(*Nauru*)

一、概述

瑙鲁位于南太平洋中西部的密克罗尼西亚群岛中，是世界上最小的岛国。瑙鲁目前尚无相关商标法律也无商标主管机关，因此无法进行商标查询和注册等事宜，并且这种状况可能在未来很长一段时间内持续下去。在瑙鲁保护商标的通常做法是在当地大型报纸上刊登警示性公告，宣称商标权利，这也是目前在瑙鲁保护商标最有效的方法。

二、商标维护

在遭遇侵权的情况下，警示性公告无疑是最直接也最常用的维权工具。警示性公告的作用除了宣称自身拥有商标权利外，还在于警告他人，未经授权不得擅自使用商标，否则将被提起侵权诉讼。商标所有人需定期刊登警示性公告，一般每1—2年1次，维持商标效力，同时也可以作为日后维权的依据。

纽埃岛

（ *Island of Niue* ）

一、概述

纽埃岛位于南太平洋，距离新西兰北部 2400 千米，其西为汤加、以北是萨摩亚，以东则是新西兰的库克群岛。官方语言为纽埃语、英语，是新西兰的自由联合国。纽埃岛目前尚无相关商标法律也无商标主管机关,因此无法进行商标查询和注册等事宜，并且这种状况可能在未来很长一段时间内持续下去。在纽埃岛保护商标的通常做法是在当地大型报纸上刊登警示性公告，宣称商标权利，这也是目前在纽埃岛保护商标最有效的方法。

二、商标维护

在遭遇侵权的情况下，警示性公告无疑是最直接也最常用的维权工具。警示性公告的作用除了宣称自身拥有商标权利外，还在于警告他人，未经授权不得擅自使用商标，否则将被提起侵权诉讼。商标所有人需定期刊登警示性公告，一般每 1—2 年 1 次，维持商标效力，同时也可以作为日后维权的依据。

帕劳
(Palau)

一、概述

帕劳是太平洋上的岛国，位于菲律宾群岛以东 500 千米，由 200 多个火山岛和珊瑚岛组成。帕劳目前尚无相关商标法律也无商标主管机关，因此无法进行商标查询和注册等事宜，并且这种状况可能在未来很长一段时间内持续下去。在帕劳保护商标的通常做法是在当地大型报纸上刊登警示性公告，宣称商标权利，这也是目前在帕劳保护商标最有效的方法。

二、商标维护

在遭遇侵权的情况下，警示性公告无疑是最直接也最常用的维权工具。警示性公告的作用除了宣称自身拥有商标权利外，还在于警告他人，未经授权不得擅自使用商标，否则将被提起侵权诉讼。商标所有人需定期刊登警示性公告，一般每 1—2 年 1 次，维持商标效力，同时也可以作为日后维权的依据。

萨摩亚
(Samoa)

一、概述

萨摩亚独立国，简称萨摩亚，位于太平洋南部，现行商标法规主要基于 2012 年 10 月 1 日生效的《知识产权法》。由萨摩亚商务部、工业和劳动部公司和知识产权部的注册管理机构统一负责管理商标事务，官方语言为萨摩亚语，通用英语。商标专用权需要通过注册取得。商标注册不是强制性的，但为了保护商标或进行续展，就必须依法登记注册。萨摩亚独立国商标注册采用"使用在先"原则，

萨摩亚是《巴黎公约》《WIPO 公约》等国际知识产权条约的缔约国；既不是《马德里议定书》成员国，也不是《马德里协定》成员国，故商标注册只可以通过"单国注册"方式办理。

二、商标申请

目前，萨摩亚商标申请采用尼斯分类第 9 版的商品和服务描述，接受一表多类申请。萨摩亚可注册为商标的要素有：文字、名称、图形、标语、颜色组合、气味、声音、全息图、动态图等。

若申请人非萨摩亚居住的，须委托本国专门的代理人办理。商标申请所需的基本材料为：

1. 商标图样；

2. 具体类别及商品／服务项目；

3. 申请人名义及地址；

4. 委托书；

5. 若声明优先权的，需提供优先权证明文件。

申请注册萨摩亚商标的主要流程为：申请—受理—审查—公告—核准—发证。申请递交后 3—4 周受理。审查员将对申请进行形式审查和实质审查。形式审查主要审查申请要求和分类信息是否符合规定；实质审查包括对商标显著性、是否违反禁注禁

用条款和是否与在先商标形成冲突的审查。审查不能通过的将会下发驳回通知书并要求申请人在驳回通知载明的时限内予以答复，实质审查通过的，则将会被安排公告。

公告日起 3 个月为异议期，任何利益相关人或在先权利人均可提出异议，提异议的理由主要有：

1. 与在先商标冲突，如拥有在先的注册商标；

2. 商标缺乏显著性；

3. 商标具有不良影响；

4. 恶意注册；

5. 与在先其他权利冲突，如商号权、外观设计、版权、人名等。

公告期内无人异议或者异议不成立的，可获准注册并颁发注册证。顺利的情况下，萨摩亚商标注册目前需要 1 年左右；如中途遇到异议或驳回，时间将延长至 2—3 年。

三、商标维护

萨摩亚商标注册后 10 年有效，有效期自申请日起算；到期日前 12 个月内需办理续展。逾期未续展的，审查员可视情况允许商标续展办理宽展期续展，但具体宽展期是多长时间在法律中未明确规定；续展有效期为 10 年。

商标注册后的无效或撤销申请，一般可根据《商标法》下述条款提出：

1.《商标法》第 58 条：违反本法规定的；申请商标时已知或应知有他人权利在先的。

2.《商标法》第 59 条：商标注册后连续 3 年未在当国实际使用的，任何人可申请撤销，不可抗力除外。

商标无效或撤销申请可向萨摩亚法院提出，在现行审查条件下，一般需耗时 2—3 年。被申请人一般可提供如下证据材料应对他人以"未使用"为由提出的撤销申请：

· 发票	· 包装、装潢	· 广告
· 产品目录	· 标签	· 书面声明
· 营业额证据	· 报价单	· 市场调查结果

圣诞岛

(Christmas Island)

　　圣诞岛位于澳大利亚西北印度洋上，1958 年前属新加坡领土，是全球除中国外少数以华人为主的地区之一。圣诞岛属于澳大利亚海外领地，主要居民为华人。官方语言为英语，华人间通行粤语。目前澳大利亚注册商标自动延伸至该岛保护，无单独商标注册制度。

所罗门群岛

(*Solomon Islands*)

一、概述

所罗门群岛是南太平洋的一个岛国，位于澳大利亚东北方，巴布亚新几内亚东方，是英联邦成员之一。所罗门群岛现行商标法规主要基于 1939 年 6 月 20 日颁布的《英国商标法注册条款》。由所罗门群岛公安和司法部登记办公室统一负责管理商标事务，官方语言为英语。商标专用权需要通过注册取得。由于所罗门群岛曾为英国殖民地，现为英联邦成员国，目前尚无自己的商标体系及商标法规，在该岛的商标保护只能通过基于已有的英国单国注册基础申请保护。

所罗门群岛尚未加入任何国际知识产权条约。

二、商标申请

基于已有的英国注册基础提交申请的，必须基于英国单国注册，马德里指定英国或欧盟申请不能视为有效基础。所罗门群岛可注册为商标的要素有：文字、字母、图形、记号、动态图、颜色组合、立体形状等。不受理服务商标的申请，可接受一表多类申请。若申请人非所罗门群岛居住的，须委托本国专门的代理人办理。商标申请所需的基本材料为：

1. 商标图样；

2. 具体类别及商品项目，必须与英国注册基础相同；

3. 申请人名义及地址，必须与英国注册基础相同；

4. 委托书；

5. 英国知识产权局下发的注册证明原件；

6. 不能声明优先权。

基于已有的英国单国基础申请注册所罗门群岛商标的主要流程为：申请—受理—形式审查—核准—发证。申请递交后 2—3 周受理。审查员将对申请进行形式审查。形式审查主要审查申请要求和分类信息是否符合规定。无实质审查和公告制度。顺利的情况下，基于已有的英国单国注册基础申请注册目前需要 1—2 年。

三、商标维护

所罗门群岛商标注册后有效期同英国基础注册，英国基础注册续展完成后，权利人应尽快通知所罗门群岛的注册人员，将所罗门群岛的商标注册进行续展。逾期未要求续展的，商标将无效。续展有效期亦同英国基础注册。

该国暂无"不使用撤销"或"无效宣告"制度。若遇商标侵权，权利人可基于现行的英国《商标法》向当地法院提出上诉。

四、其他

所罗门群岛商标注册、转让、变更、续展均必须提供英国单国基础注册的转让、变更、续展证明。若英国基础注册因撤销、未续展无效的，所罗门群岛注册也将无效。

汤加

（*Tonga*）

一、概述

汤加位于太平洋西南部，由 170 多个岛屿组成。现行商标法规主要基于 1994 年 11 月 9 日颁布的《知识产权法》。由汤加商务和劳工部注册和知识产权局统一负责管理商标事务，官方语言为汤加语、英语。商标专用权需要通过注册取得。商标注册不是强制性的，但为了保护商标或进行续展，就必须依法登记注册。汤加独立国商标注册采用"申请在先"原则。

汤加是《巴黎公约》《WIPO 公约》等国际知识产权条约的缔约国；既不是《马德里议定书》成员国，也不是《马德里协定》成员国，故商标注册只可以通过"单国注册"方式办理。

二、商标申请

目前，汤加商标申请采用尼斯分类第 11 版的商品和服务描述，接受一表多类申请。汤加可注册为商标的要素有：文字、名称、图形、标语、颜色组合等。

若申请人非汤加居住的，须委托本国专门的代理人办理。商标申请所需的基本材料为：

1. 商标图样；

2. 具体类别及商品 / 服务项目；

3. 申请人名义及地址；

4. 委托书；

5. 若声明优先权的，需提供优先权证明文件。

申请注册汤加商标的主要流程为：申请—受理—审查—公告—核准—发证。申请递交后 3—4 周受理。审查员将对申请进行形式审查和实质审查。形式审查主要审查申请要求和分类信息是否符合规定；实质审查包括对商标显著性、是否违反禁注禁用条款和是否与在先商标形成冲突的审查。审查不能通过的将会下发驳回通知书并要求申请人在驳回通知载明的时限内予以答复，实质审查通过的，则将会被安排公告。公告日起3个月为异议期，任何利益相关人或在先权利人均可提出异议，提异议的理由主要有：

1. 与在先商标冲突，如拥有在先的注册商标；

2. 商标缺乏显著性；

3. 商标具有不良影响；

4. 恶意注册；

5. 与在先其他权利冲突，如商号权、外观设计、版权、人名等。

公告期内无人异议或者异议不成立的，可获准注册并颁发注册证。顺利的情况下，汤加商标注册目前需要1—2年；如中途遇到异议或驳回，时间将延长至3年左右。

三、商标维护

汤加商标注册后10年有效，有效期自申请日起算；到期日前6个月内需办理续展，宽展期为6个月；续展有效期为10年。

商标注册后的无效或撤销申请，一般可根据《商标法》下述条款提出：

1.《商标法》第30（2）条：违反本法规定的；申请商标时已知或应知有他人权利在先的。

2.《商标法》第30（4）条：商标注册后连续3年未在当国实际使用的，任何人可申请撤销，不可抗力除外。

商标无效或撤销申请可向汤加注册和知识产权局提出，在现行审查条件下，一般需耗时2—3年。被申请人一般可提供如下证据材料应对他人以"未使用"为由提出的撤销申请：

- 发票
- 包装、装潢
- 广告
- 产品目录
- 标签
- 书面声明
- 营业额证据
- 报价单
- 市场调查结果

图瓦卢
(*Tuvalu*)

一、概述

图瓦卢位于南太平洋，由 9 个环形珊瑚岛群组成，是世界面积第四小的国家（仅高于梵蒂冈、摩纳哥和瑙鲁）。图瓦卢现行商标法规主要基于 1939 年 8 月 22 日颁布的《英国商标法注册条款》。由图瓦卢贸易商业和公营公司部总检察长办公室统一负责管理商标事务，官方语言为英语、图瓦卢语。商标专用权需要通过注册取得。由于图瓦卢现为英联邦成员国，且目前尚无自己的商标体系及商标法规，在该岛的商标保护只能通过基于已有的英国单国注册基础申请保护。

图瓦卢尚未加入任何国际知识产权条约。

二、商标申请

基于已有的英国注册基础提交申请的，必须基于英国单国注册，马德里指定英国或欧盟申请不能视为有效基础。图瓦卢可注册为商标的要素有：文字、字母、图形、记号、动态图、颜色组合、立体形状等。不受理服务商标的申请，可接受一表多类申请。若申请人非图瓦卢居住的，须委托本国专门的代理人办理。商标申请所需的基本材料为：

1. 商标图样；

2. 具体类别及商品项目，必须与英国注册基础相同；

3. 申请人名义及地址，必须与英国注册基础相同；

4. 委托书；

5. 英国知识产权局下发的注册证明原件；

6. 不能声明优先权。

基于已有的英国单国基础申请注册图瓦卢商标的主要流程为：申请—受理—形式审查—核准—发证。申请递交后 2—3 周受理。审查员将对申请进行形式审查。形式审查主要审查申请要求和分类信息是否符合规定。无实质审查和公告制度。顺利的情况下，基于已有的英国单国注册基础申请注册目前需要 1 年左右。

三、商标维护

图瓦卢商标注册后有效期同英国基础注册，英国基础注册续展完成后，权利人应尽快通知图瓦卢的注册人员，将图瓦卢的商标注册进行续展。逾期未要求续展的，商标将无效。续展有效期亦同英国基础注册。

该国暂无"不使用撤销"或"无效宣告"制度。若遇商标侵权，权利人可基于现行的英国《商标法》向当地法院提出上诉。

四、其他

图瓦卢商标注册，转让、变更、续展均必须提供英国单国基础注册的转让、变更、续展证明。若英国基础注册因撤销、未续展无效的，图瓦卢注册也将无效。

瓦利斯和富图纳群岛
(Wallis and Futuna Islands)

瓦利斯和富图纳群岛位于太平洋西南部国际日期变更线西侧,斐济和萨摩亚之间,官方语言为法语。该岛为法国海外属地,法国注册商标自动延伸至该岛保护,无须和无法单独申请保护。

瓦努阿图
（*Vanuatu*）

一、概述

瓦努阿图位于南太平洋西部，属大洋洲，由 80 多个岛屿组成。现行商标法规主要基于 2011 年 2 月 1 日颁布的《商标法》。由瓦努阿图贸易旅游和工业部知识产权司统一负责管理商标事务，官方语言为英语、法语和比斯拉马语。商标专用权需要通过注册取得。商标注册不是强制性的，但为了保护商标或进行续展，就必须依法登记注册。瓦努阿图独立国商标注册采用"申请在先"原则。

瓦努阿图是《WIPO 公约》等国际知识产权条约的缔约国；既不是《马德里协定》成员国，也不是《马德里议定书》成员国，故商标注册只可以通过"单国注册"方式办理。

二、商标申请

目前，瓦努阿图商标申请采用尼斯分类第 11 版的商品和服务描述，接受一表多类申请。瓦努阿图可注册为商标的要素有：文字、名称、图形、标语、颜色组合、气味、声音、全息图、动态图等。

若申请人非瓦努阿图居住的，须委托本国专门的代理人办理。商标申请所需的基本材料为：

1. 商标图样；

2. 具体类别及商品 / 服务项目；

3. 申请人名义及地址；

4. 委托书；

5. 若声明优先权的，需提供优先权证明文件。

申请注册瓦努阿图商标的主要流程为：申请—受理—审查—公告—核准—发证。申请递交后 3—4 周受理。审查员将对申请进行形式审查和实质审查。形式审查主要审查申请要求和分类信息是否符合规定；实质审查包括对商标显著性、是否违反禁注禁用条款和是否与在先商标形成冲突的审查。审查不能通过的将会下发驳回通知书并

要求申请人在驳回通知载明的时限内予以答复，实质审查通过的，则将会被安排公告。

公告日起 28 天为异议期，任何利益相关人或在先权利人均可提出异议，提异议的理由主要有：

1. 与在先商标冲突，如拥有在先的注册商标；

2. 商标缺乏显著性；

3. 商标具有不良影响；

4. 恶意注册；

5. 与在先其他权利冲突，如商号权、外观设计、版权、人名等。

公告期内无人异议或者异议不成立的，可获准注册并颁发注册证。顺利的情况下，瓦努阿图商标注册目前需要 1—2 年；如中途遇到异议或驳回，时间将延长至 3—4 年。

三、商标维护

瓦努阿图商标注册后 10 年有效，有效期自申请日起算；到期日前 3 个月内需办理续展，宽展期为 3 个月；续展有效期为 10 年。

商标注册后的无效或撤销申请，一般可根据《商标法》下述条款提出：

1.《商标法》第 54 条：违反本法规定的；申请商标时已知或应知有他人权利在先的。

2.《商标法》第 59（4）（a）和（5）（a）条：商标申请人无善意使用意图的，在申请后任意时间内，任何人可对其提出"无善意使用意图"的撤销。

3.《商标法》第 59（4）（b）和（5）（b）条：商标注册后连续 3 年未在当国实际使用的，任何人可申请撤销，自申请日起注册满 5 年的，"不使用撤销"可在任意时间提出，不可抗力除外。

商标无效及撤销申请可分别向瓦努阿图法院和知识产权司提出，在现行审查条件下，一般需耗时 2—3 年。被申请人一般可提供如下证据材料应对他人以"未使用"为由提出的撤销申请：

· 发票	· 包装、装潢	· 广告
· 产品目录	· 标签	· 书面声明
· 营业额证据	· 报价单	· 市场调查结果

四、其他

商标注册申请必须在申请日起 12 个月内完成，否则将视作无效。比如若申请遇到驳回，需尽快提交答复，不能拖延超过规定的时间。审查员允许延期的除外。

新喀里多尼亚
(New Caledonia)

新喀里多尼亚位于南回归线附近，官方语言为法语，该岛为法国海外属地。2013 年 7 月 1 日起，法国开始移交关于知识产权法的权力至该岛，但该岛目前尚无相关商标法律也未设立商标主管机关，因此现阶段法国注册商标自动延伸至该岛保护。

新西兰
(New Zealand)

一、概述

新西兰现行商标法规主要基于 2002 年 12 月 4 日颁布的《商标法》。由新西兰知识产权局统一负责管理商标事务，官方语言为英语。商标专用权需要通过使用取得。商标注册不是强制性的，但为了保护商标或进行续展，就必须依法登记注册。新西兰商标注册采用"使用在先"原则。

新西兰是《巴黎公约》《商标法新加坡条约》《尼斯协定》等国际知识产权条约的缔约国；是《马德里议定书》成员国，故商标注册既可以通过"单国注册"方式办理，也可以通过"马德里国际注册"的方式办理。

二、商标申请

目前，新西兰采用尼斯分类第 11 版的商品和服务描述，接受一表多类申请。新西兰可注册为商标的要素有：文字、名称、图形、标语、颜色组合、声音、气味、动态图、全息图等。

若申请人非新西兰居住的，可委托本国专门的代理人办理，也可直接向新西兰知识产权局提交申请，但须提供一个新西兰当地地址。商标申请所需的基本材料为：

1. 商标图样；

2. 具体类别及商品 / 服务项目；

3. 申请人名义及地址；

4. 若声明优先权的，需提供优先权的国家，申请号及申请日；若在审查过程中有在先商标，审查员会要求提供优先权证明文件及对应的英语翻译件。

申请注册新西兰商标的主要流程为：申请—受理—审查—公告—核准—发证。申请递交后 3 天左右受理。审查员将对申请进行形式审查和实质审查。形式审查主要审查申请要求和分类信息是否符合规定；实质审查包括对商标显著性、是否违反禁注禁用条款和是否与在先商标形成冲突的审查。审查不能通过的将会下发驳回通知书并要求申请人在驳回通知载明的时限内予以答复，实质审查通过的，则将会被安排公告。

公告日起 3 个月为异议期，任何利益相关人或在先权利人均可提出异议，提异议的理由主要有：

1. 与在先商标冲突，如拥有在先的注册商标；

2. 商标缺乏显著性；

3. 商标具有不良影响；

4. 恶意注册；

5. 与在先其他权利冲突，如商号权、外观设计、版权、人名等。

公告期内无人异议或者异议不成立的，可获准注册并颁发注册证。顺利的情况下，新西兰商标注册目前需要 7 个月左右；如中途遇到异议或驳回，时间可能延长至 1—2 年。

三、商标维护

新西兰商标注册后 10 年有效，有效期自申请日起算；到期日前 12 个月内可以办理续展，宽展期为 12 个月；续展有效期为 10 年。

商标注册后的无效或撤销申请，一般可根据新西兰《商标法》下述两个条款提出：

1.《商标法》第 66（1）（a）条：商标注册后连续 3 年未在当国实际使用的，任何人可申请撤销，不可抗力除外。

2. 违反《商标法》第 17 条、第 18 条规定的。

商标无效或撤销申请可向新西兰知识产权局提出（也可向法院提出），在现行审查条件下，行政程序一般需耗时 1—2 年。针对"不使用撤销"，被申请人一般可提供如下证据材料应对他人以"未使用"为由提出的撤销申请：

- 发票
- 标签
- 市场调查结果
- 产品目录
- 报价单
- 基于互联网的使用
- 营业额证据
- 广告
- 持续维护的网站
- 包装、装潢
- 书面声明

第七部分
马德里国际注册

马德里国际注册
(*International Registration*)

一、概述

马德里商标国际注册是指申请人到国外申请注册商标，除了分别向各国商标主管机关申请注册这一途径外，还可根据《马德里协定》或《马德里协定书》的规定，在马德里联盟成员国间所进行的商标注册。我们通常所说的商标国际注册，指的就是马德里商标国际注册。

马德里商标国际注册由各马德里联盟缔约方的商标主管机关和世界知识产权组织（WIPO）国际局统一管理。

二、成员国

截至 2018 年 1 月，马德里联盟共有 100 个缔约方。其中纯议定书缔约方有 48 个：安提瓜和巴布达、澳大利亚、巴林、文莱、波内赫 – 圣尤斯特歇斯和萨巴群岛、博茨瓦纳、哥伦比亚、丹麦、爱沙尼亚、欧盟、芬兰、英国、格鲁吉亚、加纳、冈比亚、希腊、爱尔兰、冰岛、日本、韩国、立陶宛、马达加斯加、挪威、阿曼、瑞典、新加坡、土库曼斯坦、土耳其、美国、乌兹别克斯坦、赞比亚、圣多美和普林西比、库拉索、圣马丁、菲律宾、新西兰、墨西哥、叙利亚、以色列、印度、卢旺达、突尼斯、非洲知识产权组织、津巴布韦、柬埔寨、老挝、泰国、印度尼西亚。

同属协定和议定书缔约方有 52 个：中国、阿尔巴尼亚、亚美尼亚、奥地利、阿塞拜疆、保加利亚、不丹、比荷卢、白俄罗斯、瑞士、古巴、塞浦路斯、捷克、德国、西班牙、法国、克罗地亚、匈牙利、伊朗、意大利、肯尼亚、吉尔吉斯斯坦、朝鲜、列支敦士登、莱索托、拉脱维亚、摩洛哥、摩纳哥、摩尔多瓦、黑山、前南斯拉夫马其顿、蒙古国、莫桑比克、纳米比亚、波兰、葡萄牙、罗马尼亚、塞尔维亚、俄罗斯联邦、斯洛文尼亚、斯洛伐克、塞拉利昂、圣马力诺、斯威士兰、乌克兰、越南、波斯尼亚和黑塞哥维那、埃及、利比里亚、苏丹、哈萨克斯坦、塔吉克斯坦、阿尔及利亚。

三、商标申请

1. 申请条件

（1）申请人为我国的公民、在我国有住所或有真实有效的营业场所。

（2）在我国有在先申请或注册的商标，即基础申请或基础注册（已受理或已注册），以商标局系统数据为准。

2. 办理途径

（1）委托国家认可的商标代理机构办理。

（2）申请人自行向商标局提交申请。

3. 要求

申请人名义、地址和商标图样必须和基础申请／注册一致；

商品／服务小于等于基础申请／注册的范围（不能超出）。

4. 所需材料

（1）马德里商标国际注册中文及英文书式；

（2）申请人资格证明文件，如营业执照复印件、居住证明复印件、身份证件复印件等；

（4）代理委托书，需签字盖章原件；

（5）商标图样；

（6）指定美国的，一并提交 MM18 表格。

5. 马德里商标申请流程

申请人／代理机构提交申请→中国商标局受理（颁发受通）→ WIPO 国际局受理（颁发国际注册证明、公告）→指定国主管机关审查→公告（有些国家不再单独公告）→颁发核准保护通知。

顺利情况下，马德里国际注册递交后，需 6—12 个月收到《国际注册证明》（《国际注册证明》表示该马德里申请已在国际注册簿上登记，并不代表在各指定缔约方已注册成功），自国际通知日起 12—18 个月各指定国审查完毕并决定是否核准保护。

6. 有效期

自国际注册日起 10 年有效，可提前 6 个月续展，宽展期为 6 个月，每次续展有效期为 10 年。

7. 注意事项

（1）中国香港、中国澳门的申请人不能通过商标局办理马德里申请，中国台湾地区的申请人可通过商标局办理；

（2）不能同时指定以色列和叙利亚，否则叙利亚会因为以色列问题被驳回（政治、宗教问题）；

（3）基础申请／注册正在办理转让或变更的，国内提交转让／变更申请后，才能以受让人或变更后的名义／地址提交申请；

（4）依据国家工商总局商标局《关于简化马德里商标国际注册申请材料和手续的通知》，自2017年8月23日起，提交马德里申请时，可不再提交如下材料：

A.国内商标注册证复印件或受理通知书复印件；

B.基础注册或申请的商标如在国内进行过变更、转让或续展等后续业务的，无须提交核准证明复印件；

C.申请人使用英文名称的，无须再提交英文名称证明。

四、马德里商标国际注册的优缺点

优点	**手续简便**：仅通过提交一份申请，可指定在多个国家请求注册保护
	费用较低：如顺利注册，国际注册费用远低于分别到每个国家注册的费用
	时间预期确定：从国际通知日起，若被指定国在规定的期限内（依照《马德里协定》为12个月，依照《马德里议定书》为18个月）没有向国际局发出驳回通知，大部分情况下该商标将在该指定国自动得到保护（部分国家基于异议的驳回会晚于18个月）
	便于管理：一份申请一个国际注册号，一个到期日。后续需要进行变更、转让、续展、删减、注销的，只需要提交一份申请、缴纳一次费用即可。还可以在不改变国际商标注册号（即商标数量）的情况下，利用"后期指定"的方式扩大地域保护范围
缺点	**注册国家的局限性**：马德里联盟成员国目前只有100个，加拿大、南美等多数国家目前还不是成员国，无法通过马德里国际注册途径在这些国家取得商标注册
	要求以国内申请／注册为基础：国际注册必须以国内商标申请／注册为基础，并且指定保护商品／服务不能超过国内基础的范围
	没有统一的注册证书：国际局形式审查通过后颁发国际注册证（也称国际注册证明），但此阶段商标还未经过各指定保护国主管局审查授权，故不能等同于通常所说的注册证，效力仅相当于"受理通知"；同时由于其版面设计简单、无官方鲜章，且随着WIPO电子文档的普及，往往很容易引起申请人误以为其不是官方正式文件
	审查标准多样性导致驳回：由于马德里申请需要国内申请／注册基础，申请人基于国内已受理或注册的商标进行国际申请后，由于各指定保护国审查标准的多样性易导致驳回，如各国商品描述要求不一致问题，商标描述要求不一致问题（主要是包含汉字的商标），近似判断标准不一致问题等
	注册权利的不稳定性：由于国际注册要求以国内申请／注册为基础，5年后才能与原属国的注册脱钩，因此一旦原属国的注册在5年内被撤销，国际注册也随之将被撤销，这一情况又被称为"中心打击原则"；但从实践经验来看，整体上来说，因为"中心打击"原则失效的国际注册比例较低

第八部分
附录

世界各国／地区商标重要时限速查表

（按国家首字拼音排序）

大洲／区域	国家／地区	申请需时	有效期限	续展期	宽展期
亚洲	阿富汗	18个月左右	申请日起10年	6个月	—
	巴基斯坦	24—36个月	申请日起10年	6个月	6个月
	不丹	12个月左右	申请日起10年	6个月	6个月
	朝鲜	18—24个月	申请日起10年	6个月	6个月
	东帝汶	3—6个月	警示公告后2年	—	—
	菲律宾	12个月左右	注册日起10年	6个月	6个月
	哈萨克斯坦	12个月左右	申请日起10年	12个月	6个月
	韩国	10—12个月	注册日起10年	12个月	6个月
	吉尔吉斯斯坦	12个月左右	申请日起10年	12个月	6个月
	柬埔寨	8—12个月	申请日起10年	6个月	6个月
	老挝	12个月左右	注册日起10年	12个月	6个月
	马尔代夫	3—6个月	警示公告后2年	—	—
	马来西亚	18个月左右	申请日起10年	3个月	1个月
	蒙古国	8—12个月	申请日起10年	6个月	6个月
	孟加拉国	36—60个月	申请日起7年	6个月	6个月
	缅甸	2—3个月	注册日起3年	6个月	—
	尼泊尔	12个月左右	注册日起7年	6个月	6个月
	日本	6—8个月	注册日起10年	6个月	6个月
	斯里兰卡	48—60个月	申请日起10年	12个月	6个月
	塔吉克斯坦	12个月左右	申请日起10年	12个月	6个月
	泰国	24个月左右	申请日起10年	3个月	6个月
	土库曼斯坦·	12个月左右	申请日起10年	12个月	6个月
	文莱	24个月左右	申请日起10年	6个月	6个月

续表

大洲／区域	国家／地区	申请需时	有效期限	续展期	宽展期
亚洲	乌兹别克斯坦	24 个月左右	申请日起 10 年	12 个月	6 个月
	新加坡	6 个月左右	申请日起 10 年	6 个月	6 个月
	印度	12 个月左右	申请日起 10 年	12 个月	6 个月
	印度尼西亚	12—18 个月	申请日起 10 年	6 个月	6 个月
	越南	18 个月左右	申请日起 10 年	12 个月	6 个月
	中国	12—14 个月	注册日起 10 年	6 个月	6 个月
	中国澳门	12 个月左右	注册日起 7 年	6 个月	6 个月
	中国台湾	10—12 个月	注册日起 10 年	6 个月	6 个月
	中国香港	8 个月左右	申请日起 10 年	6 个月	6 个月
中东	阿联酋	12 个月左右	申请日起 10 年	12 个月	3 个月
	阿曼	12 个月左右	申请日起 10 年	12 个月	6 个月
	巴林	18 个月左右	申请日起 10 年	12 个月	6 个月
	加沙地区	24 个月左右	申请日起 7 年	6 个月	1 个月
	卡塔尔	18 个月左右	申请日起 10 年	12 个月	6 个月
	科威特	12 个月左右	申请日起 10 年	12 个月	6 个月
	黎巴嫩	6 个月左右	注册日起 15 年	12 个月	3 个月
	沙特阿拉伯	8 个月左右	申请日起 10 年（沙特历法，公历为 9 年 8 个月）	12 个月	6 个月（沙特历法）
	叙利亚	18 个月左右	申请日起 10 年	12 个月	6 个月
	也门	12 个月左右	申请日起 10 年	6 个月	12 个月
	伊拉克·	24 个月左右	申请日起 10 年	12 个月	6 个月
	伊朗	6 个月左右	申请日起 10 年	6 个月	6 个月
	以色列	24 个月左右	申请日起 10 年	3 个月	6 个月
	约旦	12 个月左右	申请日起 10 年	12 个月	12 个月
	约旦河西岸	18 个月左右	申请日起 7 年	12 个月	1 个月
欧洲	阿尔巴尼亚	9 个月左右	申请日起 10 年	6 个月	6 个月
	阿塞拜疆	12 个月左右	申请日起 10 年	12 个月	6 个月
	爱尔兰	12 个月左右	申请日起 10 年	6 个月	6 个月
	爱沙尼亚	24 个月左右	注册日起 10 年	12 个月	6 个月
	安道尔	3 个月左右	申请日起 10 年	6 个月	6 个月
	奥地利	10 个月左右	注册日起 10 年	12 个月	6 个月

大洲/区域	国家/地区	申请需时	有效期限	续展期	宽展期
欧洲	白俄罗斯	12 个月左右	申请日起 10 年	12 个月	6 个月
	保加利亚	18 个月左右	申请日起 10 年	12 个月	6 个月
	北塞浦路斯土耳其共和国	12 个月左右	申请日起 7 年	12 个月	—
	比荷卢联盟	6 个月左右	申请日起 10 年	6 个月	6 个月
	冰岛	10 个月左右	注册日起 10 年	6 个月	6 个月
	波斯尼亚和黑塞哥维那	12—24 个月	申请日起 10 年	12 个月	6 个月
	波兰	24 个月左右	申请日起 10 年	6 个月	6 个月
	丹麦	10 个月左右	注册日起 10 年	6 个月	6 个月
	德国	6—9 个月	申请日起 10 年	6 个月	6 个月
	俄罗斯	18 个月左右	申请日起 10 年	12 个月	6 个月
	法国	6 个月左右	申请日起 10 年	6 个月	6 个月
	芬兰	12 个月左右	注册日起 10 年	12 个月	6 个月
	格鲁吉亚	12 个月左右	注册日起 10 年	12 个月	6 个月
	根西岛	5 个月左右	基于英国注册请求，有效期限随英国		
		12—24 个月	注册日起 10 年	6 个月	6 个月
	黑山	18 个月左右	申请日起 10 年	6 个月	6 个月
	捷克	12 个月左右	申请日起 10 年	12 个月	6 个月
	科索沃	12 个月左右	申请日起 10 年	6 个月	6 个月
	克罗地亚	9—12 个月	申请日起 10 年	6 个月	6 个月
	拉脱维亚	6—8 个月	申请日起 10 年	12 个月	6 个月
	立陶宛	18 个月左右	申请日起 10 年	12 个月	6 个月
	列支敦士登	6 个月左右	申请日起 10 年	12 个月	6 个月
	罗马尼亚	12 个月左右	申请日起 10 年	3 个月	6 个月
	马耳他	12 个月左右	申请日起 10 年	6 个月	6 个月
	摩尔多瓦	24 个月左右	申请日起 10 年	6 个月	6 个月
	摩纳哥	8 个月左右	申请日起 10 年	6 个月	6 个月
	挪威	6—8 个月	申请日起 10 年	12 个月	6 个月
	欧盟	5 个月左右	申请日起 10 年	6 个月	6 个月

续表

大洲 / 区域	国家 / 地区	申请需时	有效期限	续展期	宽展期
欧洲	葡萄牙	6 个月左右	注册日起 10 年	6 个月	6 个月
	前南斯拉夫马其顿	12 个月左右	申请日起 10 年	12 个月	9 个月
	瑞典	12 个月左右	注册日起 10 年	12 个月	6 个月
	瑞士	12 个月左右	申请日起 10 年	12 个月	6 个月
	塞尔维亚	9 个月左右	申请日起 10 年	6 个月	6 个月
	塞浦路斯	36 个月左右	申请之日起 7 年	3 个月	—
	圣马力诺	18 个月左右	申请日起 10 年	12 个月	6 个月
	斯洛伐克	18 个月左右	申请日起 10 年	12 个月	6 个月
	斯洛文尼亚	12 个月左右	申请日起 10 年	12 个月	6 个月
	土耳其	12 个月左右	申请日起 10 年	6 个月	6 个月
	乌克兰	18 个月左右	申请日起 10 年	12 个月	6 个月
	西班牙	12 个月左右	申请日起 10 年	6 个月	6 个月
	希腊	10 个月左右	申请日起 10 年	12 个月	6 个月
	匈牙利	12 个月左右	申请日起 10 年	12 个月	6 个月
	亚美尼亚	12 个月左右	申请日起 10 年	12 个月	6 个月
	意大利	10 个月左右	申请日起 10 年	12 个月	6 个月
	英国	6 个月左右	申请日起 10 年	6 个月	6 个月
	泽西岛	12 个月左右	基于英国注册请求，有效期限随英国		
	直布罗陀	3 个月左右	基于英国注册请求，有效期限随英国		
美洲	阿根廷	18 个月左右	注册日起 10 年	2 个月	—
	阿鲁巴	3 个月左右	申请日起 10 年	6 个月	3 个月
	安圭拉	3 个月左右	申请日起 10 年	6 个月	6 个月
		6 个月左右	基于英国注册请求，有效期限随英国		
	安提瓜和巴布达	12 个月左右	申请日起 10 年	6 个月	6 个月
	巴巴多斯	24 个月左右	注册日起 10 年	6 个月	6 个月
	巴哈马	36 个月左右	申请日起 14 年	6 个月	1 个月
	巴拉圭	18 个月左右	注册日起 10 年	6 个月	6 个月
	巴拿马	12 个月左右	申请日起 10 年	12 个月	6 个月
	巴西	24—36 个月	注册日起 10 年	12 个月	6 个月

大洲/区域	国家/地区	申请需时	有效期限	续展期	宽展期
美洲	百慕大	24个月左右	注册日起7年	3个月	6个月
	秘鲁	12个月左右	注册日起10年	6个月	6个月
	波内赫、圣尤斯特歇斯和萨巴群岛·	2个月左右	申请日起10年	3个月	6个月
	玻利维亚	12个月左右	注册日起10年	6个月	6个月
	伯利兹	12个月左右	注册日起10年	到期日前任意时间	6个月
	多米尼加	6—12个月	注册日起10年	6个月	6个月
	多米尼克	12个月左右	申请日起10年	6个月	6个月
	厄瓜多尔	18个月左右	注册日起10年	6个月	6个月
	福克兰群岛	英国注册自动延伸保护该地区，有效期限随英国			
	哥伦比亚	12个月左右	注册日起10年	6个月	6个月
	哥斯达黎加	8—12个月	注册日起10年	6个月	6个月
	格林纳达	6个月左右	申请日起10年	6个月	3个月
	古巴	18—24个月	申请日起10年	6个月	6个月
	圭亚那	12—18个月	申请日起7年	1个月	1个月
		12个月左右	基于英国注册请求，有效期跟随英国		
	海地	12个月左右	异议期后10年	6个月	6个月
	洪都拉斯	24个月左右	注册日起10年	12个月	6个月
	加拿大	18个月左右	注册日起15年	到期日前任意时间	6个月
	开曼群岛	6个月左右	申请日起10年	6个月	6个月
	库拉索岛	1—2个月	申请日起10年	3个月	6个月
	美国	12个月左右	注册日起10年	12个月	6个月
	蒙特塞拉特	3个月左右	注册日起10年	6个月	3个月
		3个月左右	基于英国注册请求，有效期限随英国		
	墨西哥	12个月左右	申请日起10年	6个月	6个月
	尼加拉瓜	24个月左右	注册日起10年	12个月	6个月
	萨尔瓦多	12—24个月	注册日起10年	12个月	6个月
	圣巴托洛缪岛	法国或欧盟商标注册后自动延伸保护该区域			

大洲/区域	国家/地区	申请需时	有效期限	续展期	宽展期
美洲	圣基茨和尼维斯	6个月左右	申请日起10年	6个月	6个月
	圣卢西亚	6个月左右	申请日起10年	6个月	12个月
	圣马丁	1—2个月	申请日起10年	3个月	6个月
	圣文森特和格林纳丁斯	6个月左右	申请日起10年	6个月	6个月
	苏里南	18个月左右	申请日起10年	6个月	6个月
	特克斯和凯科斯群岛	6个月左右	申请日起10年	6个月	6个月
		6个月左右	有效期与英国或欧盟的基础注册一致		
	特立尼达和多巴哥	18个月左右	注册日起10年	6个月	6个月
	危地马拉	24个月左右	注册日起10年	12个月	6个月
	委内瑞拉	36—48个月	注册日起15年	6个月	—
	乌拉圭	18个月左右	注册日起10年	6个月	6个月
	牙买加	12—18个月	申请日起10年	6个月	6个月
	英属维京群岛	12个月左右	申请日起10年	6个月	3个月
	智利	12个月左右	注册日起10年	2个月	1个月
非洲	阿尔及利亚	24个月左右	申请日起10年	6个月	6个月
	埃及	12—24个月	申请日起10年	12个月	6个月
	埃塞俄比亚	12—24个月	申请日起7年	3个月	6个月
	安哥拉	36个月左右	申请日起10年	6个月	4个月
	博茨瓦纳	24个月左右	申请日起10年	6个月	6个月
	布隆迪	12个月左右	申请日起10年	6个月	6个月
	厄立特里亚	—	警示公告后2年	—	—
	非洲知识产权组织	18—24个月	申请日起10年	12个月	6个月
	非洲工业产权组织	18—24个月	申请日起10年	12个月	6个月
	佛得角	24—36个月	注册日起10年	12个月	6个月
	冈比亚	24个月左右	申请日起14年	6个月	6个月
	刚果（金）	18个月左右	申请日起10年	12个月	6个月
	吉布提	6个月左右	申请日起10年	6个月	6个月

大洲/区域	国家/地区	申请需时	有效期限	续展期	宽展期
非洲	加纳	24—36个月	申请日起10年	6个月	6个月
	津巴布韦	12—18个月	申请日起10年	6个月	3年
	肯尼亚	12个月左右	申请日起10年	6个月	1个月
	莱索托	24个月左右	申请日起10年	6个月	6个月
	利比里亚	12个月左右	注册日起10年	6个月	6个月
	利比亚	18—24个月	申请日起10年	12个月	6个月
	留尼汪岛	法国商标注册后自动延伸保护该区域			
	卢旺达	8个月左右	申请日起10年	6个月	6个月
	马达加斯加	18个月左右	申请日起10年	12个月	6个月
	马拉维	10个月左右	申请日起7年	6个月	6个月
	毛里求斯	24个月左右	申请日起10年	6个月	6个月
	摩洛哥	6—10个月	申请日起10年	6个月	6个月
	莫桑比克	24个月左右	申请日起10年	6个月	6个月
	纳米比亚	24—36个月	申请日起10年	6个月	6个月
	南非	24个月左右	申请日起10年	6个月	6个月
	尼日利亚	24—36个月	申请日起7年	3个月	1个月
	塞拉利昂	36—60个月	申请日起14年	6个月	6个月
	塞舌尔	12个月左右	申请日起10年	6个月	6个月
	圣多美和普林西比	36个月左右	申请日起10年	6个月	6个月
	斯威士兰	12个月左右	申请日起10年	6个月	6个月
	苏丹	24—36个月	申请日起10年	6个月	6个月
	索马里	—（战乱）	注册日起20年	—	—
	坦桑尼亚（坦噶尼喀）	8个月左右	申请日起7年	3个月	6个月
	坦桑尼亚（桑给巴尔）	8个月左右	申请日起10年	3个月	6个月
	突尼斯	12个月左右	申请日起10年	6个月	6个月
	乌干达	12个月左右	申请日起7年	6个月	1个月
	西撒哈拉	6—10个月	申请日起10年	6个月	6个月
	赞比亚	12个月左右	申请日起7年	6个月	1个月

续表

大洲/区域	国家/地区	申请需时	有效期限	续展期	宽展期
大洋洲	澳大利亚	8—10个月	申请日起10年	12个月	6个月
	巴布亚新几内亚	12个月左右	申请日起10年	6个月	无
	斐济	12—24个月	申请日起14年	12个月	6个月
		3个月左右	基于英国注册请求，有效期限随英国		
	关岛	美国商标注册后自动延伸保护该区域			
	基里巴斯	12个月左右	基于英国注册请求，有效期限随英国		
	库克群岛	—	警示公告后2年	—	—
	马绍尔群岛	—	警示公告后2年	—	—
	密克罗尼西亚联邦	—	警示公告后2年	—	—
	瑙鲁	—	警示公告后2年	—	—
	纽埃岛	—	警示公告后2年	—	—
	帕劳	—	警示公告后2年	—	—
	萨摩亚	12个月左右	申请日起10年	12个月	—
	所罗门群岛	12—24个月	基于英国注册请求，有效期限随英国		
	汤加	12—24个月	申请日起10年	6个月	6个月
	图瓦鲁	12个月左右	基于英国注册请求，有效期限随英国		
	瓦利斯和富图纳群岛	法国注册商标自动延伸至该岛保护			
	瓦努阿图	12—24个月	申请日起10年	3个月	3个月
	新喀里多尼亚	法国注册商标自动延伸至该岛保护			
	新西兰	7个月左右	申请日起10年	12个月	12个月
	圣诞岛	澳大利亚商标注册后自动延伸保护该区域			
	科科斯群岛	澳大利亚商标注册后自动延伸保护该区域			
马德里		—	注册日起10年	6个月	6个月

备注:

1."申请需时"为根据实践经验在顺利注册情况下的预估时间，仅供参考，具体仍需以各国官方实际审查进度为准。

2."•"号标记国家注意商标有效期根据不同时期法律规定的差异性。

常用各国商标使用证据提交制度总结表

全球各国注册商标后，目前常用的需提交使用证据的国家有 7 个：美国、加拿大、菲律宾、波多黎各、莫桑比克、柬埔寨、海地。现对其简要总结如下：

国家	概况
美国	在美国提交使用宣誓主要有 2 种情况，一种是在官方核准商标注册时，另一种是在商标核准注册后第 5—6 年间。在美国提交商标注册申请时，需要明确说明提交基础，提交基础分为 4 种，即基于意向使用、基于实际使用、基于马德里国际申请、基于国内注册(或申请)。使用证据提交时间对应如下：1）基于意向使用申请的（即申请提交时，商标尚未在美国投入使用），一般须在核准公告结束后 6 个月内提交使用证据和使用宣誓，否则商标将不能被核准注册；另，在商标注册后申请人须在注册后（自注册日开始计算）第 5—6 年内，注册后第 9—10 年内分别提交使用证据和使用宣誓，否则注册商标将会被撤销。2）基于实际使用申请的（即申请提交时，商标已经在美国投入使用），须在商标申请提交时一并提交使用证据，否则商标将不能被核准注册；另，在商标注册后申请人须在注册后（自注册日开始计算）第 5—6 年内，注册后第 9—10 年内分别提交使用证据和使用宣誓，否则注册商标将会被撤销。3）基于马德里注册指定美国的，须在美国核准注册（非马德里国际注册日）后第 5—6 年内提交使用证据和使用宣誓，否则注册商标将会被撤销。4）基于国内注册的，商标注册后申请人须在注册后（自注册日开始计算）第 5—6 年内，注册后第 9—10 年内分别提交使用证据和使用宣誓，否则注册商标将会被撤销。 美国商标法律对提交第 5—6 年使用宣誓有 2 种规定：一种是直接仅仅提交使用宣誓和使用证据，另一种是在提交使用宣誓和使用证据的同时提交"不可争辩性宣誓"。若在提交使用宣誓时同时提交"不可争辩性宣誓"，则任何人不能因缺乏显著性（缺显指：1.商标对商品、服务仅仅具有描述性；2.商标仅仅有"姓"构成具有描述性；3.商标有"地理名词"而具有描述性）或在先使用等理由对该注册商标提出撤销。提交使用宣誓需要提供使用证据，通常需要至少一张表明商标在指定的某一个商品上在美国实际使用的图片。若商标仅使用在部分注册的商品上，则未投入实际使用的商品要被删除
加拿大	在加拿大提交使用宣誓不是所有的商标注册都必须的一个程序。在加拿大提交商标注册申请时也需要说明商标申请基础，分为 3 种，即基于意向使用、基于实际使用、基于国内注册（或申请）。基于意向使用的商标被官方初审通过后，需要提交使用宣誓，提交使用宣誓的目的是确定商标在指定商品上在加拿大已投入实际使用；提交使用宣誓后，商标才能被核准注册并颁发注册证。与美国不同的是，一旦商标注册成功，注册后不需要申请人每隔一段时间再主动提交使用宣誓或使用证据来维持权利。但是，一旦被他人以连续 3 年不使用提出撤销的，商标权利人应在官方规定的时间提交被申请不使用日期前 3 年内的使用证据，以避免由于商标注册后未实际使用被官方裁定撤销。3 年不使用撤销，官方采用"不告不理"的原则。不过，目前加拿大正在进行《商标法》改革，已提到要废除上述使用宣誓提交制度，对国内的一些想在加拿大保护性注册商标的企业而言可能是个好事情

续表

国家	概况
菲律宾	在菲律宾商标注册需提交 2 次使用宣誓，第一次是在商标申请后 3 年内（自申请日开始计算）提交 3 年使用声明，第二次是在注册后（自注册日开始计算）提交 5—6 年使用声明，要注意两次使用证据提交的起始日期计算方式不同。两次提交使用宣誓都需要申请人提供 3—5 张商标在指定商品 / 服务上在菲律宾实际使用的图片，同时提供商品 / 服务在菲律宾的使用的相关信息。使用宣誓书需要办理公证，否则菲律宾官方不予认可，这点与美国和加拿大只需签字确认相比，手续上要严格一些。对于一表多类的申请，使用宣誓可以通过一份文件办理，但使用证据需要每个类别分别体现，至少每个类别体现一种注册商品 / 服务的使用。 同时，在菲律宾于 2012 年加入马德里体系后。针对马德里申请指定菲律宾的商标使用证据提交也做了新的补充规定，通过马德里指定菲律宾的商标递交使用声明的时间除首次计算方式不同（首次递交为国际注册日起 3 年内）外，其他与单国递交使用证据提交时限要求保持一致
波多黎各	该国使用证据提交的时间要求与菲律宾比较相像。若以意向使用为由提交商标申请的，需要在商标申请日起的 3 年内提交使用证据。所有注册商标需要在申请日起的第 5—6 年和 9—10 年分别提交使用证据。若不能按时提交的，商标权利人可以向官方申请延期 1 年提交，但是延期申请能否被官方接受则由官方根据实际情况决定。该国与菲律宾不同的是，提交使用证据图片即可，不用办理使用宣誓书的公证认证手续
莫桑比克	商标权利人须在商标注册之日起每 5 年提交使用宣誓，若是办理续展的可以不用再同时提交使用宣誓。若在法定时间内未提交使用宣誓的，任何第三方均对该注册商标提出的撤销申请将得到官方的直接支持。同时，即使注册后没有第三方申请撤销，虽然在注册簿中保持着已注册的状态，但无法阻止他人在后申请注册相同或近似的商标，相当于失效，也无法有效维权。但是，该国也比较特殊，若是权利人未能在法定时限内提交使用证据，只要在被他人申请撤销前能主动提供有效使用证据的，商标权利则可予以恢复，可以对抗他人的在后申请、不使用撤销申请和商标侵权行为
柬埔寨	根据柬埔寨《商标法》规定，在商标注册后，商标所有人须自注册日起第 5—6 年间提交商标使用宣誓或未使用声明，若在规定的时间内未提交使用宣誓或合理的未使用声明，他人对该商标提出撤销时，将很容易被撤销掉。针对马德里指定柬埔寨的商标，商标所有人须在当国核准保护日起第 5—6 年间提交商标使用宣誓或未使用声明，若在前述规定的时间内未提交使用宣誓或合理的未使用声明，他人对该商标提出撤销时，将很容易被撤销掉。若国际商标续展时，仍未提交商标使用宣誓或未使用声明，则该国际商标在柬埔寨将不再受保护
海地	《商标法》规定商标注册人应在商标核准注册后第 5—6 年提交相关使用证据，无正当理由未提交使用宣誓或未使用宣誓的，商标将自动失效

常见各国海外领地商标权保护方式总结表

一、英国

名称	性质	商标保护方式				
		单国注册商标延伸保护	欧盟注册商标延伸保护	马德里注册商标延伸保护	拥有自己的商标法律制度	公告制
根西岛（Guernsey）	皇室属地	需主动申请延伸保护	×	×	√	×
泽西岛（Jersey）		需主动申请延伸保护	自动延伸	自动延伸	×	×
马恩岛（Isle of Man）		自动延伸	自动延伸	自动延伸	×	×
安圭拉（Anguilla）	海外领土	需主动申请延伸保护	×	×	√	×
百慕大（Bermuda）		需主动申请延伸保护	×	×	√	×
英属印度洋领地（British Indian Ocean Territory）		自动延伸	×	×	×	×
英属维尔京群岛（British Virgin Islands）		需主动申请延伸保护	×	×	√	×
开曼群岛（Cayman Islands）		×	×	×	√	×
福克兰群岛（Falkland Islands）		自动延伸	自动延伸	自动延伸	√	×
直布罗陀（Gibraltar）		需主动申请延伸保护	×	×	√	×
蒙特塞拉特（Montserrat）		需主动申请延伸保护	×	×	√	×
圭亚那（Guyana）		需主动申请延伸保护	×	×	√	×

名称	性质	商标保护方式				
		单国注册商标延伸保护	欧盟注册商标延伸保护	马德里注册商标延伸保护	拥有自己的商标法律制度	公告制
基里巴斯（Kiribati）	海外领土	需主动申请延伸保护	×	×	×	×
皮特凯恩群岛（Pitcairn Islands）		×	×	×	×	×
格林纳达（Grenada）		需主动申请延伸保护	×	×	×	×
圣赫勒拿、阿森松与特里斯坦达库尼亚（Saint Helena, Ascension and Tristan da Cunha）		需主动申请延伸保护	×	×	×	×
南格鲁吉亚与南三明治群岛（South Georgia and the South Sandwich Islands）		×	×	×	×	×
斐济（Fiji）		需主动申请延伸保护	×	×	√	×
圣基茨和尼维斯（Saint Kitts and Nevis）		需主动申请延伸保护	×	×	√	×
圣卢西亚岛（Saint Lucia）		需主动申请延伸保护	×	×	√	×
萨摩亚（Samoa）		需主动申请延伸保护	×	×	√	×
塞拉利昂（Sierra Leone）		需主动申请延伸保护	×	×	√	×
所罗门群岛（Solomon Islands）		需主动申请延伸保护	×	×	×	×
图卢瓦（Tuvalu）		需主动申请延伸保护	×	×	×	×
特克斯与凯科斯群岛（Turks and Caicos Islands）		需主动申请延伸保护	×	×	√	×
瓦鲁阿图（Vanuatu）		需主动申请延伸保护	×	×	×	×

二、美国

名称	性质	商标保护方式			
		单国注册商标延伸保护	马德里注册商标延伸保护	拥有自己的商标法律制度	公告制
关岛（Guam）	非合并建制领地	自动延伸	自动延伸	×	×
北马里亚纳群岛（Northern Mariana Islands）		自动延伸	自动延伸	×	×
波多黎各（Puerto Rico）		自动延伸	自动延伸	√	×
美属维尔京群岛（Virgin Islands of the United States）		自动延伸	自动延伸	×	×
美属萨摩亚（American Samoa）	非合并无建制领地	自动延伸	自动延伸	×	×

三、法国

名称	性质	商标保护方式				
		单国注册商标延伸保护	欧盟注册商标延伸保护	马德里注册商标延伸保护	拥有自己的商标法律制度	公告制
瓜德罗普（Guadeloupe）	海外大区及海外省	自动延伸	自动延伸	自动延伸	×	×
法属圭亚那（Guyane française）		自动延伸	自动延伸	自动延伸	×	×
马提尼克（Martinique）		自动延伸	自动延伸	自动延伸	×	×
留尼汪（Réunion）		自动延伸	自动延伸	自动延伸		
马约特（Mayotte）		自动延伸	自动延伸	自动延伸		
新喀里多尼亚（Nouvelle Calédonie）	海外行政区域	自动延伸	官方暂未做决定	官方暂未做决定	×	×
法属波利尼西亚（Polynésie française）		申请单国注册时可选择是否延伸至该地区，需缴纳额外费用	自动延伸	自动延伸	×	×
法属圣马丁（Saint Martin (French Part)）		自动延伸	自动延伸	自动延伸	×	×

续表

名称	性质	商标保护方式				
		单国注册商标延伸保护	欧盟注册商标延伸保护	马德里注册商标延伸保护	拥有自己的商标法律制度	公告制
圣巴泰勒缪（*Saint Barthélemy*）	海外行政区域	自动延伸	×	自动延伸	×	×
圣皮埃尔和密克隆群岛（*Saint-Pierre et Miquelon*）		自动延伸	自动延伸	自动延伸	×	×
瓦利斯及富图纳群岛（*Wallis et Futuna*）		自动延伸	自动延伸	自动延伸	×	×
法属南半球领地（*French Southern Territories*）		自动延伸	×	自动延伸	×	×

四、西班牙

名称	性质	商标保护方式				
		单国注册商标延伸保护	欧盟注册商标延伸保护	马德里注册商标延伸保护	拥有自己的商标法律制度	公告制
休达（*Ceuta*）	自治市	自动延伸	自动延伸	自动延伸	×	×
梅利利亚（*Melilla*）		自动延伸	自动延伸	自动延伸	×	×

五、荷兰王国

名称	性质	商标保护方式				
		单国注册商标延伸保护	欧盟注册商标延伸保护	马德里注册商标延伸保护	拥有自己的商标法律制度	公告制
阿鲁巴（*Aruba*）	构成国	×	×	×	√	×
库拉索（*Curaçao*）		×	×	×	√	×
荷属圣马丁（*Sint Maarteen*）		×	×	×	√	×
波内赫、圣尤斯特歇斯和萨巴群岛（*Bonaire, Saint Eustatius and Saba*）	特别行政区	×	×	×	√	×

六、葡萄牙

名称	性质	商标保护方式				
		单国注册商标延伸保护	欧盟注册商标延伸保护	马德里注册商标延伸保护	拥有自己的商标法律制度	公告制
亚速尔群岛（Azores）	自治区	自动延伸	自动延伸	自动延伸	×	×
马德拉群岛（Madeira）		自动延伸	自动延伸	自动延伸	×	×

七、新西兰

名称	性质	商标保护方式			
		单国注册商标延伸保护	马德里注册商标延伸保护	拥有自己的商标法律制度	公告制
库克群岛（Cook Islands）	自由结合区	×	×	×	√
纽埃（Niue）		×	×	×	√
托克劳（Tokelau）	属地	×	×	×	√

八、澳大利亚

名称	性质	商标保护方式			
		单国注册商标延伸保护	马德里注册商标延伸保护	拥有自己的商标法律制度	公告制
圣诞岛（Christmas Island）	海外领地	自动延伸	自动延伸	×	×
科科斯群岛 [Cocos (Keeling) Islands]		自动延伸	自动延伸	×	×
诺福克岛（Norfolk Island）		自动延伸	自动延伸	×	×

九、丹麦

名称	性质	商标保护方式				
		单国注册商标延伸保护	欧盟注册商标延伸保护	马德里注册商标延伸保护	拥有自己的商标法律制度	公告制
法罗群岛（Faroe Islands）	自治领地	自动延伸	×	×	×	×
格陵兰（Greenland）		自动延伸	×	自动延伸	×	×

十、挪威

名称	性质	商标保护方式			
		单国注册商标延伸保护	马德里注册商标延伸保护	拥有自己的商标法律制度	公告制
波维特岛（Bouvet Island）	属地	×	×	×	×
扬马延岛（Jan Mayen）		自动延伸	自动延伸	×	×
彼得一世岛（Peter I Island）		×	×	×	×
斯瓦尔巴群岛（Svalbard）	有特殊限制的省份	自动延伸	自动延伸	×	×

十一、芬兰

名称	性质	商标保护方式				
		单国注册商标延伸保护	欧盟注册商标延伸保护	马德里注册商标延伸保护	拥有自己的商标法律制度	公告制
奥兰群岛（Aland Islands）	自治区	自动延伸	自动延伸	自动延伸	×	×

十二、澳大利亚自动延伸保护问题

海外领地	单国注册是否自动延伸	马德里注册是否自动延伸	备注
圣诞岛	是	是	
科科斯（基林）群岛	是	是	
赫德岛和麦克唐纳群岛	否	否	该岛暂无商标体系
诺福克岛	是	是	

十三、新西兰自动延伸保护问题

海外领地	单国注册是否自动延伸	马德里注册是否自动延伸	备注
库克群岛	否	否	公告制
纽埃	否	否	公告制
托克劳	否	否	公告制

十四、法属波利尼西亚商标保护新规

2013 年法属玻里尼西亚确立了当地的商标保护体系，主要影响如下：

1.2004 年 3 月 2 日前注册或续展的所有法国商标，不需履行任何手续，即可在法属波利尼西亚受到保护。

2.2004 年 3 月 3 日至 2014 年 1 月 31 日之间注册或续展的法国商标，需向法属波里尼西亚政府提交一份"重新生效"的申请，该法国商标才能在法属波里尼西亚受到保护；该部分商标提交"重新生效"申请的截止日期为 2023 年 9 月 1 日。

3.2014 年 2 月 1 日之后申请或续展的法国商标，若需在波里尼西亚受到保护，则在提交商标注册或续展申请的同时，需一并提出延伸申请，并缴纳额外的延伸官费。

比如若某商标于 1996 年 5 月 5 日注册，无须任何手续，该商标即可在法属波里尼西亚受到保护。在 2006 年至 2016 年间，若该商标需继续在波里尼西亚受到保护，则需要向法属波里尼西亚政府递交"重新生效"的申请。当该商标在 2016 年办理第二次续展的时候，在提交续展申请的同时，需提交延伸申请，才能继续在波里尼西亚受到保护。

十五、马德里注册意大利的申请将不再自动延伸保护至圣马力诺

圣马力诺专利局对其与邻国意大利签订的协定中关于双方知识产权保护的条例作出了进一步解释，在解释中，圣马力诺专利局指出自 2014 年 12 月 23 日起，意大利和圣马力诺双方仅承认直接通过意大利专利商标局或圣马力诺专利局申请的商标、专利、外观设计、实用新型的效力。即日起通过马德里指定意大利的申请将不再自动延伸至圣马力诺。若权利人希望自己的商标权利在圣马力诺受保护，可选择通过"单国申请"的方式向意大利专利商标局或圣马力诺专利局提交申请。

十六、法属海外领地商标权保护问题

通过法国单国申请注册的商标其保护范会自动延伸到以下法国海外领地：法属圭亚那、瓜德罗普岛、马提尼克岛、马约特岛、新喀里多尼亚、留尼汪岛、圣巴泰勒米岛、法属圣马丁岛、圣皮埃尔和密克隆群岛、瓦利斯及富图纳群岛和法属南半球及南极领地。但是，欧盟商标只在以下法属海外领地受保护：瓜德罗普岛、马提尼克岛、法属圭亚那、留尼汪岛、马约特岛及法属圣马丁岛。海外领地法属波利尼西亚 2013 年确立了当地的商标保护体系，须基于法国申请主动要求延伸保护。